MAX LUCADO, AUTOR DE EXITO DE
3:16: LOS NÚMEROS DE LA ESPERANZA

"¡Este podría ser el libro más importante que lea este año! Embárquese
en un viaje de descubrimiento espiritual y permita que las revelaciones
de Mittelberg revolucionen su vida."

LEE STROBEL, AUTOR DE ÉXITO DE *EL CASO DE CRISTO*

"¿Por qué creemos lo que creemos? El libro de Mark Mittelberg es la
respuesta oportuna al constante cuestionamiento espiritual de la cultura
actual. Con destreza y cariño, desmenuza cada una de las ideologías
populares de nuestro tiempo, ayudándonos a examinar las razones por las
que creemos lo que creemos. Mittelberg no nos dice qué creer, sino nos
guía a través de una serie de preguntas y exposiciones que nos llevarán a
conclusiones razonables acerca de la fe que tenemos. Es con extraordinario
entusiasmo que recomiendo este libro. En sus páginas leemos las
respuestas a las preguntas que muchos jóvenes y adultos de nuestra época
posmodernista se están haciendo. Me siento sumamente emocionado
anticipando el resultado que producirá en muchos corazones."

MARCOS WITT, AUTOR Y PASTOR ASOCIADO, LAKEWOOD CHURCH

"Desde que conocí a Mark Mittelberg en 1990, he estado maravillado
por su ministerio, su fe, su pasión y su entrega. Su sabiduría
y perspectiva en el mundo de la fe han ayudado a muchísimas
personas en los Estados Unidos y en el resto del mundo. Considero
un privilegio cada oportunidad de trabajar con él.
"Mittelberg es un comunicador agudo, claro y efectivo, y no existe
mejor ejemplo de ello que este libro. Muchos libros te dicen qué
creer, pero *Eligiendo Tu Fe*, escrito en el estilo articulado y efectivo de
Mittelberg, le demuestra cómo decidir en qué creer. Léalo. Estoy seguro
de que será desafiado y estimulado."

LUIS PALAU, ORADOR INTERNACIONAL Y AUTOR

636

Eligiendo Tu Fe

ELIGIENDO TU FE

En un Mundo de Opciones Espirituales

PREFACIO POR **LEE STROBEL**

MARK MITTELBERG

TYNDALE HOUSE PUBLISHERS, INC., CAROL STREAM, ILLINOIS

Visite la apasionante página de Tyndale Español en Internet: www.tyndaleespanol.com

TYNDALE y la pluma del logotipo son marcas registradas de Tyndale House Publishers, Inc.

Eligiendo Tu Fe . . . En un Mundo de Opciones Espirituales

Diseño: Stephen Vosloo y Julie Chen

Traducción al español: Julio Vidal y Raquel Monsalve

Edición del español: Mafalda E. Novella

Publicado en asociación con la agencia literaria de Alive Communications, Inc., 7680 Goddard Street, Suite 200, Colorado Springs, CO 80920.

Publicado en inglés en 2008 como *Choosing Your Faith . . . In a World of Spiritual Options* por Tyndale House Publishers, Inc. ISBN-10: 1-4143-1579-1; ISBN-13: 978-1-4143-1579-9.

Library of Congress Cataloging-in-Publication Data

Mittelberg, Mark.
  [Choosing your faith. Spanish]
  Eligiendo tu fe : en un mundo de opciones espirituales / Mark Mittelberg ; prólogo por Lee Strobel ; [traducción al español, Julio Vidal y Raquel Monsalve].
    p. cm.
  Includes bibliographical references (p.   ).
  ISBN-13: 978-1-4143-2063-2 (sc)
  ISBN-10: 1-4143-2063-9 (sc)
  1. Apologetics. 2. Choice (Psychology)—Religious aspects—Christianity. I. Title.
  BT1103.M5818 2008
  239—dc22   2008010165

Impreso en los Estados Unidos de América

14   13   12   11   10   09   08
7   6   5   4   3   2   1

A MIS MARAVILLOSOS PADRES,

ORLAND Y VIRGINIA MITTELBERG,

QUIENES PACIENTEMENTE ME PROPORCIONARON GUÍA

ESPIRITUAL,

PERO, POR GRACIA, ME PERMITIERON ELEGIR MI PROPIA FE.

CONTENIDO

PREFACIO

por Lee Strobel, autor de El Caso de la Fe

Cuánto me hubiera gustado contar con este libro el 20 de enero de 1980.

Ese fue el día en que decidí evaluar mi ateísmo y reconsiderar la posibilidad de que existiera evidencia sustancial para creer en Dios —*cualquier* Dios, ya fuera el Dios del islamismo, cristianismo, mormonismo, judaísmo y aun la multiplicidad de dioses del hinduismo. Impresionado por la transformación de mi esposa desde que se convirtió al cristianismo, decidí usar mi entrenamiento en periodismo y derecho (era entonces editor de asuntos legales del diario *Chicago Tribune*) para iniciar una investigación a fondo sobre asuntos espirituales.

Mi búsqueda podría haber resultado más fácil de haber contado con esta invalorable guía en ese momento. Tal como Mark Mittelberg brillantemente describe, todos tomamos diferentes senderos en nuestra búsqueda de descubrimiento espiritual. Nos demos cuenta o no, somos influenciados por muchísimos factores, algunos de los cuales nos guían a la verdad mientras que otros simplemente nos llenan de confusión. Estas revelaciones hubieran resultado de mucha ayuda mientras trataba de revisar las distintas creencias espirituales por mí mismo.

Eres afortunado —si te encuentras en una búsqueda espiritual, ahora cuentas con esta maravillosa guía para facilitar tu investigación a través de un campo minado de creencias conflictivas y contradictorias sobre lo espiritual. Descubrirás que Mark es un amigo considerado, comprensivo y entendido mientras experimentas este proceso que ampliará tu visión y tocará tu corazón junto con él.

Sin embargo, este libro no está dirigido sólo a los que buscan. Los cristianos también descubrirán su propio estilo espiritual que cimentará su fe y los preparará para entender mejor cómo pueden ayudar a sus amistades en la búsqueda de una fe que tenga sentido.

No puedo pensar en otra persona que pueda estar mejor capacitada que Mark para ayudarte como entrenador espiritual. Él tiene también excelentes credenciales académicas y una maestría en filosofía de la religión. Además, Mark ha pasado las últimas dos décadas ayudando a las personas a determinar cómo elegir su fe. Su experiencia está basada en la vida misma y no en distantes teorías.

Encontrarás que Mark no te va a sermonear. Él evalúa distintos caminos hacia el campo espiritual. Su estilo en este libro es el de acompañarte mientras consideras las distintas opciones espirituales y llegas a tus propias conclusiones sobre adónde apunta la evidencia.

He sido amigo y compañero de ministerio de Mark durante veinte años y puedo dar testimonio de su carácter, su estilo de vida y su deseo sincero de ayudar a otros a encontrar la verdad sobre temas espirituales. ¿Tiene él su propia convicción acerca de Dios? Naturalmente, pero él no va a tratar de imponerte sus creencias. Por el contrario, él anhela establecer una relación contigo mientras te embarcas en el viaje más emocionante de tu vida, el de descubrir por ti mismo dónde se encuentra realmente la verdad.

Cada lunes, Mark y yo nos reunimos para almorzar juntos. Es uno de los mejores momentos de mi semana porque constantemente aprendo de él algo nuevo. Hablamos de temas comunes, pero frecuentemente consideramos la base de nuestras creencias espirituales. Algo que no deja de sorprenderme es que la fuente de sabiduría de Mark nunca se agota.

Te invito a sentarte con nosotros. Dondequiera que te encuentres en tu aventura espiritual, vas a sentirte retado y apoyado, pero sobre todo, vas a prepararte para tomar la decisión de fe más importante de tu vida.

RECONOCIMIENTOS

Nunca podría haber completado este trabajo acerca de cómo elegir una fe sin antes haber recibido fe, apoyo, estímulo y oración de las siguientes personas:

Lee Strobel, mi amigo y compañero de ministerio durante veinte años, que me animó y me ayudó desde el inicio hasta el final de este proyecto. Él lo expresó muy bien cuando dijo, "Somos animadores recíprocos. Tengo más confianza en Mark de la que tiene él en sí mismo y así es también como se siente él acerca de mí. ¡Es una combinación poderosa!" Me tocó ser el receptor de apoyo, por lo que me siento muy agradecido.

A Heidi, mi paciente esposa e increíble fuente de apoyo, y a nuestros dos maravillosos muchachos, Emma Jean y Matthew —gracias por sus oraciones y vítores, sin mencionar el café y los emparedados en distintos momentos del día y de la noche, los juegos de ping-pong, los helados y las caminatas alrededor del lago con nuestro pequeño compañero Charlie (el Cavalier).

Gracias al Dr. Chad Meister por su sabiduría filosófica y su contribución editorial. El compartir su conocimiento y revelaciones nos ha servido a mí y a los lectores increíblemente. Gracias también a Brad Mitchell por revisar el manuscrito y ofrecer sugerencias así como también "apoyo aéreo" espiritual. Tom Chapin y Nabeel Qureshi ofrecieron asimismo importantes sugerencias sobre asuntos críticos.

Mi agradecimiento a Don Pape, quien ayudó a poner en marcha el proyecto, y a Beth Jusino de Alive Communications, quien hizo el seguimiento y proporcionó mucho estímulo a lo largo de la trayectoria. Estoy agradecido también a mis mentores filosóficos, el fallecido Bob Passantino y a su esposa, Gretchen; William Lane Craig; Norman Geisler y especialmente a Stuart Hackett —incluyendo la temprana influencia de un antiguo y polvoriento libro de texto que el Dr. Hackett asignó a sus estudiantes: *The Ways of Knowing [Las Maneras de Conocer]* por William Montague.

Gracias asimismo a los esfuerzos de camaradería y de ánimo de Scott y Susan Evans, Ron Forseth, Jennifer Dion, Eric Abel, Lynne Marian, Chad Cannon, Kim Levings y de todos mis amigos en Outreach, Inc. También agradezco el apoyo de Paul Braoudkis de la Asociación Willow Creek, de Bill Dallas y Jay Mitchell en CNN, así como las oraciones y el apoyo de Chris y Carla Wilson, Karl y Barbara Singer, Kevin y Sherry Harney, Nancy Grisham, Terry Schulenburg, Mike Licona, Hillis y Jean Hugelen y de Orland y Ginny Mittelberg.

Finalmente, pero no menos importante, agradezco a Jon Farrar, a Ron Beers y al equipo de Tyndale House Publishers por creer en mí. Igualmente agradezco a mi editor, David Lindstedt, por supervisar que mis palabras tuvieran sentido, así como a los equipos de Maria Eriksen y de Charlie Swaney por la promoción de este libro.

A todos y cada uno de ustedes —y a cualquier otra persona que haya olvidado mencionar— les ofrezco mi más sincero agradecimiento.

CAPÍTULO UNO

"¿POR QUÉ *SIQUIERA* ELEGIR UNA FE?"

¿*"Elegir* una fe"? ¿Por qué querría alguien tener una fe?

Fe es algo que suena peligrosamente cerca de *religión* —y la banda rock R.E.M. expresó bastante bien los sentimientos de una generación cuando grabó su contagiosa canción titulada "Losing My Religion [Perdiendo Mi Religión]," sin importar si alguien, incluyéndome a mí, en realidad entendía de lo que trataba la canción. Michael Stipe, el hombre que escribió y cantó la letra, dijo en una entrevista que la frase "perdiendo mi religión" en realidad es una expresión que literalmente significa "cuando se ha llegado al límite." "Y," agregó, "es una canción secular que tiene poco o nada que ver con la religión."[1]

Pero eso no ha impedido que innumerables personas canten a voz en cuello cada vez que la canción se toca en la radio:

> ESE SOY YO EN EL RINCÓN
>
> ESE SOY YO A LA VISTA DE TODO EL MUNDO
>
> ESTOY PERDIENDO MI RELIGIÓN
>
> TRATANDO DE SEGUIRTE EL RITMO[2]

Busqué la canción en YouTube.com y leí los comentarios que la gente había escrito sobre ella. Aun ahora, unas dos décadas desde que la canción fue publicada, la gente todavía está tratando de descifrar su significado:

> ANIMeMMA (HACE 3 MESES)
>
> > ESTA ES UNA BUENA CANCIÓN PORQUE LA RELIGIÓN ES FALSA
>
> NAKASIIOO (HACE 3 MESES)
>
> > ANIMeMMA, PERDIENDO MI RELIGIÓN ES LENGUAJE POPULAR
> >
> > DEL SUR PARA ESTAR HARTO, IDIOTA

No es que no haya razones suficientes, con o sin la canción de R.E.M., para sentirse ambivalente —o aun negativo— en la esfera de la religión. La mayoría de nosotros tiene por lo menos algunas razones propias. Debo admitir que mis razones no tienen tanto peso.

Para mí, es el recuerdo de tener que levantarme todos los domingos, más temprano de lo que me parecía que lo debería hacer un muchacho durante el fin de semana, y apresurarme para alistarme, vistiéndome con lo que mi familia llamaba "la ropa del domingo." Estos eran artículos de vestir que nunca hubiera pensado en usar otro día de la semana. Por lo regular me quedaban demasiado chicos o demasiado grandes ("Está bien," me decía mi papá, "porque estás creciendo y te van a servir."); fuera de moda (como si alguna vez hubieran estado a la moda); y a menudo me producían picazón. Algunas veces, ¡mis padres me hacían usar un blazer y una corbata! Estoy casi seguro de que hoy, especialmente donde vivo yo, en la parte sur de California, el Departamento de Niños y de Servicios Familiares sacaría a los niños de un hogar por esa clase de maltrato —especialmente cuando el botón de arriba de mi camisa siempre me quedaba demasiado apretado y me sofocaba cuando trataba de respirar. En ocasiones, aun ahora, cuando pienso en ir a la iglesia puedo sentir una sensación de incomodidad en la parte de adelante de la garganta.

Casi sin excepción, después de finalmente estar listo, corría escaleras abajo para encontrar la casa vacía. Pero eso no quería decir que no tenía que ir a la iglesia. Quería decir que tenía que salir corriendo de la casa a la calle y descubrir que mi familia ya estaba en el automóvil, esperándome con impaciencia.

"Apúrate, Mark, ¡se nos hizo tarde otra vez!"

Para cuando llegábamos a la iglesia, yo me sentía tan molesto que me resultaba realmente difícil pensar en cosas elevadas como Dios o asuntos espirituales serios.

Más tarde, cuando estuve en la escuela secundaria, me di cuenta cada vez más de lo rara que era la mayor parte de la música en la iglesia. El órgano producía notas que eran espectrales y muy similares a los sonidos que yo había escuchado en las películas baratas sobre casas visitadas por fantasmas. En realidad, la mayoría de las canciones tradicionales de la iglesia (*himnos*, para usar la palabra correcta) fueron escritas por gente de otra era —personas a quienes aparentemente les gustaba sentarse en las bancas y cantar himnos antes de ir a pasar tiempo con sus amigos en el "atrio" o "vestíbulo" de la iglesia. Recuerdo un servicio en el que todas las canciones que se tocaron habían sido escritas más de cien años antes —y algunas de ellas aun

varios siglos antes. No tengo nada contra las reliquias o las antigüedades, pero me pareció que había algo anacrónico y culturalmente incompatible en mucho de lo que estaba experimentando en mi entorno religioso.

Me pareció que había algo anacrónico y culturalmente incompatible en mucho de lo que estaba experimentando en mi entorno religioso.

Cada vez más, llegué a ver mi vida en dos categorías: normal y religiosa. La *normal* se relacionaba con la vida cotidiana ordinaria, como la escuela, pasar tiempo con mis amigos y divertirme. La *religiosa* se relacionaba con las cosas de peso como la fe, las creencias, las enseñanza sobre el bien y el mal —y una experiencia dominical con personas amables (a veces demasiado amables), quienes tenían buenas intenciones, pero que a veces parecían venir de un planeta muy alejado del mundo en que yo vivía. Y ese mundo —el mundo normal— era el que me parecía cada vez más y más emocionante, mientras que el mundo religioso estaba llegando a ser . . . bueno, cada vez más distante y aburrido. Llegué al punto en el cual estaba perdiendo rápidamente el interés en todas las cosas espirituales y quería minimizar mi contacto con la religión en general.

Sin embargo, durante ese tiempo yo todavía tenía que asistir a los servicios en la iglesia, así que un par de mis amigos renegados y yo hacíamos todo lo posible para hacer que la experiencia del domingo fuera por lo menos soportable. A veces nos escondíamos en el cuarto donde estaba el horno de calefacción, en el sótano de la iglesia, hasta que terminaba el servicio. Nos sentábamos en silencio y escuchábamos cuidadosamente tratando de controlar el tiempo para salir sin llamar la atención y mezclarnos con la muchedumbre que salía.

Otras veces, asistíamos al servicio pero buscábamos maneras de divertirnos a medida que los minutos pasaban con lentitud. Por ejemplo, a veces tomábamos turnos para ver quién podía aguantar la respiración por más tiempo. Sólo me puedo imaginar lo que pensarían las personas que estaban sentadas alrededor de nosotros mientras mis amigos y yo hiperventilábamos para recoger el nivel máximo de oxígeno en los pulmones, para que luego nos tomaran el tiempo para ver cuánto podíamos aguantar sin respirar. Sé que es una manera rara de pasar el tiempo —pero una mañana de domingo me las arreglé para pasar la barrera de los tres minutos.

∞

Como mencioné, mis problemas de adolescente con la religión eran triviales comparados con los de otras personas, tal vez aun hasta comparados con los suyos. Para algunos, los asuntos son realmente serios, como los de mi amigo quien, cuando era joven, dejó la iglesia después de haber sido abusado por líderes religiosos. Esas eran las personas que deberían haber estado enseñándole y protegiéndolo, sin mencionar darle un buen ejemplo. Eso sucedió hace muchos años, pero aun ahora, no muestra interés alguno en regresar.

Los reportajes de clérigos abusivos han llegado a ser cada vez más frecuentes en años recientes. Y tan terribles como son, no sé lo que es peor: los mismos crímenes o los encubrimientos en los niveles altos de liderazgo —cuando a menudo los que estaban a cargo simplemente reubicaban a los perpetradores, una y otra vez, a nuevos territorios, asignando a los ofensores a parroquias que no tenían idea del problema.

Cuando no es la conducta sexual inapropiada la que hace noticias estos días, parece que es la corrupción financiera. Por cierto que hemos visto suficiente de esas historias a través de los años.

Pero los problemas relacionados a la religión no son exclusivos de los protestantes y los católicos. En años recientes el mundo musulmán ha sido sacudido por eventos tan horrendos como los ataques del 11 de septiembre de 2001 y de otros ataques de terrorismo alrededor del mundo. Se ha llegado al punto en el cual los conceptos de "islamismo" y "terrorismo" son inseparables en la mente de mucha gente. Aunque esta conexión es injusta para muchos musulmanes que aman la paz, la percepción es una realidad que pinta la forma en que todos miramos el tema de la religión y puede afectar el hecho de si estaríamos alguna vez dispuestos a elegir una fe propia.

Agregue a estos ejemplos los muchos cultos y grupos religiosos que se reúnen en las esquinas o que llegan sin ser invitados y tocan a nuestras puertas, tratando de vendernos sus materiales y de reclutarnos para su rebaño. En particular, los estudiantes universitarios tienen que tener cuidado. Hubo un tiempo cuando, en un momento de debilidad, se podían encontrar en un lugar de retiro remoto con un grupo de zelotes que sonreían y actuaban como zombis. Estas personas les prometían felicidad pero sistemáticamente les robaban su identidad, individualidad y relaciones —como también sus sueños para el futuro. Y mientras que los seguidores de esos grupos daban todo lo que tenían para servir y esparcir su mensaje, sus líderes a menudo vivían en excesos materiales y en total inmoralidad mientras que en privado, y a veces en público, eran modelos de todo lo que era contrario a la piedad religiosa que afirmaban representar. Hoy, muchos de esos aberrantes grupos religiosos han regresado con planteamientos mucho más sutiles, pero que no dejan de causar daño a los que atrapan.

Esta hipocresía y abuso dejan un gusto tan amargo en la boca de la gente que han ayudado a fomentar un movimiento nuevo de autores y de personas de influencia que no sólo rechazan la religión para sí mismas, sino que enseñan que toda la religión —desde los cultos extraños a las inofensivas congregaciones convencionales— es peligrosa y malvada también para todos los demás. Ejemplos incluyen libros como *The God Delusion [La Ilusión de Dios]* por Richard Dawkins, *The End of Faith [El Fin de la Fe]* por Sam Harris, y *God Is Not Great: How Religion Poisons Everything [Dios No Es Admirable: Cómo la Religión Envenena Todas las Cosas]* por Christopher Hitchens. O considera las palabras de Rosie O'Donnell, quien declaró en el programa nacional de televisión *The View:* "El cristianismo radical es tan amenazador como el islamismo radical."

El mensaje es claro: *Si te involucras con la religión, lo haces a tu propio riesgo. Y si eres demasiado serio en cuanto a eso, los efectos pueden ser devastadores. Así que, ¿por qué involucrarte en primera instancia?*

Pero he aquí lo interesante: Aunque los sentimientos antireligiosos parecen estar esparciéndose a través de la sociedad, hay un resurgimiento simultáneo de interés en los asuntos espirituales. Fíjese en estos pocos ejemplos:

- la lista cada vez más grande de especiales de televisión y de programas noticiosos que hablan de Jesús, la historia y el trasfondo de la Biblia, descubrimientos arqueológicos, afirmaciones de cosas milagrosas y el cristianismo en contraste con otras religiones del mundo

- el número cada vez más grande de películas con temas orientados hacia la fe que se presentan en los cines locales —algunas de las cuales, como la película de Mel Gibson titulada *La Pasión de Cristo,* fueron grandes éxitos de taquilla a nivel mundial

- la cantidad de temas religiosos que se destacan en la portada de revistas de noticias, especialmente cerca de la Navidad y de la Pascua, así como también en las bitácoras, podcasts y sitios en Internet

- en los temas de algunas canciones en el registro de música popular, desde el alguna vez ubicuo "What If God Was One of Us [¿Qué Si Dios Fuera Uno de Nosotros?]," a muchas de las canciones de bandas de orientación religiosa tales como U2, Creed, P.O.D., Lifehouse, Switchfoot y The Fray

Aparentemente, la espiritualidad vende bien. Pero no vendería si no estuviera supliendo una necesidad. Como se ha observado muchas veces, las personas son, hablando en general, "incorregiblemente religiosas."

Los estudios y las estadísticas apoyan esto. Una reciente encuesta Gallup encontró que 94 por ciento de la gente en los Estados Unidos todavía cree en Dios o en un espíritu universal.[3] En una semana promedio, en los Estados Unidos, más personas asisten a las iglesias que las que asisten a todos los eventos deportivos combinados.[4] Y la Biblia, a pesar de todo el escepticismo que se ha esparcido acerca de su mensaje y de su validez histórica, continúa siendo el éxito de librería número uno de todos los tiempos —por un amplio margen. Karl Marx dijo que la religión es "el opio de la gente." Parece que la gente está teniendo mucha dificultad para dejar esa adicción.

Una reciente encuesta Gallup encontró que 94 por ciento de la gente en los Estados Unidos todavía cree en Dios o en un espíritu universal.

Pero en un nivel más profundo, ¿no sientes también la atracción? Después de toda la mala propaganda y críticas que ha tenido la religión en los últimos años, ¿por qué es que tanta gente todavía está tan interesada? ¿Y por qué estás atraído por la espiritualidad como para tomar y leer —por lo menos hasta aquí— un libro acerca de la fe?

¿Por qué tan a menudo miramos la belleza de una puesta de sol u observamos la maravilla del nacimiento de un niño y sentimos que tiene que haber algo debajo de todo eso, a un nivel más profundo?

¿Qué es lo que nos hace conscientes, por lo menos en nuestros momentos de más sinceridad cuando yacemos despiertos, de que en realidad debe de haber más en cuanto a la vida que la furia de actividades que nos hace girar la cabeza, pero que hace que nuestra alma se agobie a medida que nos fatigamos día tras día, año tras año? ¿Por qué es que a veces anhelamos una vida verdaderamente centrada y calma, una que esté más a tono con lo trascendente y menos afectada por lo tumultuoso aquí y ahora? ¿De dónde procede la culpa con la que a veces luchamos —y qué podemos hacer para aliviar esos sentimientos de culpabilidad y ese sentido de insuficiencia espiritual que tantas veces nos acongoja?

Es fácil criticar y a veces dar por perdida a la religión cuando vemos a algunos de sus incompetentes y aun corruptos líderes y sus payasadas irritantes. Estos blancos son obvios y es difícil evitarlos —pero enfocarse en ellos no encara el profundo dolor de nuestra alma, la conciencia ineludible de que la vida tal como la conocemos no es como se tuvo la intención de que fuera, el conocimiento de que necesitamos cierta clase de ayuda exterior para arreglarla. ¿Qué hacemos con todo eso?

Tal vez te puedes identificar con algo de esto, pero debido a que sientes sospechas de *todas* las clases de fe, no te sientes listo como para escuchar cómo elegir una fe para ti mismo. Preferirías esperar hasta el momento en que "lo sepas no más" —en lugar de poner tu confianza en algo. Si es así como te sientes, te tengo que decir algo que puede ser un poco sorprendente y tal vez inquietante: Ya tienes una "fe," y estás viviendo confiando en esa fe todos los días. ¡Créemelo!

∞

Piensa en tu día hasta ahora. Esta mañana, te levantaste, y por fe desayunaste, confiando en que nadie en tu casa te había puesto veneno a la comida. Te detuviste para comprar un café y confiaste en que esos personajes detrás del mostrador (¿es esa en realidad una buena idea?) no te pusieran alguna clase de sustancia dañina en tu triple café con crema. Llegaste al trabajo —¿tal vez inclusive usaste el ascensor?— y te sentaste en una silla, por fe, sin probarla antes para ver si todavía podía aguantar tu peso. Encendiste tu computadora y escribiste información confidencial, aun cuando sabías que el virus de Internet más reciente podía tomar esa información y hacérsela llegar a todas las personas que tienes en el registro de direcciones. A la hora del almuerzo saliste a caminar y te agachaste para acariciar al perro de un desconocido, creyendo que no llegarías a ser como uno de los 4,7 millones de estadounidenses a quienes los muerde un perro todos los años (y de ellos, 1.008 tienen que ir a la sala de emergencia *cada día*). Luego, cuando terminaste tu día de trabajo, dirigiste tu automóvil camino a tu casa conduciendo por la calle, confiando, pero no sabiendo con seguridad, que un muchacho de dieciséis años —con aspiraciones a ser piloto de NASCAR— no estuviera en la calle corriendo una carrera con sus amigos y dirigiéndose hacia ti a gran velocidad.

No hay duda alguna —todos los días vives tu vida por fe, aun en los detalles más prosaicos. Tal vez tengas lo que parecen ser buenas razones para tu fe, lo cual está bien, pero también podrías estar equivocado en cuanto a algunas de tus conclusiones. Y algunos de esos errores podrían ser tan serios que inclusive podrían poner en peligro tu vida.

Más que eso, aun si eres una persona totalmente no religiosa, vives con la esperanza de que tus creencias no religiosas sean correctas y que un día no tendrás que enfrentar a un Creador totalmente religioso, quien, como verás, una vez en realidad dio una lista de requisitos morales, a los cuales rutinariamente no les prestaste atención.

Tal vez digas: "Oh, nunca me preocupo de cosas como esa."

Pero esa declaración en sí es una expresión de fe de que está bien no preocuparse con tales asuntos. No *sabes* que no tienen importancia —simplemente *crees* que es así. Eso es parte de tu versión particular de fe no religiosa.

Aun ateos bien conocidos como Richard Dawkins y Sam Harris viven sus vidas con una suposición no probada de que no hay Dios y de que las opiniones que expresan finalmente los ayudan y no los dañan ni a ellos ni a otras personas. No *saben* que están en lo cierto —simplemente *esperan* estarlo.

De hecho, Richard Dawkins, quien probablemente es el evangelista a favor del ateísmo más grande de nuestros días, admitió en una entrevista para la revista *Time* titulada "God vs. Science [Dios versus la Ciencia]," que "podría haber algo increíblemente grande e incomprensible y más allá de nuestro presente entendimiento."

Aun si eres una persona totalmente no religiosa, vives con la esperanza de que tus creencias no religiosas sean correctas.

El bioquímico Francis Collins, que estaba discutiendo la posición opuesta de la entrevista, replicó rápidamente: —Eso es Dios.

Dawkins respondió: —Sí, pero podría ser cualquiera de un billón de Dioses. Podría ser el Dios de los marcianos o de los habitantes de Alfa Centauri. La posibilidad de que sea un Dios particular, Jehová, el Dios de Jesús, es tan, tan pequeña . . . por lo menos, la carga de la prueba está contigo para demostrar por qué piensas que ese es el caso.[5]

Ya sea que las posibilidades sean grandes o pequeñas, el pensamiento importante que debemos ver en esto es que *Dawkins no sabe que no hay Dios* —y aun concede la posibilidad de que alguna clase de Dios pudiera existir. Más bien, él acepta con *fe* que en realidad Dios no existe. Estoy seguro de que él afirmaría que esta es una conclusión bien fundada, apoyada en la preponderancia de la evidencia. Pero aun si él llegara a estar en lo cierto, eso no cambia el hecho de que su conclusión está basada en la fe. En otras palabras, es una conclusión que a él le parece la correcta, basada en la información que ha examinado —pero una conclusión que va más allá de lo que puede ser probado o conocido con absoluta certeza.

Así es como es la vida. *Todos* vivimos basados en alguna clase de fe, lo cual nos lleva a la pregunta más importante: ¿Tiene nuestra fe un fundamento sólido? ¿Está bien informada? ¿Es una fe que tiene sentido y que está apoyada por los hechos? ¿Es una fe que funciona en la vida real y que vale la pena mantener?

En la universidad, llegué a la dolorosa conclusión de que había llegado a la versión particular de mi fe de una forma más bien pasiva.

En una nota más personal, ¿es tu fe una fe en la que has pensado, que has evaluado cuidadosamente y que has elegido a propósito —o simplemente adoptaste en algún momento de tu vida?

∞

En la universidad, llegué a la dolorosa conclusión de que había llegado a la versión particular de mi fe de una forma más bien pasiva. Había crecido confiando en Dios, creyendo en la Biblia y teniendo fe de que la iglesia era la portadora de la verdad de

Dios. Y tenía una confianza no probada e ingenua en la veracidad de todo esto.

Entonces fue cuando me inscribí para tomar algunas clases de filosofía. Uno de mis profesores, que era un hombre religioso de otra índole, parecía deleitarse en desarmar las creencias simplistas de muchos de sus alumnos cristianos —y yo me sentía como uno de sus blancos favoritos. Con mucha pericia señaló algunos problemas con la Biblia, con lo que él llamaba "puntos de vista tradicionales acerca de Dios" y con la mayor parte de las cosas en las que yo creía. Su ataque intelectual me hizo despertar al hecho de que yo había adoptado un sistema de creencias que casi no entendía y que nunca había analizado críticamente.

Difícilmente sabía cómo responder, y debo admitir que mis intentos de obtener mejores respuestas de algunos de los líderes de mi iglesia fueron, por lo general, desalentadores. Por ejemplo, le dije a uno de mis maestros que mi fe estaba siendo atacada en la universidad y que yo necesitaba una comprensión más profunda no sólo sobre lo que creíamos, sino también por qué creíamos que estábamos en lo cierto.

—¿Cómo sabemos que la Biblia es realmente verdadera y que en realidad es la Palabra de Dios? —le pregunté. Nunca me voy a olvidar de su respuesta:

—Oh, eso es fácil, dice aquí en el Nuevo Testamento que "toda la Escritura es inspirada por Dios y útil para enseñar, para reprender, para corregir y para instruir en la justicia."

—Sí, ¿pero cómo sabemos que lo que dice *eso* es verdad? —le respondí.

—Porque dice que lo es —me contestó—, y es la Palabra de Dios.

—Pero esa es la misma pregunta que estamos tratando de

responder —le contesté—. Si todo lo que hace es basarse en lo que afirma la Biblia para probar que la Biblia es verdad, entonces usted es culpable de usar razonamiento circular y no ha probado nada.

Él me echó una mirada que parecía decirme que estaba seguro de que me estaba hundiendo con rapidez en la arena movediza del liberalismo o del escepticismo, o que en realidad ya me había vuelto un infiel, y luego, después de dar un suspiro profundo, trató nuevamente: —Pero debes darte cuenta de que no hay autoridad más alta que la revelación de Dios. Si Dios dice que es verdad, es verdad, y tú puedes confiar tu vida en eso.

—Está bien —le respondí fatigosamente—, ¿pero cómo sabe que Dios es el que en realidad está hablando aquí? Hay muchos libros religiosos que afirman que el que está hablando es Dios, y usted no cree en esos otros libros.

—*Eso es porque* —dijo triunfantemente— *esos otros libros ¡no son la Palabra de Dios!*

A estas alturas, yo estaba lo suficientemente frustrado como para querer imitar a Indiana Jones en aquella escena de *Los Cazadores del Arca Perdida* en la cual él finalmente se cansa de las tácticas con la espada de su enemigo, saca su revólver y le pega un tiro al hombre. Por supuesto que estoy bromeando (por lo menos ahora). Pero se me estaba haciendo cada vez más claro que la lógica no me iba a llevar más lejos en esa conversación, así que finalmente la tuve que abandonar, a pesar de que las mismas preguntas me seguían dando vuelta en la mente.

Posteriormente, encontré algunas personas y libros que me fueron de mucha más ayuda. Voy a regresar a mi historia más adelante, pero ese intercambio exasperante, y otros como ese a lo largo del camino, hicieron que me diera cuenta de que muchas personas religiosas se aferran con firmeza a toda clase de ideas religiosas —ya sean ciertas o no— por toda clase de razones débiles y aparentemente sin fundamento, o por lo menos razones que no han sido examinadas. Determiné allí mismo que ya fuera que yo terminara estando de acuerdo con la fe de mi crianza o que eligiera un punto de vista completamente diferente, mi conclusión tendría que estar basada en un criterio más sólido que en el que aparentemente se basaban algunos de mis maestros y líderes religiosos.

Muchas personas religiosas se aferran con firmeza a toda clase de ideas religiosas —ya sean ciertas o no— por toda clase de razones débiles y aparentemente sin fundamento, o por lo menos razones que no han sido examinadas.

∞

Hace poco compré una bicicleta de montaña. Tal vez eso no te parezca algo grandioso a ti, pero para mí fue un gran acontecimiento. Eso es porque ya no vivo en la parte del medio oeste de mi país, donde la mayor parte de las veces que hice "ciclismo en las montañas" era simplemente *hacer ciclismo sin las montañas* —o aun sin siquiera una colina respetable. Ahora vivo en el valle de las montañas de Santa Ana en California, y supe que había llegado el momento de invertir en una verdadera bicicleta de montaña con suspensión completa. Así que me suscribí a la revista *Mountain Bike Action,* busqué en Internet y comencé a leer toda clase de reseñas y artículos.

Sabía que quería una bicicleta que fuera liviana, pero a la vez muy duradera. Así que estudié sobre las cosas a favor y en contra de varias opciones para los materiales del bastidor, incluyendo acero, titanio, aluminio y fibra de carbón. La última opción parecía la menos indicada, por lo menos al principio, porque yo estaba planeando ir por algunos senderos difíciles —con rocas grandes, curvas agudas y con muchas caídas y obstáculos— y la idea de confiar mi seguridad a cierta clase novedosa de vidrio sintético o plástico o de lo que sea que estuviera construido ese bastidor simplemente no me pareció una buena idea.

Pero continué leyendo e investigando, haciendo búsquedas en Internet e interrogando a cualquier experto que se tomara el tiempo para hablar conmigo. ¿A qué no adivinas lo que aprendí? La fibra de carbón es más fuerte que el aluminio o el acero y es más liviana que el titanio. Es cara, pero provee una gran combinación de resistencia y peso, y además se ve bien.

Probablemente no tenga que decirte que terminé comprando una bicicleta de montaña hecha de fibra de carbón. Después de meses de investigación, compré el mejor bastidor que pude conseguir, y también investigué cuidadosamente, y leí reseñas, y recibí consejo de expertos para comprar las mejores partes para colocarle al bastidor, incluyendo la horquilla, el amortiguador posterior, la manivela, los cambiadores de marchas, palancas del cambio de velocidades, frenos (nada menos que frenos de disco hidráulicos delanteros y posteriores), manillar, vástago, poste del asiento, sillín, juegos de ruedas, neumáticos —también pasé una cantidad respetable de tiempo leyendo sobre los mejores pedales y los zapatos que se podía comprar.

El resultado es que ahora me encanta andar en la bicicleta que tengo y me da muy buen servicio. (En serio, tiene que ser la bicicleta más genial del planeta. Y es mejor que lo sea —me costó lo que cuesta una motocicleta, pero esta no tiene motor. Lo que es peor, descubrí que *yo* soy el motor.)

¿Por qué explico todo esto? Para destacar que muchos de nosotros pasamos más tiempo leyendo o investigando y buscando sabiduría sobre decisiones que son de baja o moderada importancia —como qué bicicleta, qué automóvil o qué tipo de camioneta vamos a comprar, qué ropa vamos a usar para esa ocasión especial, qué arbustos o flores vamos a plantar en el jardín, a qué universidad vamos a asistir, o (llene usted el espacio en blanco)— que lo que pasamos pensando en asuntos monumentales como dónde está enfocada nuestra fe actualmente, o si está colocada bien o debería ser redirigida a objetos y principios de fe más merecedores.

¿No crees que vale la pena pasar más tiempo dedicado a reflexionar en tu fe?

¿No crees que vale la pena pasar más tiempo dedicado a reflexionar en tu fe?

Quiero unirme a ti. Mi meta es ayudarte a pensar detenidamente qué clase de creencias vale la pena elegir y entender qué criterios son de ayuda, o no lo son, para tomar esa decisión. En otras palabras, no estoy tratando de mostrarte en qué debes creer —todo el mundo está haciéndolo constantemente— sino que estoy tratando de mostrarte la forma de dilucidarlo, pesando los varios métodos de elegir y viendo algunas de las opciones actuales.

Esto es crucial, porque el enfoque que uses para hacer tu selección tiene una importancia enorme en el resultado de tu decisión. Te debes a ti mismo no sólo pensar en cuál será tu elección final, sino en primero dar un paso hacia atrás y *meditar acerca de cómo estás pensando en esto.*

La mayor parte de las personas nunca lo considera. En forma arbitraria toma un enfoque (o acepta el que le ha sido dado) y sin reservas lo emplea para seleccionar un sistema de creencias que puede ser o no el mejor. Estoy seguro de que no quieres seguir el patrón de la mayoría. Es por eso que vamos a examinar seis enfoques diferentes, o lo que estamos describiendo como seis "caminos de fe," que por lo general la gente toma para llegar a su punto de vista espiritual.

Una vez que hayas identificado en qué camino de fe estás tú, estarás listo para evaluar si ese camino es el que te sirve, o si deberías considerar otras rutas más confiables que te lleven a descubrir lo que es verdad y digno de confianza.[6]

No sé adónde te llevará esta importante travesía, pero es de suma importancia que inviertas tiempo y energía en esta esfera vital de tu vida para estar seguro de que eliges tu fe con sabiduría. Estoy seguro de que estarás feliz de haberlo hecho.

CAPÍTULO DOS

"ESTA ES *MI* VERDAD —ENCUENTRA LA TUYA"

Pragmatismo, relativismo y la forma en que son las cosas

El ateo Richard Dawkins: —La carga de la prueba descansa en usted para demostrar por qué cree en algo. Hay un número infinito de dioses en los que usted podría creer. Supongo que usted no cree en Zeus, Apolo o Tor, según cabe suponer usted cree en el Dios cristiano . . .

El comentarista Bill O'Reilly: —¡Jesús! Jesús fue un sujeto real, lo puedo ver . . .

Dawkins: —Sí . . .

O'Reilly: —Sé lo que hizo él. Y, bueno, no estoy completamente seguro de que Jesús es Dios, pero estoy del lado de Jesús más bien que estar del lado de ustedes, porque ustedes no me pueden decir cómo todo esto llegó aquí. Ustedes no lo saben.

Dawkins: —Estamos trabajando en eso. Los físicos están . . .

O'Reilly: —Cuando lo sepan, entonces tal vez los escuche.

Dawkins: —Bueno, bien, si se fija en la historia de la ciencia a través de los siglos, la cantidad de conocimiento que se ha obtenido en cada siglo es impresionante. Al principio del siglo veintiuno, no sabemos todas las cosas, tenemos que ser humildes. Tenemos que, con humildad, decir que hay mucho que todavía no sabemos . . .

O'Reilly: —Bueno, cuando consigan entenderlo, entonces vuelvan aquí y me lo dicen, porque hasta entonces, yo me quedo con la filosofía judeo-cristiana y con mi religión católico romana, porque me ayuda como persona . . .

Dawkins: —Ah, eso es diferente. Si lo ayuda, es fantástico. Eso no quiere decir que sea verdad.

O'Reilly: —Bueno, es verdad para mí. Sabe, yo creo . . .

Dawkins: —¿Quiere decir que lo que es verdad para usted es diferente para cualquier otra persona?

O'Reilly: —Sí, absolutamente . . .

Dawkins: —¡Algo tiene que ser verdad o no serlo!

O'Reilly: —No, no. Yo no le puedo probar que Jesús es Dios, así que esa verdad es mía, y solamente mía, pero usted no me puede probar a mí que Jesús no lo es, así que se debe quedar dentro de su pequeño sistema de creencias. . . .[1]

Fue un breve pero fascinante intercambio en el programa de

televisión *The O'Reilly Factor* entre dos individuos brillantes y directos. También pareció un ejemplo clásico de dos barcos que pasan de noche. Estos hombres estaban dialogando en el idioma inglés y estaban usando la misma palabra —*verdad*— pero queda claro que no estaban usando el mismo diccionario para definir lo que querían decir con ese término.

La pregunta acerca de la naturaleza de la verdad data de por lo menos el tiempo de los filósofos Platón y Aristóteles. Y también se presentó en el juicio contra Jesús, cuando Pilato, el líder romano, le formuló a Jesús una pregunta aparentemente simple: "¿Y qué es la verdad?"[2] Sólo podemos desear que Pilato se hubiera sentado y esperado a que Jesús le diera una respuesta a su pregunta antes de irse de la sala del palacio, porque aquí estamos, dos mil años después, todavía rascándonos la cabeza sobre ese mismo asunto.

Pensemos en esto. Si miramos a lo que estaba diciendo Bill O'Reilly, él estaba afirmando que para él, por lo menos en esta situación, la verdad es *lo que funciona, lo que da resultado.* Esto es lo que llamaríamos un enfoque *pragmático.* Él dijo: "Yo me quedo con la filosofía judeo-cristiana y con mi religión católica romana, porque me ayuda como persona . . . es verdad para mí. . . . Yo no le puedo probar que Jesús es Dios, así que esa verdad es mía y solamente mía. . . ." Este conjunto de creencias es satisfactorio y parece estar funcionando bien para O'Reilly, así que él declara que es su propia verdad.

La gente habla así todo el tiempo. Lo que sea que creas "es *verdad para ti.*" Es como si cada uno de nosotros pudiera tener su propia realidad privada. Y es una forma de pensar que no es prejuiciada, porque como a menudo te dicen: "Tú tienes tu verdad, y yo tengo la mía." Y mientras los dos sean sinceros en sus creencias, la teoría marcha, y sus creencias "te dan resulta-do," entonces cualquier cosa que creas es verdad para ti aun si tus así llamadas verdades contradicen mis verdades o las de alguna otra persona. Como lo resumió un escritor de libretos de Hollywood: "Lo que sea que sea verdad en usted . . . usted tiene que ser veraz a *esa* verdad."³

Este enfoque pragmático y relativista a la fe es tan popular en estos tiempos que lo hemos destacado como el primero de los seis caminos de los cuales hablaremos en este libro. Para simplificar, lo llamaremos el camino *relativista* de fe. Y como veremos, es una filosofía difícil de vivir, pero eso no impide que las personas elijan su fe basándose en lo que parece funcionar mejor para ellas y en lo que concuerda con su propia manera de ver las cosas.

Los pensadores sofisticados algunas veces describen el ca-mino relativista en términos de verdades diferentes que están basadas en la percepción y en la experiencia personal. Explican que la verdad es *perspectival*. Por ejemplo, la manera en que tú ves el mundo y la manera en que una mujer campesina en un país en vías de desarrollo ve el mundo van a ser completamente diferentes. La verdad de ella va a ser muy diferente a tu verdad. Todos estamos limitados a nuestras propias ideas. Nadie puede ver las cosas a través de tus ojos y no puedes ver el mundo a través de los ojos de otros. Nadie puede considerar el mundo de una forma que le dé un punto de vista objetivo, es decir, ver el cuadro total, fuera de los límites de nuestras perspectivas per-sonales. Así que la "verdad" es lo que encaja con la perspectiva particular y conjunto de creencias de cada persona. En reali-dad, estas personas enfatizan que la verdad no es tanto lo que *funciona* para ti, sino lo que *está de acuerdo* contigo. Mientras algo concuerde con el resto de tu comprensión personal de las cosas —tu cosmovisión— entonces es verdad para ti, pero no necesariamente para alguien más.

Debo destacar que esta teoría habla como si en realidad pudiera ver el cuadro total sobre cómo pensamos todos, y por lo tanto se presenta a sí misma como la excepción que se eleva sobre su propia regla. En otras palabras, si alguien dice que toda verdad es perspectival y limitada al punto de vista de uno, entonces la afirmación misma —que toda la verdad es perspectival— debe ser limitada al punto de vista del orador y por lo tanto no es relevante ni obligatoria para el resto de nosotros.

Todos estamos limitados a nuestras propias ideas. Nadie puede ver las cosas a través de tus ojos y no puedes ver el mundo a través de los ojos de otros.

Pero si *es* relevante y obligatoria para el resto de nosotros, entonces es la excepción que prueba que toda la verdad *no* es perspectival. Esta es una contradicción seria y contraproducente dentro del enfoque relativista.

También es interesante notar que los proponentes del punto de vista relativista intentan persuadir al resto de nosotros a que adoptemos *su* punto de vista —tratando, en efecto, de sacarnos de nuestras posiciones perspectivales en cuanto a la verdad y de llevarnos a la de ellos. Esto demuestra precisamente una contradicción importante en su teoría, revelando el hecho de que los que promueven este punto de vista realmente creen que por lo menos algunas ideas y realidades son lo suficientemente objetivas como para permitirnos elevarnos sobre nuestras perspectivas individuales para ver más o menos la misma cosa y poder llegar a un acuerdo. Así que, si se supone que ese sea el caso con la sofisticada teoría de la verdad, ¿por qué no podría ser igual con tantas otras más simples que todos experimentamos y creemos? Yo creo que ese *es* el caso, así que por lo tanto, estamos justificados para eliminar la teoría relativista por completo.

Pero dejando de lado por el momento el asunto de las contradicciones inherentes del camino de fe relativista, debo admitir que la forma de pensar relativista tiene cierto atractivo. Parece tener el potencial de parar muchos de los altercados entre las personas que quieren discutir sobre cuál perspectiva es la correcta y cuál está equivocada. En cambio, el enfoque relativista trata de cortar el pastel de la verdad de una forma que todos pueden disfrutar de un pedazo de dicho pastel —y así, por lo menos en teoría, les permite a todos llevarse bien. Es como el antiguo adagio: "Tú ve por tu camino y yo iré por el mío, y si nuestros caminos se encuentran de nuevo, sería algo hermoso." Por cierto que en nuestro mundo en el que hay cada vez más radicalismo religioso y fundamentalismo político, nos vendría mucho mejor el tratar de llevarnos bien, mientras cada uno de nosotros sigue por su propio camino, apoyado por todos los demás.

Todo eso parece bastante positivo a primera vista. Pero para ser completamente honesto en cuanto a esto, no entiendo cabalmente lo que en realidad significa. Con toda seriedad, no es algo alrededor de lo cual puedo colocar mis brazos mentales. (Perdóname por la mezcla en la metáfora, pero te das cuenta de lo que quiero decir . . . acerca de no saber lo que quiero decir . . . ¿verdad?)

Así que decidí consultar a algunos expertos. Busqué la palabra *relativismo* en mi ejemplar de 541 páginas del diccionario de filosofía *Blackwell Companion to Philosophy* (yo *sabía* que le

iba a encontrar un uso práctico a semejante volumen algún día).
He aquí una porción de lo que dice:

> En cuanto a la noción de *verdad relativa* . . . es muy difícil darse
> cuenta de su sentido. Una afirmación de que una proposición
> es "verdad para mí" (o "verdad para los miembros de mi
> cultura") se entiende más fácilmente como una afirmación de
> lo que yo (o miembros de mi cultura) *creo* (o *creen*) que como
> una afirmación que le asigna a esa proposición alguna forma
> peculiar de verdad.[4]

Así que, como puedes ver, aun estos inteligentes expertos
en filosofía admiten que es difícil hacer que las ideas relativistas
tengan sentido. Así que por lo menos no estoy solo.

Bueno, entiendo y apoyo un aspecto de esto —la parte de
"llevarse bien." Apoyo completamente la tolerancia de las creencias de otras personas. Lucharé por los derechos civiles de la
amplia gama de prácticas religiosas y espirituales —incluyendo
algunas que tal vez me parezcan raras y un poco absurdas—
siempre y cuando no perjudiquen a las personas.

Como sugiere el título de este libro, creo de todo corazón
en dejar que cada persona elija su propia fe, con la esperanza
de que en el mundo de las ideas, las más valiosas se elevarán
a la superficie. Es parte de lo que me encanta en cuanto a la
cultura occidental —la libertad de pensar y de pesar ideas y de
decidir por nuestra propia cuenta. Pero apoyar el derecho legal
de existir y de operar libremente de una gran gama de religiones
y de grupos no quiere decir que pienso que todos proclaman
la *verdad*. Es simplemente reconocer que vemos las cosas en
forma diferente, mientras que estamos de acuerdo en convivir
los unos con los otros. Y hablar y escuchar los puntos de vista

mutuos. Y tal vez aprender algo los unos de los otros a lo largo del camino.

La *tolerancia religiosa* es algo muy bueno, pero decir que *las creencias de todos son verdaderas* es algo que me resulta incomprensible.

Permíteme ilustrar por qué pienso así. Si trato de aplicar las filosofías relativistas de *"lo que me da resultado* es verdad" o *"lo que me conviene* es verdad" directamente al diálogo entre O'Reilly y Dawkins, tendría que concluir que para Dawkins, en realidad Dios no existe, porque Dawkins no cree en él (o ella, o en la cosa que sea). Pero al mismo tiempo, y de una forma igualmente real, el Dios del cristianismo *sí existe* para Bill O'Reilly, porque O'Reilly, en efecto, cree sinceramente en ese Dios.

Creo de todo corazón en dejar que cada persona elija su propia fe, con la esperanza de que en el mundo de las ideas, las más valiosas se elevarán a la superficie.

¿Ves el problema? En este escenario, Dios existe y no existe al mismo tiempo, para dos personas diferentes, basados en sus propias creencias particulares. Yo sé que se supone que Dios hace milagros —pero el asunto de que simultáneamente exista y no exista parece algo imposible, aun para el Todopoderoso.

Ahora bien, si agregamos a esto un hindú, quien cree que todo el mundo material es una maya ilusoria y todo es sólo parte de la mente del Uno panteísta, entonces para él *todo* es Dios. Esto incluye a Dawkins y O'Reilly, las sillas en las cuales están sentados, el aire que respiran y así sucesivamente. Todo es parte del dios que lo abarca todo, a quien no podemos conocer y quien no puede conocernos a nosotros.

Así que, si este hindú entra al cuarto donde están Dawkins y O'Reilly, entonces el no dios/Dios tiene que lograr una hazaña de simultaneidad: no existir en absoluto (la perspectiva del ateo); existir como el Dios personal y creador (en términos del cristianismo); y existir como el Todo impersonal (el concepto hindú). Los tres al mismo tiempo. ¡Y no voy siquiera a tratar de explicar lo que sucede cuando un cientólogo entra a ese lugar!

Bien, creo que mi explicación fue justa en cuanto a los puntos de vista de cada uno —incluyendo a los relativistas que afirman creer en esta clase de "comprensión" de una verdad múltiple. Y a pesar de que me gustaría estar "políticamente correcto" (o tal vez estar "espiritualmente correcto") diciendo que todos en el ejemplo tienen razón, no puedo jugar esa clase de juego mental.

Así que, permíteme responder esta pregunta yo mismo. Volviendo al diálogo con el cual comenzamos, me temo que tengo que estar del lado de Richard Dawkins, el ateo —por lo menos esta vez. No en cuanto a sus conclusiones finales, por cierto, pero en su definición de verdad, aparentemente más clara y elevada, la cual expresó con tanta simpleza y claridad: "¡Algo tiene que ser verdad o no serlo!"

Llámame anticuado, pero la verdad es sencillamente *lo que es real.* No mi propia realidad privada —o la tuya— sino la forma en que las cosas son realmente. La verdad es *lo que es* —lo que existe, verdaderamente existe, y lo que no existe, en realidad no existe— ya sea que nos guste o no, ya sea que lo podamos probar o no, ya sea que tengamos diferentes percepciones en cuanto a eso, o ya sea que ni siquiera pensemos o creamos en eso.

Tal vez algunos ejemplos de la vida cotidiana puedan ayudar. Digamos que no crees en los camiones. Has escuchado

Llámame anticuado, pero la verdad es sencillamente lo que es real. *No mi propia realidad privada —o la tuya— sino la forma en que las cosas son realmente.*

sobre los camiones, conoces a personas que afirman poseer un camión y has hablado con personas que dicen que han viajado en camiones. También has visto dibujos de camiones hechos por artistas, así como supuestas fotografías de camiones. La evidencia en cuanto a los camiones a veces parece bastante fuerte —pero todavía no estás convencido. "Todo esto es parte de una extensa conspiración de culto a los camiones," dices, "porque realmente no hay camiones."

Entonces decides cruzar la calle. Miras hacia la izquierda y luego hacia la derecha. No viene ningún automóvil, tampoco motocicletas o bicicletas. Ni siquiera un carro tirado por caballos. Sin embargo, hay algo que se parece bastante a un camión dirigiéndose por la calle hacia ti. Pero esto no te engaña, porque sabes que los camiones no existen. Bajas de la vereda y caminas por la pista —justo en el camino de lo que crees que es la engañosa pero inofensiva aparición de un camión inexistente.

Así que esta es la pregunta: La sincera creencia de la inexistencia de los camiones ¿te salvará de la realidad de un semirremolque de veinte toneladas que está a punto de imponer su muy real existencia sobre tu pequeño y vulnerable cuerpo? ¡Por supuesto que no! Tu incredulidad sobre *lo que me conviene* está a punto de encontrar *lo que es* la realidad y, te guste o no, tus teorías de conspiración y escepticismo acerca de los camiones no van a hacer ni una pizca de diferencia. La realidad es así —dura, pero muy real. Muy pronto, estarás *formando parte* de ese camión.

∞

Tengo un amigo a quien le gusta molestar a sus amigos relativistas porque cuando se levantan todas las mañanas, habitualmente toman un vaso de jugo de naranja antes de salir y hacer otras cosas, tal como ponerle combustible a sus automóviles. "Si las cosas en realidad son relativas a lo que ustedes creen que son," les dice, "¿por qué no hacen su rutina matutina al revés y beben un vaso de gasolina antes de llenar sus automóviles con jugo de naranja?" Sé que esto parece tonto, pero si el relativismo fuera verdad y la persona fuera en realidad sincera en sus creencias, entonces eso debería dar buen resultado. Estoy seguro de que no te sorprenderá saber que mi amigo no ha tenido nadie que hasta ahora haya aceptado su sugerencia.

O en cuanto a esto: La próxima vez que viajes por una carretera que te lleva a la ruta interestatal 110, decide en tu mente que *lo que funciona* para ti es interpretar que el número 110 en el letrero significa el límite de velocidad. No hagas esto al azar. Sé realmente sincero en tu creencia que así es como son las cosas, sabiendo que funciona para ti y que está de acuerdo con tu creencia más amplia de que los fabricantes de automóviles instalan velocímetros que van hasta las 160 millas por hora por una buena razón —y luego pisa a fondo el acelerador. Será un viaje frenético y emocionante, y es probable que llegues antes a tu destino.

Oh, pero prepárate para explicarle al policía que te pare que lo que *encaja* dentro de tu sistema de creencias es que el límite de velocidad es 110 millas por hora. Cuando él vea tu sinceridad y entienda que eso es *lo que funciona* para ti, o lo que *encaja* con tu comprensión particular del mundo, estoy seguro de que el policía simplemente sonreirá y te dejará continuar tu viaje.

¿Crees esto? ¿O supones que el policía tal vez te haga responsable de la verdad que él sostiene —la verdad *real* de lo que "110" en efecto significa— y te aplique una multa?

¿Estarías satisfecho con una respuesta que funciona, *con una respuesta* que encaja con sus creencias, *o estás buscando una respuesta verdadera de* lo que es *verdadero?*

Este es otro ejemplo: Un miembro de la familia llega a su casa tarde de noche, y se ve bastante desaliñado y actuando un poco avergonzado; tiene olor a alcohol y no está de ánimo para hablar. Cuando le preguntas qué pasa, ¿qué clase de respuesta esperas obtener? ¿Estarías satisfecho con una respuesta *que funciona,* con una respuesta *que encaja con sus creencias,* o estás buscando una respuesta verdadera de *lo que es* verdadero?

Ten presente que el enfoque de *lo que funciona* de la verdad podría guiarlo a él o ella a decir lo que quisieras escuchar, para que no siguieras sondeando más a fondo. Si te saca del camino de las contiendas, entonces eso es *lo que funciona* en ese momento. Esa es suficiente "verdad" para una noche. En forma similar, un buen escritor de ficción, o aun un mentiroso espabilado y consecuente, puede entretejer una trama coherente de *lo que encaja* dentro de su propio sistema de pensamiento y creencias, pero la historia que cuenta tal vez no tenga nada que ver con lo que en realidad sucedió.

∞

¿Puedes ver por qué es la antigua comprensión de "verdad real" (la clase que dice *lo que es*) en la que queremos y necesitamos basar nuestras vidas —y en la que esperamos que otros a nuestro alrededor también lo hagan? Esa es la clase de verdad que Platón, Aristóteles, Jesús y la mayoría de los buenos pensadores han apoyado a través de los siglos —y por cierto que es la que aplicamos y por la que juzgamos a la gente en nuestras cortes de justicia.

Nuestra tarea, en todos los ejemplos antes mencionados, así como en cualquier otro que pudiéramos pensar, es evitar inventar una realidad de fantasía dentro de nuestra propia mente y esperar que comience a materializarse mágicamente y que llegue a ser real. (Si piensas en esto, esa es una descripción bastante buena de *ilusión*.) En cambio, *debemos descubrir lo que de hecho es real y entonces alinear nuestras vidas y acciones con esa realidad.*

Los camiones en realidad existen y te pueden atropellar —así que harías bien en no ponerte en el paso de uno de ellos. El jugo de naranja es bueno para tomar, pero la gasolina te puede matar—así que elige tus bebidas con cuidado. El letrero que dice "110" en la carretera interestatal te está informando el número de la ruta, no el límite de velocidad —y el policía en ese automóvil con las luces rojas y azules encendidas te va a hacer responsable por entender y obedecer el verdadero límite de velocidad, relativista o no. Y los miembros de la familia que llegan al hogar completamente embriagados deben proveer una explicación completa —una que coincida con los hechos. Así que ¡confiesa la realidad!

Todo esto parece tan claro y obvio, ¿no te parece? Sí, por lo menos hasta que enfocamos el mundo de los *asuntos espirituales.* Mucha gente aplica el sentido común a sus vidas diarias en asuntos ordinarios y concretos, como los ejemplos que proporcioné. Pero cuando se trata de valores, principios morales y creencias espirituales, adoptan modos de pensar relativistas.

¿Por qué es eso? ¿Por qué es que un hombre inteligente

como Bill O'Reilly puede ser un realista tan obstinado acerca de cosas como la política, los asuntos legales, las controversias culturales y los problemas sociales, y luego volverse con tanta rapidez, a la versión de la verdad pragmática *que funciona* cuando habla de su fe religiosa?

Una razón es que la religión entra en la esfera de lo invisible —de las cosas que no podemos ver, tocar o sentir, tales como

La religión entra en la esfera de lo invisible —de las cosas que no podemos ver, tocar o sentir, tales como Dios y lo sobrenatural. Estas realidades son más difíciles de verificar.

Dios y lo sobrenatural. Estas realidades son más difíciles de verificar y no podemos probarlas o desaprobarlas en forma completa, así que nos permitimos llegar a ser vagos en la forma de hablar, y aun en nuestra forma de pensar. Sin quererlo comenzamos a involucrarnos en juegos mentales, diciendo cosas como: "Dios puede existir para ti pero no para mí —y eso está bien, porque los dos tenemos derecho a nuestra propia verdad." Hablamos como si las ideas religiosas fueran cierta clase de remedio o terapia utilitaria diseñada para hacernos sentir mejor, pero que no se basan en nada real. Yo tomo una aspirina, tú tomas un placebo —y mientras nuestros dolores de cabeza desaparezcan y ambos estemos mejor, ¿a quién le importa?

Pero la verdad no es así. No lo es en la esfera física ni tampoco en la esfera espiritual. En ambas esferas, *lo que es* es. Lo que es real en la esfera espiritual fue real antes que llegaras. Y permanecerá así, ya sea que pienses en eso o no, lo creas, no lo creas o lo ignores por completo.

Así que si Bill O'Reilly resulta tener razón en cuanto al Dios del cristianismo en una forma de *lo que es*, entonces el mismo Dios existe para Richard Dawkins y para el resto de todos nosotros, aun si Dawkins escribe cien libros en contra de esa idea. De la misma manera, si Richard Dawkins resulta tener razón en una forma de *lo que es* real acerca de la inexistencia de Dios, entonces los cánticos de miles de monjes, las oraciones de cientos de santos, los cantos y danzas de multitudes de fervorosos pentecostales y la creencia sincera tuya y mía —así como las palabras audaces de Bill O'Reilly— no harán que alguna clase de Dios repentinamente se materialice.

∞

La realidad es simplemente lo que es. La verdad, aun la verdad acerca de realidades espirituales, no es producida por lo que elegimos creer. El hecho de que no podemos ver cosas espirituales y sobrenaturales no hace diferencia alguna en lo que en realidad existe. Lo que es real ya existe, con o sin nuestra creencia en eso; sólo necesitamos descubrirlo.

Ya he hecho alusión a esto, pero permíteme expresarlo claramente: La sinceridad no cambia la realidad. Yo me puedo unir a una secta que adora hongos, pero mis creencias profundas y sinceras de que Jesús era un hongo no van a hacer que él sea un hongo. La sinceridad puede ser atractiva, aun admirable, pero seamos honestos: *Puedes ser sincero y estar sinceramente equivocado.*

Y seamos honestos también acerca de otra cosa. Nadie en realidad lo cree cuando alguien declara que "todas las religiones son verdad." Eso es lo que dice la gente cuando está bastante segura de que nadie va a tratar de presionarla para que se explique. Pero la verdad es que todos trazamos líneas en la arena en algún lugar.

¿No me crees? ¿Entonces por qué no eres *tú* un miembro de una secta que adora hongos? En realidad tal secta existe, y sus miembros en realidad creen que Jesús era una cierta clase de hongo altamente desarrollado. (Y pensabas que yo estaba inventando todo esto. ¡Bienvenido al extraño mundo de las sectas y de los cultos religiosos!)

¿Y qué me dices del grupo Puerta del Cielo OVNI? ¿Recuerdas aquella gente que se mudó a California (no podría haber sido otro lugar), arrendaron mansiones lujosas, se pusieron uniformes que incluían las ahora famosas zapatillas de tenis Nike blancas y negras, se acostaron unos al lado de los otros en literas y se envenenaron a sí mismos —para estar todos libres de sus cuerpos y estar listos para ser recogidos por naves espaciales que llegarían pronto volando detrás del cometa Hale-Bopp mientras este se aproximaba a la tierra? Tan triste como fue esto, la palabra *descabezado* no es demasiado fuerte para este grupo, ¿no te parece? Hablando de venenos, ¿recuerdas los espantosos acontecimientos que rodearon a la secta de Jim Jones, cuando su grupo de casi mil personas en Guyana bebió jugo en el cual se había colocado cianuro para escapar de la investigación y del juicio? ¿Y qué me dices de David Koresh y su grupo de seguidores, que permitieron que su complejo en Waco, Texas, fuera totalmente quemado —con ellos y sus familias adentro?

Creo que todos estaríamos de acuerdo en que estos sistemas de creencias están equivocados—aun cuando sus partidarios pudieran haber sido completamente sinceros. Así que coincidimos en el hecho de que no todas las religiones proclaman la verdad. Cuando grupos que difieren enseñan ideas contradictorias acerca de Dios, la fe y las cosas espirituales, simplemente no todos pueden estar en lo cierto. Todos podrían estar equivocados, pero no pueden todos representar *lo que es*.

He aquí otra razón por la cual no podemos apoyar la idea de que la "verdad" de todos es válida: En lo más profundo de nuestro ser, todos pensamos que *nosotros* estamos en lo correcto, y que todos los que están en desacuerdo con nosotros están equivocados. Y si tú no estás de acuerdo con esta declaración, has probado mi punto. (Si crees que estás en lo correcto y que yo estoy equivocado en cuanto a eso, quiere decir que, en primer lugar, yo estaba en lo correcto en cuando a eso.)

Cuando grupos que difieren enseñan ideas contradictorias acerca de Dios, la fe y las cosas espirituales, simplemente no todos pueden estar en lo cierto.

Por supuesto que nada de esto prueba quién está realmente en lo correcto acerca de su punto de vista en cuanto a Dios, la religión, etcétera. Simplemente expone lo que yo creo que son reglas básicas de procedimiento: Debemos buscar la verdad y la realidad genuinas, la clase que describe con exactitud *lo que es* —aun en las esferas que no podemos ver. Por lo tanto, cuando terminamos por elegir una fe, queremos que sea la que está enfocada en objetos reales que son merecedores de nuestra confianza y no una fe basada en lo que esperamos que nos dará resultado, ya sea en nuestra propia imaginación, en nuestras ilusiones, o alguna clase de remedio mental que hemos fabricado para hacernos sentir mejor.

∞

Así que, ¿dónde deberíamos empezar? En primer lugar, debemos buscar lo que es real. Como lo explican las Escrituras hebreas, debemos "am[ar] . . . la verdad."⁵ Llegar a ser un amante de la verdad va a requerir persistencia —y un cierto grado de fortaleza mental. Debemos estar dispuestos a reconocer lo que es verdad, aun si choca con lo que hemos creído en el pasado. Tenemos que aceptar la posibilidad de que tal vez terminemos eligiendo una fe que es diferente a lo que hemos creído hasta el momento. Pero si somos amantes de la verdad, deberíamos estar dispuestos a hacerlo.

Me gusta la actitud de algunos de los antiguos filósofos griegos que se trababan en debates sobre la verdad. Se dice que algunos de ellos le decían a la audiencia al principio del debate que lo mejor que podía suceder era que ganara el que estaba en el lugar opuesto del debate. ¿Por qué? Porque en el proceso, el primer orador y sus seguidores podrían ser ayudados a ver mejor, entender y aceptar la verdad. Las discusiones que se llevaban a cabo con esta apertura de mente "no eran una contienda entre oponentes . . . sino una búsqueda cooperativa por la verdad y el entendimiento."⁶

Así que sigamos este ejemplo y abandonemos la conveniente comodidad del camino relativista de fe. Dejemos de colocar nuestra fe *en lo que funciona* para nosotros y en cambio examinemos con tenacidad *lo que es* realmente verdad. Y una vez que hayamos descubierto *lo que es,* tenemos que estar dispuestos a dar los pasos valientes de alinear nuestras creencias a la verdad que hemos descubierto. Al igual que en todas las otras esferas de la vida, en la esfera de las realidades espirituales, necesitamos descubrir *lo que es* y luego ajustar y conformar nuestra fe y acciones a esa realidad.

Ese es el asunto importante que queremos considerar en varios de los próximos capítulos: Cómo encontrar la dirección correcta en nuestro viaje espiritual —no decidiendo sin orden ni concierto, como muy a menudo hace la gente, sino *intencionalmente,* basados en *lo que es* verdad, para poder adoptar y realmente vivir con nuestras conclusiones.

CAPÍTULO TRES

"PERO YO *SIEMPRE* HE CREÍDO LO QUE CREO"

La tradición y la verdad

Yo vivo en el sur del estado de California.

Sé que es mirado por el resto del país, y tal vez por mucha parte del mundo, como una tierra de extrañas modas pasajeras en cuanto a la salud y de gente excéntrica. No lo tomo como algo personal, aun si el otro día gasté treinta y ocho dólares en *Trader Joe's* y luego me di cuenta —cuando la cajera estaba poniendo mi compra en bolsas— de que acababa de gastar dos billetes de veinte dólares en nada más que frutas frescas y nueces crudas. Creo que después de cinco años de vivir aquí, estoy bastante bien aclimatado a la cultura del sur de California.

A Heidi, a mí y también a nuestros dos hijos adolescentes, Emma Jean y Matthew, realmente nos encanta vivir aquí. ¿En qué otro lugar puede usted ir a nadar, salir a dar caminatas, o andar en bicicleta en las montañas prácticamente todos los días, unas cincuenta semanas del año? No hace mucho, me encontraba montando bicicleta, pedaleando cuesta arriba en una colina, transpirando muchísimo y pensando que hubiera querido que no hiciera tanto calor. Luego me sentí culpable al darme cuenta que estábamos en *febrero,* y mucho del resto de los Estados Unidos estaba cubierto de nieve y hielo.

Me gusta porque de mañana podemos esquiar en las laderas de las montañas de San Bernardino y luego, el mismo día de tarde, después de un corto viaje, podemos nadar en la costa del Océano Pacífico bañada por el sol. (En realidad nunca lo he hecho, pero disfruto pensando que lo podría hacer.)

La gente aquí decora las palmeras para los días de fiesta. Es fantástico —luces y guirnaldas que cuelgan de árboles tropicales. Todas las Navidades, uno de mis amigos pone su aire acondicionado lo más frío que puede, espera hasta que la casa está bien fría, enciende la chimenea y entonces toda la familia se pone ropa abrigada y se sienta temblando de frío, pretendiendo que es como un invierno de verdad. (Por favor, no le informes a Al Gore sobre esto.)

Trata de no envidiarnos por esto, pero en realidad vivimos en un paraíso en la tierra.

Así que, ¿por qué es que todos los años, cuando se acerca la época de la Navidad, comienzo a ponerme nostálgico? Creo que eso tal vez te parezca un impulso normal, hasta que sepas el lugar del hogar que añoro: *Dakota del Norte.*

Nada en contra de mi amado estado natal o de mi familia y amigos que todavía viven allí, ¿pero has *estado* alguna vez en Dakota del Norte? Probablemente no. Es el estado menos visitado en todos los Estados Unidos. De verdad.

No es que sea tan malo allí, por lo menos durante los dos meses del verano, pero en realidad hay muy pocas atracciones verdaderas. (¿Qué me dices de las bellas Colinas Negras o del majestuoso Monte Rushmore? Eh, sí —esas atracciones están en Dakota del *Sur.*)

La gente allí parece estar consciente de ese problema. De hecho, hace algunos años hubo un movimiento serio en cuanto a cambiarle el nombre al estado y dejar solamente "Dakota," quitándole *del Norte.* Nadie pareció darse cuenta de que estaban tratando de cambiar la parte del nombre equivocada. Carolina *del Norte,* por ejemplo, no parece tener esta clase de problema de percepción. Mi sugerencia, en caso de que alguien esté interesado, es que deben tratar con la parte del nombre que les da problemas —que es *Dakota*— y simplemente cambiarla a "Florida del Norte." Eso debería ayudar.

Otro problema es que el estado no está en el camino a ningún lugar. A menos que tengas que conducir cientos de millas desde Minnesota hasta Montana, o tal vez hacer un recorrido desde Sioux Falls a Saskatoon, no es muy probable que vayas a cruzar el territorio de Dakota del Norte. Lo que quiero decir es que tienes que tener la intención de hacerlo. Sin mencionar que hay sólo una aerolínea que va a ese lugar, y que por el precio que cuesta el pasaje es probable que podrías volar a París o Praga.

¿Mencioné los inviernos? Mi cuñado, Glen, quien vive a

veintitrés millas de la frontera del Canadá, lo describe de esta forma: "Tenemos nueve meses de invierno y luego tenemos tres meses en los cuales es muy difícil andar en motonieve." La semana que mi esposa y yo nos casamos en Velva, que es una clase de suburbio de mi ciudad natal de Minot, la sensación térmica bajó hasta noventa grados (Farenheit) bajo cero. Nos *tuvimos* que casar —sólo para sobrevivir y no congelarnos.

Descubrí el símbolo supremo de un invierno en Dakota del Norte un día cuando mi suegro, Hillis, nos estaba visitando en nuestro hogar en California y noté unos rasguños en el cuero de sus nuevos zapatos de caminar. —Hillis, ¿qué les pasó a tus zapatos nuevos? —le pregunté. Con toda seriedad, me respondió: —Oh, son de las cadenas que tengo que colocarles cuando estoy en casa, para poder caminar por la nieve y el hielo.

Creo que te estás dando cuenta de lo que quiero destacar: Dakota del Norte es un lugar frío y apartado. Un lugar que no mucha gente siquiera *trata* de visitar —especialmente la gente que vive en lugares cálidos como California. Y sin embargo, todavía siento una extraña nostalgia por ese lugar, especialmente en la época de la Navidad. Últimamente ha sido tan profunda que he llegado a casi meter a toda la familia en el automóvil —impulsivamente— junto con todos los regalos de Navidad, las chaquetas, los suéteres, bufandas, guantes, botas, cadenas para las llantas y aun el perro, para arriesgar nuestras vidas y conducir casi dos mil millas a través del desierto, por las montañas y en las carreteras cubiertas de hielo, atravesando la tundra, para ir a la casa de mis padres o de los padres de Heidi para la Navidad.

Afortunadamente, he recobrado el sentido muy a tiempo, he puesto otra guirnalda de luces en la palmera, me he servido un vaso de ponche de leche y huevo y, en cambio, he llamado por teléfono a nuestros parientes inmovilizados por la nieve. Pero una cosa es segura: La *tradición* es un poderoso imán. Especialmente cuando la tradición involucra el lugar que llamamos hogar.

∞

Una de las obras de literatura más inquietantes que jamás haya leído fue una historia corta llamada "The Lottery [La Lotería]," escrita por Shirley Jackson en la última parte de la década de 1940. La trama básica de la historia es esta: En una pequeña, antigua y aparentemente amistosa ciudad de unos trescientos

La tradición es un poderoso imán. Especialmente cuando la tradición involucra el lugar que llamamos hogar.

habitantes, tienen una práctica anual que va más atrás de lo que nadie puede recordar. Los residentes se reúnen al mismo tiempo todos los años, y la cabeza de cada hogar saca un pedazo de papel de una caja de madera astillada, negra y vieja. Debido a que es una comunidad pequeña y unida, saben exactamente cuántas familias van a ser parte de la lotería. Simplemente colocan el número correcto de pedazos de papel en la caja —todos en blanco, excepto uno, que tiene una mancha negra.

La desafortunada familia que saca el pedazo de papel con la mancha tiene que traer a todos los miembros de su casa, desde el menor hasta el mayor —incluyendo los niños pequeños— de vuelta a la caja para sacar papeles, y de nuevo sólo uno de ellos tiene la mancha negra. Esta vez, quienquiera que sea la desafortunada persona que tiene el papel con la mancha de inmediato se entrega a la multitud —todo hombre, mujer y niño, incluyendo la familia de la víctima— y a continuación es apedreada hasta que muere.

En la historia, Tessie Hutchinson, una amada y respetada mujer que es miembro de la comunidad, esposa de Bill Hutchinson y madre de tres niños, saca el voto fatal. La trama termina cuando ella grita: "¡No es justo! ¡No es correcto!"

Y entonces se nos dice que la multitud completa "se lanzó sobre ella."

Lo que es interesante es que ninguno de los personajes siquiera cuestiona por qué hacen esa cosa horrible todos los años. De hecho, cuando un hombre llamado señor Adams le menciona a un habitante anciano de la ciudad llamado el Viejo Warner que "allá en la villa del norte están pensando en abandonar la lotería," la respuesta del anciano es dura y fuerte, y da un indicio de la superstición que apoya la horrible tradición del pueblo.

"Jauría de tontos locos," responde él. "Cuando uno escucha a los jóvenes, nada es bueno para ellos. Lo próximo que harán será que querrán volver a vivir en cuevas, que nadie trabaje, y vivir así por un tiempo. Había un antiguo dicho que decía: 'La lotería en junio, la cosecha de maíz estará lista pronto.' Antes de darnos cuenta, todos vamos a estar comiendo hierba y bellotas. *Siempre ha habido una lotería.*"[1]

$$\infty$$

Tan espantosa como es esa historia ficticia, ilustra la seria verdad acerca de las tradiciones. Son simplemente hábitos, a veces más antiguos de lo que nadie puede recordar, y a menudo son aceptados sin cuestionar o sin siquiera pensar en ellos. El razonamiento es: "¿Por qué desafiarlos? Es la forma en que siempre hemos hecho las cosas por estos lados."

Las tradiciones pueden ser muy positivas, como una antigua costumbre familiar, la forma en que se hacen ciertas cosas en una familia y las cosas que proporcionan comodidad —o prácticas de darle cosas a la gente necesitada en la época de la Navidad u ofrecer hospitalidad a personas que carecen de comida o de alojamiento.

Las tradiciones también pueden ser neutrales —ni buenas ni malas— como la historia de la mujer que cocinaba carne los domingos para su familia. Antes de poner la carne en la olla, siempre cortaba los dos extremos. Una vez, mientras ella estaba haciendo esto, su hija le preguntó: —Mamá, ¿por qué siempre cortas los dos extremos de la carne antes de ponerla en la olla para cocinar?

Las tradiciones son simplemente hábitos, a veces más antiguos de lo que nadie puede recordar, y a menudo son aceptados sin cuestionar o sin siquiera pensar en ellos. "Es la forma en que siempre hemos hecho las cosas por estos lados."

Su respuesta fue: —Bueno, eso es lo que tienes que hacer.

Pero la joven insistió: —¿Por qué? ¿Lo hace tener mejor gusto, o se cocina más parejo?

—En realidad no lo sé; es lo que siempre hacía la abuela. Lo hago de esa manera porque es lo que ella me enseñó. Cuando la vayamos a ver, preguntémosle.

Así que la próxima vez que estuvieron con la abuela, le preguntaron por qué siempre le cortaba los dos extremos a la carne antes de ponerla en la olla. Perpleja, ella respondió: —No hago esto.

Con una mirada de sorpresa, la madre insistió: —Sí, lo

haces, porque eso es lo que me enseñaste hacer hace años cuando me enseñaste a cocinar un asado a la olla.

—Oh —respondió la abuela con una risita—, yo tenía que hacer eso porque en aquel entonces tenía una olla muy pequeña y era la única forma en que podía lograr que cupiera un pedazo grande de carne.

Es una historia graciosa, pero lo que es aún más gracioso es la cantidad de cosas que hacemos en nuestra vida que son como esa. "Bueno, eso es lo que tienes que hacer," nos aseguramos a nosotros mismos.

Las tradiciones pueden ser negativas y sin embargo ser pasadas de generación en generación tan ciegamente como cualquier otra cosa. Por cierto que eso fue verdad en la historia de "la lotería," pero a menudo también es así en la vida real.

Por ejemplo, muchos de nuestros abuelos solían hacer comentarios despreciativos acerca de personas que tienen la piel de otro color; o agrupaban a ciertos grupos étnicos bajo una connotación negativa. No es que estuvieran tratando de ser malvados, sino que estaban pasando los estereotipos que habían aprendido de sus propios parientes y amigos. Decían: "Es mejor que esa gente se mantenga junto a los de su propia clase, en su lado de la ciudad. Algunos pueden ser gente bastante agradable, pero no quisieras que vivieran en tu vecindario o que asistieran a la iglesia que asistes tú." Y con eso tal vez agregaban: "Ten mucho cuidado si alguna vez tienes que hacer un negocio con algunos de ellos. Tienes que vigilarlos como un halcón."

Estos feos prejuicios se pasan de generación en generación. Y para cuando creemos que nos hemos librado de ellos, un antiguo epíteto o expresión aparecerá en algún lugar en una conversación y nos damos cuenta de que esta es una tradición con la cual tenemos que luchar continua y tenazmente para arrancar de raíz.

∞

Otra "tradición" que nuestros parientes nos han legado a algunos de nosotros es el hábito de fumar varios paquetes de cigarrillos por día. Hace años, esto era considerado como algo que estaba de moda, una forma de encajar con el grupo, y en aquella época los cigarrillos no costaban mucho. ¿Por qué no fumar como lo hacía todo el mundo? Pero luego, a medida que más y más gente se enfermaba, y la evidencia comenzó a acumularse de que estos "palillos de cáncer" realmente podían matarlo a uno, fumar probó ser un hábito muy difícil de romper. Como resultado de fumar, muchos de nosotros perdimos a nuestros abuelos en forma prematura. Desafortunadamente, muchos de nuestros padres "heredaron" el dañino hábito a la nicotina de sus propios padres y aun después de que saliera la avalancha de evidencia inculpatoria acerca del devastador impacto de usar tabaco, muchos de mi generación —y de la siguiente— todavía se encuentran adictos a los cigarrillos hoy.

La misma clase de cosas que se pasan de generación en generación se ven en una variedad de otras esferas dañinas:

- las bebidas alcohólicas y la drogadicción

- actitudes negativas acerca de personas de religiones o sexo diferentes

- patrones de comunicación pobres o a veces destructivos

- tendencias a trabajar en exceso y a no descansar lo suficiente

- ser negligentes con nuestros hijos

- malos hábitos de alimentación y ejercicio (o falta total de ejercicio)

- abuso psicológico o físico entre miembros de la familia

Lo que presenta un desafío es encontrar el equilibrio entre ofrecer el respeto y el honor que merecen los miembros mayores de nuestra familia y al mismo tiempo tratar de no imitar sus malos comportamientos. Es importante amarlos, pero también dar un paso atrás y hacer una evaluación honesta de lo que están haciendo, o han hecho, especialmente antes de que nosotros en forma incondicional adoptemos sus patrones de pensar y de vivir. Debemos preguntarnos en forma imparcial: "¿Cuáles fueron los resultados de sus creencias y acciones en sus vidas? ¿Quiero ver resultados similares en mi propia vida?"

Si vamos a resistir pasar de generación en generación lo que mi amigo Bill Hybels llama "un bastón roto" de hábitos y actitudes dañinas, entonces vamos a tener que dar una mirada hacia atrás y considerar nuestras propias vidas con mucho cuidado —y probablemente hacer algunas considerables correcciones de curso a lo largo del camino.

∞

No hay un área de nuestra vida que necesite una evaluación más cuidadosa y crítica que el área de la *fe*. La mayoría de nosotros creció con cierta clase de espiritualidad heredada, ya sea cristiana, musulmana, hindú, budista o aun una fe no espiritual como el ateísmo. Yo creo que este camino *tradicional* de fe es el enfoque más común que emplea la gente al "elegir" su fe —aunque en realidad no es una elección en absoluto, porque se recibe pasivamente. Por lo general se adopta como una religión que se pasa de una generación a otra y que nunca ha sido examinada críticamente.

De una u otra forma, fuiste iniciado, bautizado, confirmado o comisionado dentro de un conjunto particular de creencias o prácticas religiosas (aun si son las creencias y las prácticas del ateísmo, que algunos practican muy religiosamente). Hoy puedes usar el estandarte de cualquier grupo que esas prácticas representan, pero, si te presionan, no puedes dar una razón valedera de por qué crees que estás en la fe correcta. Para ti, es sólo una tradición —lo cual puede ser la razón por la cual a menudo te sientes indiferente y desganado en cuanto a tus creencias. No es exacto llamarlas tus propias creencias.

Creo que el camino tradicional de fe es el enfoque más común que emplea la gente al "elegir" su fe —aunque en realidad no es una elección en absoluto, porque se recibe pasivamente.

Bueno, pero eso no hace necesariamente que la fe en la cual creciste sea buena o sea mala. Pero si la recibiste porque te la pasaron de otra generación, entonces es algo completamente aleatorio. Si piensas en esto, estás confiando en la esperanza de que en algún tiempo en tu historia familiar, alguien —tu madre o tu padre, un abuelo, o un antepasado anterior— examinó cuidadosamente toda la gama de preguntas acerca de Dios, la espiritualidad y *lo que es* antes de llegar a una conclusión en cuanto a la fe.

Pero ese es un riesgo grandísimo, porque, seamos sinceros:

Estas son las mismas personas que estaban trabajando sesenta u ochenta horas por semana para apenas poder vivir, mudándose de un lugar a otro tratando de encontrar una mejor forma de vida, aprendiendo culturas nuevas y tal vez aun un nuevo idioma, y es posible que (yendo a nuestra lista anterior) estuvieran tratando de vencer sus propios perjuicios innatos, luchando con varias adicciones, peleando con otros miembros de la familia o grupos sociales, etcétera. ¿Cuánto tiempo y esfuerzo crees que realmente invirtieron en la seria reflexión sobre las realidades espirituales? La respuesta es que probablemente no le dieron a esta importante área la atención que merece, tal vez ni siquiera —volviendo al capítulo 1— tiempo como el que yo invertí haciendo la investigación y compra de una bicicleta de montaña con bastidor de fibra de carbón. Y sin embargo, con demasiada rapidez, estamos dispuestos a aceptar lo que nos pasaron como una verdad absoluta e indisputable.

Compara esa realidad con las famosas palabras de Sócrates cuando nos advirtió que "no vale la pena vivir una vida no examinada."

Debemos tener cuidado de no convertir nuestras tradiciones —o nuestro trasfondo familiar, herencia o linaje étnico— en una excusa para perpetuar ciegamente algo que puede ser o no de beneficio, de ayuda o aun verdad. La filosofía de "eso es sencillamente lo que tienes que hacer" simplemente no basta cuando se trata de elegir tu fe.

Al filósofo Paul Copan, experto en este tipo de asuntos, le preguntaron si no estamos culturalmente acondicionados para simplemente aceptar y vivir con las creencias con las que crecimos, sin importar lo que son. Le formularon la pregunta de la siguiente manera: —¿No es verdad que si usted nació en Arabia

Saudí, es probable que sea musulmán, o que si hubiera nacido en la India, sea probablemente hindú?

—De acuerdo a las estadísticas, eso podría ser cierto —respondió Copan—. Y si un pluralista hubiera crecido en la Francia medieval o en la Somalia moderna, es probable que no fuera pluralista. Así que el argumento geográfico no tiene mucho peso. Además, yo podría hacer la afirmación de que si usted hubiera vivido en la Alemania nazi, las probabilidades son que hubiera formado parte de las Juventudes Hitlerianas. O si hubiera vivido en la Rusia de Stalin, es probable que hubiera sido comunista. ¿Pero quiere decir eso que el nazismo o el comunismo es tan buen sistema político como la democracia? No . . . sólo porque ha habido una diversidad de sistemas políticos a través de la historia, no impide que concluyamos que un sistema político es superior a sus rivales. Presuntamente, existen buenas razones para preferir un sistema político sobre otro. Hay buenas razones para rechazar un sistema como el nazismo o el comunismo a favor de las democracias. Así que, ¿por qué no puede ser lo mismo con respecto a los sistemas de creencias? El punto es: ¿Existen buenas razones para creer en un punto de vista religioso y no en otro?[2]

∞

Si hay un Dios verdadero que nos ha dado las claves e información necesarias, y que espera que descubramos quién es él y que lo sigamos fielmente, entonces no va a darnos resultado que un día lo enfrentemos y le digamos: "Como sabes, fui criado como católico irlandés, así que en realidad nunca se me permitió contemplar otras opciones." O: "Vengo de una larga línea de devotos budistas, así que en mi familia era simplemente impensable que alguno de nosotros fuera otra cosa que budista." O: "Somos judíos, como sabes, así que en realidad nunca pudimos leer o considerar las enseñanzas de Jesús —eso no hubiera sido lo apropiado." O: "Bueno, sabes que crecí siendo calvinista, así que en realidad nunca tuve la libertad o la capacidad de elegir otra cosa."

"Existen buenas razones para preferir un sistema político sobre otro. ¿Existen buenas razones para creer en un punto de vista religioso y no en otro?"

¿Pero qué si los católicos están en lo cierto, o los budistas o aun los grupos cristianos de los Apalaches que usan serpientes en sus cultos? ¿Cómo lo podría saber a menos que diera un paso atrás y en realidad probara las enseñanzas de las distintas tradiciones de fe?

Es interesante notar que Jesús, quien por lo menos fue uno de los líderes religiosos de todos los tiempos, fue también uno de los más duros críticos en cuanto a la tradición. Escucha sus sorprendentes y penetrantes palabras dirigidas a las autoridades espirituales de su día, tal y como se registran en una de las cuatro biografías tempranas:

Así que los fariseos y los maestros de la ley le preguntaron a Jesús:

—¿Por qué no siguen tus discípulos la tradición de los ancianos, en vez de comer con manos impuras?

Él les contestó:

—Tenía razón Isaías cuando profetizó acerca de ustedes, hipócritas, según está escrito: "Este pueblo me honra con los labios, pero su corazón está lejos de mí. En vano me adoran;

sus enseñanzas no son más que reglas humanas." Ustedes han desechado los mandamientos divinos y se aferran a las tradiciones humanas.[3]

Si lees esta historia en el contexto que la rodea, verás que Jesús estaba tan exasperado con los fariseos y con los maestros de la ley que repitió tres veces, en una corta conversación, su acusación contra seguir ciegamente las tradiciones. Aparentemente, él vio la devastación espiritual que resultaba de seguir ciegamente creencias y edictos de generaciones pasadas y él quería impactar a su audiencia para que considerara cuidadosamente estos asuntos. Para él, era mucho más importante que lo entendieran correctamente que mantener la paz, encubrir los problemas, o conformarse con expectativas familiares o culturales. Y, lo que es interesante, él estaba citando advertencias previas que el profeta Isaías había dado siglos antes cuando escribió: "El Señor dice: 'Este pueblo me alaba con la boca y me honra con los labios, pero su corazón está lejos de mí. Su adoración no es más que un mandato enseñado por hombres.'"[4]

Así que la pregunta para nosotros es la siguiente: ¿Estamos dispuestos a dar un paso hacia atrás y examinar nuestras creencias heredadas y asegurarnos de que reflexiva e intencionalmente hemos elegido una fe que vale la pena seguir?

He aquí el punto que debemos intentar resolver: *¡Nuestros padres podrían haber estado equivocados!* Y sus padres podrían haber estado equivocados antes que ellos. Mis padres podrían haber estado equivocados y lo mismo es cierto en cuanto a los tuyos. Y también nuestros líderes religiosos y maestros podrían haber estado equivocados.

Sé que es algo difícil de absorber, pero sigue conmigo.

Mirando las cosas en términos generales, los padres y los maestros *de alguien tienen que estar equivocados.* ¿Por qué? Porque muchos se contradicen entre sí. Como sabemos, y como

discutiremos más tarde en un capítulo sobre la lógica, "las cosas opuestas no pueden ser ambas verdad." Esta "ley de la no contradicción" es una realidad ineludible —y ni siquiera puedes argumentar en contra ella sin estar de acuerdo implícitamente conmigo. (Lo digo porque no puedes disputar las leyes de la lógica sin emplear esas mismas leyes. De hecho, no puedes siquiera *pensar* acerca de disputar las leyes de la lógica sin usarlas —así que ni siquiera lo intentes.)

He aquí el punto que debemos intentar resolver: ¡Nuestros padres podrían haber estado equivocados! *Y también nuestros líderes religiosos y maestros podrían haber estado equivocados.*

Al aplicar este principio de la no contradicción a los asuntos de la fe, el Dios personal del judaísmo y del cristianismo no es compatible con el impersonal Brahmán del hinduismo. O Dios es una deidad inteligente, que es diferente del universo que ha creado, o es un dios panteísta, inconsciente e impersonal, que está en todo y es parte de todo —*o ninguna* de las descripciones es verdad— pero él no puede ser *las dos cosas* en ningún sentido significativo. Por supuesto que ambos conceptos podrían estar equivocados, pero ambos no pueden ser verdad porque son incompatibles y contradictorios.

Lo repito, deberíamos apoyar con entusiasmo el derecho legal de estas dos tradiciones (y de otras) de existir y de esparcir sus mensajes. Eso es *tolerancia,* lo cual es muy bueno. Pero no confundas la tolerancia con la *verdad*. No puede haber dos realidades contradictorias y que sean verdad, en el sentido genuino de *lo que es* verdad. Siento que estoy diciendo cosas que socialmente no son aceptadas y que están pasadas de moda, pero la realidad es la realidad —es *lo que es*— y es mejor que lo aceptemos tal como es.

Para ser justo, yo mismo tuve que enfrentar esta misma realidad —como mencioné— cuando estaba asistiendo a la universidad. Las "verdades" con que había sido criado para creer, y que había considerado ser sólidas como una roca, estaban siendo desafiadas por un profesor que parecía saber más sobre la materia que la mayoría de los maestros espirituales y las personas que habían ejercido influencia en mi vida. Me di cuenta que yo no podía competir con ese hombre, y las personas con las que hablé en mi iglesia tampoco me fueron de mucha ayuda. Así que, ¿qué era lo que debía hacer?

∞

Cuando te enfrentas con la posibilidad de que algo que se te ha enseñado toda la vida en realidad puede ser incorrecto, la tentación es tratar varios mecanismos de defensa como un medio de justificar y de aferrarse a las tradiciones. Evitar a la persona es una de esas tácticas —haces todo lo que puedes para apartarte de la persona o de la influencia que te está causando dudas. Tal vez si no piensas en eso o si no estás cerca de la persona o del lugar —tal vez si pones la cabeza debajo de una almohada— el desafío desaparecerá. Pero entonces el problema se queda y supura debajo de la superficie, causando que la duda y la inseguridad se propaguen como un cáncer.

Otras personas responden indignándose o enojándose:

"¿Quién eres tú para decir que *tu* posición es la correcta y la mía está equivocada? ¡Vaya arrogancia!" Este tipo de reacción tal vez haga que te sientas bien al principio —por lo menos por unos pocos minutos. Pero al final, la pregunta todavía perdura. Y en lo profundo de tu ser sabes que realmente es posible que las creencias de la otra persona pudieran ser correctas y que se te ha enseñado cosas que son incorrectas (aun cuando tus padres y otras personas que ejercieron influencia en tu vida las creyeron con sinceridad).

¿No preferirías saber que estás buscando sinceramente una perspectiva correcta de las cosas espirituales y que estás construyendo tus creencias en ideas que están apoyadas por la evidencia?

¿No te produciría un sentimiento de libertad tomarlo con calma y admitir que el estar equivocado es una posibilidad? ¿No es mejor bajar la guardia por un segundo y decidir que preferirías ser alguien que apoya la verdad que alguien que defiende una tradición? ¿No preferirías saber que estás buscando sinceramente una perspectiva correcta de las cosas espirituales y que estás construyendo tus creencias sobre ideas que están apoyadas por la evidencia?

∞

No es necesario convertirte en un iconoclasta espiritual, alguien que desafía a toda la autoridad y desecha todas las tradiciones, sólo porque parecen anticuadas. Más bien, puedes, y deberías, respetar a tu familia y amigos que pueden estar viendo las cosas de forma diferente a como las estás comenzando a ver. Reconoce que la mayoría de nosotros comienza con creencias que simplemente le fueron pasadas de la generación anterior, y que es parte natural de crecer y de pensar como adultos que demos un paso atrás y que evaluemos la validez de la fe que hemos heredado. Debes decidir pesar las razones y la evidencia de lo que hasta ahora has aceptado tan fácilmente —para estar seguro de que al final tienes una fe que tiene sentido porque está basada en la verdad.

Ese fue el curso de acción que elegí tomar cuando estaba en la universidad. Bajé la guardia lo mejor que pude, abrí la mente y comencé el proceso de examinar los fundamentos de la fe que se me había enseñado. Y, francamente, esa fue una época muy incómoda. La única cosa que me parecía peor que abandonar las creencias con las cuales había sido criado era el pensamiento de basar mi fe en enseñanzas que sinceramente dudaba que fueran verdad.

Así que por un tiempo viví en este purgatorio mental, mientras me dediqué con intensidad a leer libros, escuchar grabaciones, investigar respuestas y dialogar con personas sabias y eruditas que podían contribuir a mi comprensión. Probé a fondo mis tradiciones con la lógica, la evidencia y frecuentes oraciones pidiendo orientación a lo largo del camino, confiando que de alguna forma la verdad se elevaría a la superficie.

Este proceso me llevó finalmente a reafirmar mis creencias de niño así como a que mi fe madurara y se profundizara. Pero no tuve la garantía de conseguir esos resultados cuando comencé. Mirando retrospectivamente, las dudas y los desafíos con los que luché probaron ser como infecciones que ayudaron a producir en mí "anticuerpos espirituales" a medida que estudiaba, reflexionaba y respondía a dichas dudas y desafíos. Al final, fui más fuerte por haber pasado por ese tiempo de búsqueda, investigación y pruebas, y me sentí más confiado en la fe que había adoptado.

A mi amigo Lee le sucedió lo opuesto. Él había llegado a aceptar una cosmovisión secular, escéptica y en la cual no había lugar para Dios con mayúscula, dioses con minúscula o cualquier forma de inteligencia superior. Él era un incrédulo espiritual quien, con el tiempo, comenzó a re-investigar —y finalmente a dudar— sus propias dudas. El catalizador para este cambio fue el ejemplo que le dio su esposa, quien después de haber llegado a creer en Dios, con suavidad desafió a Lee para que le echara otro vistazo a sus creencias.

Fui más fuerte por haber pasado por ese tiempo de búsqueda, investigación y pruebas, y me sentí más confiado en la fe que había adoptado.

Su reacción natural a este proceso fue enojarse. Con frecuencia daba portazos, menospreciaba la recién encontrada fe de su esposa, hablaba mal de la iglesia de ella y gradualmente aumentó el uso y abuso de las bebidas alcohólicas. Un día, en su frustración, pateó la pared de la sala haciéndole un hueco.

Gradualmente, sin embargo, Lee se calmó y dejó que su sensatez comenzara a responder, en lugar de reaccionar simplemente de acuerdo a sus emociones. Hasta ahora, él te dirá que no fue agradable que sus creencias ateas fueran desafiadas. Y a él no le gustaba el pensamiento de reconocer a un Dios que una vez que se le deja entrar, tendría algo que decir en cuanto a la forma en que él vivía su vida todos los días.

Pero de alguna forma, Lee encontró dentro de sí la humildad —y la persistencia— de luchar con sus preguntas espirituales, de

examinar la variedad de supuestas respuestas y de pesar cuidadosamente la evidencia, tanto a favor como en contra. Le llevó casi
dos años. Al final, en lugar de reafirmar su forma particular de
"fe" atea, él cambió completamente su forma de pensar. O, como
lo dice él hoy, experimentó "un torrente de razones." Leslie, su
esposa, lo describe más como un cambio milagroso de corazón.
Hoy, Lee es un devoto hombre de fe que escribe libros y da
conferencias por todo el mundo, ayudando a otras personas que
están en una trayectoria espiritual similar a la de él.[5]

No sé cuál será el resultado para ti. Podría ser la reafirmación
de las enseñanzas y tradiciones con las que creciste, como fue mi
caso. O podría ser una redirección de tu forma de pensar hacia
nuevas creencias y hacia otra forma de entender las cosas, como
fue para Lee. Pero te digo que algo que es seguro: Tanto Lee
como yo estamos contentos de haber emprendido la aventura del
descubrimiento espiritual. Estamos agradecidos de que hicimos
lo que se requirió para examinar nuestras creencias y nuestros
trasfondos y para elegir cuidadosa y deliberadamente nuestra
propia fe. Estoy seguro de que tú también estarás agradecido.

∞

Un día diferente y en un entorno diferente del que Jesús repren-
dió a su audiencia por su ciega adhesión a las tradiciones, él nos
dio a cada uno de nosotros este desafío:

> Pidan, y se les dará; busquen, y encontrarán; llamen, y se
> les abrirá. Porque todo el que pide, recibe; el que busca,
> encuentra; y al que llama, se le abre.[6]

El desafío viene con una promesa alentadora y, como veremos más adelante, Jesús tiene credenciales notables que lo

hacen una fuente confiable de orientación en estos asuntos importantes. En los capítulos que siguen, también veremos algunas herramientas que nos ayudarán a probar adecuadamente las enseñanzas con las que nos criamos.

Si te encuentras reacio a la idea de probar tus creencias, considera las siguientes preguntas:

¿No te sientes contento porque Galileo no aceptó simplemente la idea tradicional acerca de la tierra y del sistema solar, sino que puso a prueba las tradiciones y llegó a un mejor entendimiento?

¿No te sientes contento porque Galileo no aceptó simplemente la idea tradicional acerca de la tierra y del sistema solar, sino que puso a prueba las tradiciones y llegó a un mejor entendimiento? ¿Y no es algo bueno que hace varios siglos algunos valientes exploradores dejaron de lado la sabiduría convencional acerca de que la tierra era plana y en cambio salieron con valentía y descubrieron nuevas tierras? ¿Y no estás agradecido de que Thomas Edison abandonó la tradición de maldecir las tinieblas e hizo unos diez mil experimentos hasta que logró una manera mejor de alumbrar un cuarto?

Estoy agradecido por todas esas cosas, pero creo que ninguna de ellas finalmente es tan importante como poner a prueba nuestras propias tradiciones espirituales, buscar la verdad legítima y finalmente elegir una fe basada en información probada y en sabiduría reveladora.

Antes de que nos quedemos parados aferrándonos a lo del pasado, sería sabio que escucháramos al que dijo: "¡Yo hago nuevas todas las cosas!"[7]

CAPÍTULO CUATRO

"¡ES *MEJOR* QUE LO CREAS!"

Autoridad y realidad

Fue una experiencia nueva para mí. Nunca antes había entrado a una mezquita y tampoco lo había hecho la mayoría de las personas que estaban tomando la gira turística conmigo. Se nos dio una cordial bienvenida, nos mostraron el lugar, y luego fuimos guiados a un cuarto grande, y se nos pidió que nos sentáramos en el suelo.

Muy pronto el imán, vestido de blanco, se dirigió al frente del salón y comenzó a hablar. Se comunicó con pasión, y su voz era fuerte y denotaba confianza. Explicó algunas de las doctrinas del islamismo, y luego describió cómo oran los musulmanes, cómo adoran en la mezquita, y cómo viven su fe en la vida cotidiana.

Entonces su rostro mostró una expresión intensa —aun severa— cuando trató algunos asuntos relacionados a los cristianos. "Es importante que sepan que Alá es el único Dios, y que Mahoma, que la paz esté con él, fue su verdadero profeta. Dios no está dividido, y no tiene un hijo," declaró enfáticamente. "Jesús, que la paz esté con él, *no* era el Hijo de Dios. Él fue un verdadero profeta como Mahoma, y nosotros lo honramos —pero nunca debemos adorarlo. Adoramos a Alá y sólo a Alá."

Continuó hablando con nuestro grupo por unos pocos minutos más, concluyó sus comentarios y luego dijo que estaba dispuesto a responder a preguntas. La gente le preguntó sobre una variedad de temas, algunos superficiales y otros de más sustancia. El imán respondió con paciencia a cada una de las preguntas. Mientras escuchaba, luché en silencio con un asunto que yo estaba seguro iría al corazón de todo lo que él había dicho y al meollo de la diferencia entre su fe y mi propia fe.

Yo sabía que las enseñanzas islámicas afirman que Jesús no sólo no era el Hijo de Dios, sino que él tampoco hizo tal aseveración. Aún más, declaran que Jesús no murió en la cruz, porque, como he escuchado a musulmanes explicarlo: "Dios nunca permitiría que uno de sus profetas enfrentara tal vergüenza y desgracia." También, debido a que no creen en la crucifixión de Jesús, obviamente tampoco creen en las aseveraciones de su resurrección. Decidí que estos asuntos eran demasiado importantes como para dejar pasar la oportunidad, así que levanté la mano para formular mi pregunta.

—Siento curiosidad en cuanto a algo —dije—. Los seguidores de Jesús caminaron con él y hablaron con él durante varios años. También informaron que en forma repetida él afirmó ser el Hijo de Dios, que lo habían visto morir en la cruz, y que tres días más tarde lo vieron, hablaron y comieron con él después que fuera resucitado. Tenemos informes detallados de lo que escucharon y vieron. Estos han sido preservados en literalmente miles de manuscritos que atestiguan estas realidades.

»Así que tenemos todo este testimonio escrito de la gente que era compañera de Jesús, cada uno de ellos afirmando que él aseguró ser el Hijo de Dios, murió en la cruz, y resucitó de los muertos. Bueno, corríjame si estoy equivocado, pero lo que enseña el islamismo acerca de Jesús parece estar basado en las palabras de un hombre, Mahoma, quien, seiscientos años después del tiempo de Cristo, estaba sentado en una cueva, cuando, según afirma, un ángel le habló y le dijo que esas cosas no eran así.

»Mi curiosidad es acerca de si usted tiene razonamientos históricos o lógicos de por qué deberíamos aceptar ese punto de vista por sobre y en contra el registro histórico actual.

El hombre me miró con intensidad. Después de una pausa, declaró con firmeza: —*¡Elijo creerle al profeta!* —Y allí

Muy pocas personas llegan a su punto de vista particular a través de la cuidadosa consideración de la lógica y la evidencia que lo apoyan.

terminó la discusión. Eso me sonó mucho como: "Ya lo tengo decidido, así que no trate de confundirme con los hechos." Para él, las influencias de su religión y su fundador eran todo lo que necesitaba. Parecía ser un hombre inteligente y elocuente, pero si tenía razones más profundas para respaldar su compromiso con su fe, había decidido no compartirlas.

∞

La verdad es que muy pocas personas llegan a su punto de vista particular a través de la cuidadosa consideración de la lógica y la evidencia que lo apoyan. La mayoría lo acepta ya sea porque creció con ese punto de vista (como explicamos en el capítulo anterior sobre el camino de fe tradicional) o porque personas de influencia en sus vidas lo esperan, o inclusive lo exigen, de ellos —ya sean musulmanes devotos; Testigos de Jehová que van de puerta en puerta hablando incansablemente acerca del reino teocrático de Dios; coreanos del norte quienes adoran y reverencian a su fallecido "gran líder," Kim Il Sung; o cristianos dóciles que se sienten obligados por poderosos maestros o personas de influencia a "permanecer fieles al Señor," tenga o no sentido para ellos.

Este enfoque a elegir tu fe es lo que yo llamo el camino de fe *autoritario*. Es similar al camino de fe tradicional en el sentido de que es difícil llamarlo una "elección," porque por lo general se ha recibido en forma pasiva. Pero la diferencia entre los dos es que en el enfoque tradicional se trata más de un *hábito* que se pasa de generación en generación, mientras que el enfoque autoritario se basa en la *sumisión* a un líder religioso —pasado o presente— y las ideas del líder son las que determinan las normas por las cuales se debe vivir.

Es normal que tal vez hayas crecido bajo alguna clase de autoridad espiritual o religiosa, y cuando eras más joven simplemente aceptaste lo que te enseñaron sin analizarlo críticamente. Pero parte de llegar a la madurez en estos asuntos es llegar al punto en el cual das un paso atrás y le das una mirada más escrutadora. Te dices a ti mismo: "Esto puede haber parecido correcto en mi vida hasta ahora —pero en realidad necesito examinar quién y qué es lo que estoy siguiendo para ver si en realidad merece mi continua confianza y lealtad."

Es interesante notar que el significado de la palabra árabe *islam* es realmente "sumisión," y parece justo decir que muchos musulmanes aceptan su fe principalmente sobre las bases de la influencia y autoridad de sus padres, maestros, gobierno o sociedad. Estoy seguro de que algunos realmente han dado un paso atrás y han tratado de examinar si lo que les han enseñado es verdad —y tú puedes ser uno de ellos.

Pero el mensaje que se comunica con más frecuencia, por lo menos según yo he observado, es la declaración autoritativa de que Alá es el Dios verdadero, Mahoma es su mensajero, y tienes que someterte a esas realidades. El imán no me dijo a mí aquel día: "He estudiado cuidadosamente estas cosas y he concluido, basado en la evidencia, que puedo confiar plenamente en el profeta." En realidad, lo que dijo sin mucha elaboración o intento de justificación fue: "Elijo creerle al profeta," y el tono de su voz infirió una segunda parte no hablada de la frase: "y es mejor que usted deje de lado sus objeciones y que elija creer en él también."

Esta fuerte apelación a una autoridad suprema a veces también se puede ver en los círculos cristianos. Un ejemplo que se destaca en mi memoria es la experiencia de Fiona, una amiga de Heidi y mía que conocimos un verano que pasamos en Londres, quien más tarde se involucró con una iglesia autoritaria fundamentalista. Cuando me encontré con ella en un viaje siguiente al Reino Unido, pude ver enseguida los efectos en cuanto a su independencia y a su personalidad usualmente vibrante y vivaz. En lugar de ser la persona gozosa que habíamos conocido hacía unos años, Fiona se había vuelto extremadamente cautelosa. Estaba nerviosa acerca de algo tan simple como ir al lugar donde yo estaba enseñando para saludarme.

Finalmente vino, pero cuando tuve la oportunidad de sentarme y hablar con ella, con ansiedad admitió que tenía temor de estar allí. Eso era porque, me dijo: —En realidad debería de haber conseguido permiso de mi pastor o de los ancianos de la iglesia para venir aquí, especialmente puesto que no estoy segura de que las cosas que voy a escuchar hoy estarán completamente alineadas con lo que enseña mi iglesia.

"*Seguramente esos líderes querrán que pienses por ti misma, que pongas a prueba las ideas y que llegues a ser alguien que puede discernir lo que es verdad y lo que vale la pena adoptar, ¿no es cierto?*"

Le respondí, con ingenuidad intencional: —Pero seguramente esos líderes querrán que pienses por ti misma, que pongas a prueba las ideas y que llegues a ser alguien que puede discernir lo que es verdad y lo que vale la pena adoptar, ¿no es cierto? ¿Acaso no es eso parte del crecer y de llegar a ser espiritualmente maduro?

—En realidad, no creo que ellos estarían de acuerdo con eso, Mark —me respondió, titubeando un poco—. Creo que me gustaría que fuera más de esa forma, aunque no los estoy criticando. Lo que creo es que quieren que todos nosotros en la iglesia nos sometamos a su enseñanza y autoridad, para que nos mantengamos aparte de las tentaciones y las influencias engañosas, y que sigamos llegando a ser más como

Jesús. Es de lo que habla la Biblia, de ser buenos discípulos de Cristo y obedecer a los líderes que él ha puesto para gobernar su iglesia.

Hice lo mejor que pude para ayudarla a ver que este era un nivel de control peligroso y que la Biblia no les enseña a los cristianos que tengan esta clase de obediencia ciega. También traté de ayudarla a que se mirara en el espejo para que viera el impacto negativo que esta influencia estaba teniendo en su espíritu y aun en su apariencia física. Pero a esas alturas ella no estaba preparada para formular preguntas, analizar las enseñanzas de esos líderes o reconocer la forma en que eso la estaba perjudicando como persona.

Estoy agradecido porque alrededor de ese tiempo yo descubrí el libro *The Subtle Power of Spiritual Abuse [El Sutil Poder del Abuso Espiritual]* y le pude enviar un ejemplar a Fiona.[1] Admito que tenía temor de que ella no lo leyera, sino que en realidad lo llevara a la iglesia el domingo siguiente y se lo diera a su pastor. Me imaginaba que iba a recibir una llamada telefónica a mitad de la noche de un furioso ministro fundamentalista que hablaba con un acento inglés muy fuerte. Pero ella no lo hizo. Supongo que debido al amor y confianza que sentía en su amistad con Heidi y conmigo y a la seguridad de lo importante que era ella para nosotros, fue que decidió leer el libro. Eso, gradualmente, le dio el valor de hacer lo que yo te alentaría a hacer si has elegido tu fe basándote en una autoridad en tu vida. En especial, ella probó la credibilidad de esa autoridad y se formuló a sí misma preguntas sinceras sobre el impacto real que estaba teniendo en su vida. Para Fiona, el resultado fue que finalmente ella se salió de esa situación espiritual controladora y sofocante. Ella no abandonó su fe, sino que aprendió a vivirla de una forma más sana y, confío, que honre a Dios. Hoy forma parte de una iglesia muy buena y está muy contenta de que tuvo el valor para hacer esos cambios en su vida.

∞

No hay duda de que confiar ciega o incondicionalmente en la autoridad puede tener efectos negativos en nuestra vida y no sólo en la esfera de la fe. Piensa en el impacto devastador que el Senador Joseph McCarthy tuvo en una nación completa cuando hizo numerosas acusaciones en la primera parte de la década de 1950 contra sus colegas en el gobierno de los Estados Unidos. En varios discursos afirmó tener en las manos, en ese mismo momento, una lista con los nombres de 205 empleados del Departamento de Estado, quienes eran, de acuerdo a él, miembros del partido comunista. Con los Estados Unidos en medio de la guerra fría, ya te puedes imaginar la agitación que eso causó. Se convirtió en una absoluta persecución, en un sinfín de indagaciones e interrogatorios, incluyendo aun una investigación en las fuerzas armadas de los Estados Unidos.

La influencia de McCarthy llegó a ser tan fuerte que a esta clase de táctica divisiva se le dio el título de *macartismo* —un nombre que finalmente McCarthy mismo apoyó. Su poder continuó aumentando hasta el punto en el cual los candidatos políticos encontraron que ganaban o perdían las elecciones dependiendo de si McCarthy los apoyaba o no. En un período que abarcó varios años, muchas vidas fueron trastornadas, se perdió la confianza en las figuras públicas y el país pasó por una pesadilla nacional —una que finalmente se volvió contra McCarthy mismo, a medida que el apoyo de la nación por él y sus métodos rápidamente se desvaneció. En 1954, él se convirtió en uno de sólo unos pocos senadores de los Estados Unidos que fue formalmente censurado.

¿Y en qué se basaba todo este poder y autoridad? Acusaciones falsas que eran apoyadas por un pedazo de papel que McCarthy enarbolaba, que supuestamente contenía una lista de nombres de comunistas que habían infiltrado el gobierno. Ese papel nunca le fue mostrado a nadie, y la mayoría de los nombres en él —si en realidad había nombres escritos en él— nunca se hicieron públicos, con las pocas excepciones de varias personas que ya se sabía que tenías tendencias políticas izquierdistas.

Piensa en esto: Blandir un simple pedazo de papel que podría haber estado en blanco (o, por todo lo que sabemos, podría haber tenido la lista de comestibles de McCarthy escrita en él) causó años de tensión, división y trastornos en uno de los gobiernos más poderosos del planeta. Todo basado en una autoridad política en gran parte no probada.

¿Qué diremos de las autoridades médicas? Tengo un amigo cuya madre anciana, Helen, estaba sufriendo un dolor atroz en el hombro y en la espalda. Se ponía cada vez más enferma hasta que un día comenzó a vomitar sangre. La llevaron de inmediato al doctor, quien le dio lo que parecía ser un examen minucioso. ¿El diagnóstico? Helen estaba teniendo una reacción alérgica al polen de la estación, y necesitaba tomar remedios que ayudaran a su cuerpo a bregar con los alérgenos que le estaban causando tanto dolor e incomodidad. La aliviada familia la llevó de vuelta al hogar, le comenzaron a dar los antihistamínicos y los calmantes para el dolor, y confiaron en que todo estaría mejor muy pronto.

Bueno, las cosas no mejoraron; en realidad empeoraron. Finalmente, llevaron a Helen a la sala de emergencia para ver si algo más serio le estaba ocurriendo. La admitieron al hospital y le hicieron una serie de pruebas. Después de unos dos días, llegaron los resultados, e indicaron un diagnóstico muy diferente: Helen no estaba luchando con alergias; tenía cáncer a los pulmones, los huesos, los nódulos linfáticos y el hígado. Cuatro días después de eso, Helen falleció. Está de más decir que el primer doctor que la trató era una autoridad que debía haber sido puesta a prueba.

¿Cuántas teorías se han enseñado con inflexibilidad, especialmente en la esfera de la ciencia, que más tarde fueron totalmente refutadas o revisadas?

¿Y qué diremos de las autoridades en el área de educación? ¿Cuántas teorías se han enseñado con inflexibilidad, especialmente en la esfera de la ciencia, que más tarde fueron totalmente refutadas o revisadas? (O tal vez una pregunta mejor sería: ¿Cuántas teorías nos están enseñando todavía que están en proceso de ser desacreditadas?) Los cambios en los paradigmas existentes son tan regulares y esperados que un filósofo en ciencias, Thomas Kuhn, escribió un fascinante libro al respecto titulado *The Structure of Scientific Revolutions [La Estructura de las Revoluciones Científicas]*.[2] Desafortunadamente, muchas veces, las autoridades científicas fracasan en cuanto a presentar sus "verdades" a la luz de la realidad de que las teorías científicas vienen y van.

Y como hemos ilustrado en capítulos anteriores, tanto la historia como las noticias diarias están llenas de historias de autoridades religiosas que pasan por alto el sentido común e ignoran hechos conocidos para poder enseñar sus extrañas doctrinas. En algunos casos, aun contradicen las enseñanzas morales y éticas que se encuentran dentro de los supuestos libros santos que afirman representar. Lo que hacen desacredita lo que dicen. Y sin embargo, porque tienen personalidades carismáticas y a veces poderosas, y tal vez algún poder político y financiero, ganan control sobre las vidas de las personas que están "bajo" ellos. Cada vez más, manejan su influencia para ganar niveles mayores de apoyo y servilismo de su rebaño de fieles seguidores. Con su mezcla de influencia e información errónea, muchos de estos "líderes espirituales" han hecho estragos en las vidas de su gente, sin mencionar la confusión que han creado acerca de Dios y de los asuntos de la fe.

Más difíciles de detectar, pero probablemente afectando a mucha más gente, están los maestros bien intencionados quienes tratan de vivir la doctrina de su fe con integridad, pero que sin quererlo están enseñando ideas espirituales que no están bien arraigadas en los hechos o la historia. La autoridad a cuestionar en estos casos no es tanto la persona que pasa la información, sino el sistema religioso en sí, con su colección de profetas, doctrinas y libros santos. Estas situaciones demandan una investigación más profunda en la historia y los fundamentos de la fe, porque es posible que haya fallas y enseñanzas falsas en la misma raíz de su estructura. Era esta clase de asunto el que yo estaba tratando de aclarar con el imán de la mezquita; yo no estaba poniendo en tela de juicio su sinceridad o su compromiso auténtico con su fe. Yo estaba poniendo en tela de juicio los fundamentos mismos de las aseveraciones de su fe.

∞

A estas alturas, tal vez estés comenzando a sospechar que yo estoy completamente opuesto a la autoridad, y que tal vez propondría cierta clase de liberalismo radical para librarnos de todos los que pueden ejercer influencia en nosotros. Lejos de eso. No soy un anarquista, y pienso que John Cougar Mellencamp destacó un buen punto cuando cantó la línea: "Yo lucho contra la autoridad, la autoridad siempre gana."[3] La pregunta no es *si* vamos a estar bajo autoridad, sino *en qué* autoridades podemos confiar y rendir cuentas.

La pregunta no es si *vamos a estar bajo autoridad, sino* en qué *autoridades podemos confiar y rendir cuentas.*

¿Puedes imaginar un mundo sin autoridades que nos guíen, nos enseñen, nos adiestren o nos protejan? Sería un mundo en el cual tendrías que llegar a ser experto en todo y tendrías que protegerte a ti mismo y a tus seres queridos en toda circunstancia. La frase "cada uno por su cuenta" cobraría un nuevo e intenso significado. Me vienen a la mente imágenes de la película *Mad Max [Máxima Locura]*.

A pesar de los obvios abusos en poder, ¿no es bueno que todos tengamos personas en el gobierno que ejercen liderazgo en nuestras vidas —y quienes, con más frecuencia que no, trabajan para protegernos y para proveer un medio ambiente civil en el cual podemos trabajar, criar nuestras familias y vivir nuestras vidas? La Biblia aun dice que los gobiernos son un don de Dios (me doy cuenta que en algunas situaciones esta es una idea que presenta desafíos). ¿No estás agradecido por especialistas médicos quienes, por regla general, nos ayudan a conservar la salud? Yo veo a mi doctor con regularidad, como también ocasionalmente veo a un quiropráctico y a un nutricionista. Cada uno de ellos ha colaborado para enriquecer mi salud, mi estado físico y mi sentido de bienestar. ¿No estás agradecido por los maestros y profesores calificados? Por cierto que he pasado bastante tiempo y he gastado dinero en sus escuelas, al igual que lo has hecho tú, y me he beneficiado de la mayoría de lo que he aprendido. La lista de autoridades importantes en nuestra vida se podría extender sin fin, incluyendo a los oficiales de policía, los abogados honestos (no, no es un oxímoron), los inspectores del departamento de salud, los que patrullan nuestras fronteras, los consejeros matrimoniales, los mecánicos de automóviles, los contadores que se especializan en impuestos, los que evalúan propiedades y así sucesivamente.

Confiamos en esas autoridades porque tienen la educación, la pericia y la experiencia que les han ganado notables credenciales. Por ejemplo, no confiamos en cualquier persona que afirma ser doctor. Confiamos en doctores que tienen los diplomas correctos en la pared, certificando que asistieron y se graduaron de las universidades apropiadas, obteniendo adiestramiento y títulos que son relevantes a las esferas en que nosotros los vamos a consultar. La cantidad de confianza que tenemos en ellos por lo general está en relación directa a la solidez de sus credenciales.

Tal vez notaste en mis ejemplos anteriores que realmente fueron otras autoridades en el mismo campo que hicieron notar y rectificaron los abusos y errores. En forma específica, fueron otros políticos los que finalmente censuraron a Joseph McCarthy y detuvieron su influencia. Fueron otros doctores los que finalmente diagnosticaron correctamente la enfermedad de Helen. Y son aquellos que están en el mundo académico de los estudios y la investigación los que por lo general traen corrección a las diferentes teorías científicas y académicas que se nos ha enseñado. Así que, cuando el mundo está marchando de la forma en que parece que lo debería hacer, generalmente son autoridades mejores —que sirven como contrapeso y ofrecen una segunda opinión— las que pueden mejorar las deficiencias de las autoridades anteriores.

El desafío práctico para nosotros, en lo que se relaciona a elegir nuestra fe, es reunir el valor y la claridad para reconsiderar y probar las credenciales de las autoridades espirituales en nuestra vida.

Lo mismo es cierto en la esfera espiritual. El desafío práctico para nosotros, en lo que se relaciona a elegir nuestra fe, es reunir el valor y la claridad para reconsiderar y probar las credenciales de las autoridades espirituales en nuestra vida. Estas pueden ser personas u organizaciones que ya están en papeles de liderazgo sobre nosotros, o algunas que quisieran estarlo. Debemos escudriñar lo que dicen, enseñan y hacen, y luego compararlo y contrastarlo con otras autoridades espirituales, siempre buscando ver si muestran los rasgos de veracidad y autenticidad espiritual.

¿Cuáles son algunos de los criterios específicos que podemos emplear para probar a estas autoridades? ¿Cómo podemos aplicar la antigua sabiduría del apóstol Pablo cuando nos dio la siguiente advertencia: "Sométanlo todo a prueba, aférrense a lo bueno, eviten toda clase de mal"?[4]

∞

Permíteme darte unas pocas características clave que debemos buscar para establecer si una figura autoritativa, una organización —o, si es el caso, el fundador de una religión, sus escritos y co-líderes— tiene las credenciales apropiadas. Aunque esta no es una lista completa, confío en que te proveerá una guía práctica que puedes usar para examinar y luego confirmar o rechazar las autoridades que afectan tu vida de fe.

Integridad

Esta primera característica puede parecer obvia, pero a menudo es pasada por alto —especialmente después de que una persona ha estado bajo la autoridad de alguien por mucho tiempo. La tendencia es dejar que la familiaridad y la confianza aumenten hasta el punto en el cual las inconsecuencias o la falta de integridad son pasadas por alto, y los líderes son tratados más como excepciones (como si estuvieran por encima del escrutinio) que como ejemplos.

Es interesante ver lo que dijo Jesús en su bien conocido Sermón del monte acerca de esto. No tienes que ver a Jesús como un profeta o como el Hijo de Dios para reconocer la sabiduría de sus palabras:

> Cuídense de los falsos profetas. Vienen a ustedes disfrazados de ovejas, pero por dentro son lobos feroces. Por sus frutos los conocerán. ¿Acaso se recogen uvas de los espinos, o higos de los cardos? Del mismo modo, todo árbol bueno da fruto bueno, pero el árbol malo da fruto malo.[5]

Deberíamos cuidarnos de los líderes que hablan muy bonito pero que no siguen las reglas que proclaman. Si las palabras acerca del amor, la honestidad, la integridad y la humildad (especialmente la humildad) son sólo eso —meras palabras que son contradichas por las acciones reales— seríamos sabios si buscáramos orientación en otro lugar para los asuntos de la fe. Por la misma razón, la integridad sin tacha presta credibilidad a las palabras y enseñanzas de un líder.

Para probar este punto, Jesús en realidad puso a prueba a sus críticos y acusadores, desafiándolos a que señalaran aun una falta o inconsistencia en su vida. Él dijo: "¿Quién de ustedes me puede probar que soy culpable de pecado? Si digo la verdad, ¿por qué no me creen?"[6] Obviamente, este no es un desafío que quieres darles a tus atacantes a menos que hayas vivido una vida de integridad intachable. Pero los críticos y acusadores de Jesús quedaron sin palabra. Aparte de inventar cosas y de hacer acusaciones falsas, no tuvieron nada que decir.

Bueno, para ser justo, es posible que un líder simplemente sea un mal representante de la fe que representa. Pero si estas cualidades están difundidas por todas partes en todo el sistema, probablemente ha llegado la hora de considerar otro lugar en el cual tu fe pueda crecer.

Consistencia

Esta es una extensión del punto anterior —la integridad— pero aplicada a través del tiempo. La *consistencia* implica que la integridad debe ser una característica constante a lo largo de toda la vida. Casi cualquier persona lista puede mostrar una buena fachada por un tiempo —como el hombre que en su primera y segunda cita con una muchacha se puede vestir bien y actuar con toda corrección. Pero la rutina cotidiana tiende a revelar el verdadero carácter de una persona.

No estoy hablando de un error ocasional que puede ocurrir y poner una sombra en el carácter típicamente bueno de una persona. Estoy hablando de un defecto fatal que se muestra a través del tiempo y que no responde al desafío o a la corrección. Los líderes pueden fallar, y fallan, pero alguien con integridad y que es consecuente se levantará, admitirá con humildad sus errores, hará los cambios necesarios, implementará un sistema de salvaguardias y responsabilidad, y avanzará con más fidelidad hacia lo bueno y lo correcto. El rey David es un ejemplo de esto. Él fracasó terriblemente, pero finalmente lo reconoció, hizo cambios importantes y continuó adelante. Puedes leer su confesión y darte cuenta de su remordimiento en el Salmo 51. Fue su actitud de arrepentimiento la que lo llevó a otras épocas de liderazgo efectivo en su vida.

Al igual que en un noviazgo es sabio observar detenida y pacientemente a la otra persona para discernir su verdadero carácter, deberíamos examinar la vida del líder (o de los líderes) que representa la fe que pensamos abrazar. Esto incluye al fundador de la religión, grupo u organización; líderes nacionales o internacionales actuales; a líderes y maestros locales (incluyendo a las personas más cercanas a ellos). Trata de mirar debajo de la superficie y realiza frecuentes y honestos chequeos guiados por la intuición para ver si puedes discernir asuntos sutiles u ocultos. Nadie quiere terminar siguiendo a personajes como Jim Jones o David Koresh, ni quiere adoptar una fe basada en líderes e ideas descarriados de décadas o inclusive siglos pasados.

Es importante pedirle a Dios sabiduría a lo largo del camino. Aun si dudas de que Dios sea real o esté presente, por lo menos ora la oración del escéptico.

También es importante pedirle a Dios sabiduría a lo largo del camino. Aun si dudas de que Dios sea real o esté presente, por lo menos ora la oración del escéptico. Sigue el ejemplo de George Bailey en la película clásica titulada *It's a Wonderful Life [Es una Vida Maravillosa].* He aquí lo que él oró:

> Dios . . . Querido Padre celestial, no soy un hombre de oración, pero si tú estás allí y me puedes escuchar, muéstrame el camino. Estoy en una situación desesperada. Muéstrame el camino, Dios.

Bailey es un personaje ficticio, pero de la misma manera que su oración pidiendo ayuda fue escuchada en esa conmovedora historia, yo tengo la confianza de que tu oración pidiendo orientación también va a ser contestada.

Una vez un hombre trajo a su hijo a Jesús para que lo sanara. Cuando Jesús le dijo: "Para el que cree, todo es posible," al instante, el hombre le dijo a Jesús estas palabras sinceras: "¡Sí creo! . . . ¡Ayúdame en mi poca fe!"[7] Lo que dijo el hombre mostró su vulnerabilidad, pero Jesús no lo regañó por dudar. En absoluto. En cambio, respondió a la petición sincera del hombre y sanó a su hijo.

Así que, elige las palabras de este padre medio escéptico, o la oración de George Bailey, o formula tu propia oración —pero es importante que realmente le pidas a Dios que te ayude y te guíe a medida que buscas sabiduría en estos asuntos importantes de la fe.

Exactitud

La exactitud es importante, porque se relaciona con la precisión y autenticidad de las enseñanzas de un líder. El apóstol Pablo le hizo una advertencia oportuna a su aprendiz Timoteo cuando le dijo: "Ten cuidado de tu conducta y de tu enseñanza. Persevera en todo ello."[8] Ya hemos hablado de "tu conducta" en las partes que hablan de la *integridad* y la *consistencia;* ahora veremos la parte que se refiere a "ten cuidado . . . de tu enseñanza."

Para decirlo de una manera concisa, la enseñanza de un líder debe ser: (1) fiel al mundo; (2) fiel a las palabras del líder; y finalmente (3) fiel a las palabras de Dios. Esta última es la que presenta el mayor desafío, así que comencemos con las otras dos.

Fiel al mundo significa que lo que ellos dicen acerca de esferas verificables en el reino físico debe probar ser exacto y verdad. Así que si un así llamado hombre santo o libro santo comienza con la premisa de que la tierra es plana, ten mucho cuidado. Hay un principio útil resumido en las siguientes penetrantes palabras de Jesús: "Si les he hablado de las cosas terrenales, y no creen, ¿entonces cómo van a creer si les hablo de las celestiales?"[9]

Por ejemplo, las enseñanzas del *Libro del Mormón* (y así las autoridades mormonas) no pasan esta primera prueba. Sus escritos y enseñanzas hacen claras afirmaciones de civilizaciones completas que se supone que vivieron en las Américas en la antigüedad. Los detalles en cuanto a esta gente fueron supuestamente escritos en tablas de oro que tradujo Joseph Smith en la primera parte del siglo XIX. Pero no puedes ver o probar las tablas de oro porque, de acuerdo a la historia, un ángel "las arrebató y se las llevó" después de que Smith había terminado su trabajo.

Tampoco puedes verificar nada acerca de estas civilizaciones antiguas, porque los historiadores no han descubierto ninguna evidencia de que existieran. Además, la Institución Smithsonian envía una carta a cualquiera que haga preguntas en cuanto a eso que dice: "El Libro de Mormón es un documento religioso y no una guía científica. El Instituto Smithsonian jamás lo ha usado en ninguna investigación arqueológica, y cualquier información que usted haya recibido que dice lo contrario es incorrecta."

En un ejemplar anterior de la misma carta, que ellos enviaron durante años, titulado "Declaración Referente al Libro de Mormón," declararon directamente: "Nuestros arqueólogos no ven ninguna conexión directa entre la arqueología del Nuevo Mundo y el tema del libro." Y finalmente, un estudio reciente mostró evidencia concluyente que el ADN de los indios nativos del continente de Norteamérica no comparten lazos genéticos con los israelitas o ningún otro grupo del Medio Oriente, contradiciendo las aseveraciones claras del *Libro de Mormón* de que esos así llamados lamanitas eran de descendencia hebrea.

Al contrario, los estudios sobre ADN mostraron que esas personas en realidad eran descendientes de antepasados asiáticos.[10]

Ser fiel a sus propias palabras significa que los líderes no sólo deben ser honestos y consistentes en sus acciones, sino también deben demostrar estar en lo correcto en las cosas que declaran como verdad.

Sé que estos son hechos duros de escuchar para nuestros amigos mormones, pero si sus libros y sus profetas no pueden ser verificados en lo referente a las "cosas terrenales," les debería dar una razón poderosa para reflexionar antes de creer en sus libros y profetas cuando hablan de cosas espirituales no vistas. El principio de la *exactitud* es un principio que deberíamos estar dispuestos a aplicar cuando probamos las enseñanzas de supuestas autoridades espirituales en nuestras vidas, incluyendo todos los escritos que afirman ser Escritura.

Ser *fiel a sus propias palabras* significa que los líderes no sólo deben ser honestos y consistentes en sus acciones, como ya hemos dicho, sino también demostrar estar en lo correcto en las cosas que declaran como verdad. Por ejemplo, cuando un pastor con un ministerio de sanidad proclama que una persona "ha sido sanada de poliomielitis," esa persona tiene que haber tenido los síntomas de la enfermedad en primer lugar, y luego estar realmente libre de esos síntomas esta noche, mañana y dentro de seis meses. De otra forma las palabras —y la credibilidad— de ese maestro probarán estar vacías.

Cuando alguien declara "en el nombre del Señor" que un evento específico está a punto de suceder, y sin embargo ese evento no se hace realidad, tu confianza en ese "profeta" o supuesto representante de Dios tampoco debería hacerse realidad. Fíjate en estas poderosas palabras de advertencia que hizo el profeta hebreo Moisés:

> Tal vez te preguntes: "¿Cómo podré reconocer un mensaje que no provenga del Señor?" Si lo que el profeta proclame en nombre del Señor no se cumple ni se realiza, será señal de que su mensaje no proviene del Señor. Ese profeta habrá hablado con presunción. No le temas.[11]

Esta es una advertencia digna de tomar en cuenta en relación a cualquier mensaje que afirma ser profético. Por ejemplo, si estás considerando las enseñanzas de los Testigos de Jehová, deberías saber que sus "profetas" han hecho repetidamente predicciones falsas, a través de la historia del movimiento, en cuanto al retorno de Cristo. De acuerdo a sus primeros maestros, la batalla de Armagedón y la destrucción de todos los poderes mundiales sucederían en 1914. Cuando eso no se cumplió, reinterpretaron la profecía y publicaron una nueva edición —sucedería en 1918. ¡Ay! Bueno, seguramente ocurriría en 1925. Este patrón de revisar y de actualizar se siguió repetidamente a través del siglo XX, incluyendo predicciones más recientes para 1975.[12] No sólo eso, sino una de sus profecías más claras y osadas, que fue impresa en el frente de cada revista *Alive [Vivo]* hasta hace pocos años, proclamó que veríamos el cumplimiento de "la profecía del Creador de un nuevo mundo seguro y pacífico antes de que muriera la generación que vio los acontecimientos de 1914." No es necesario decir que el tiempo se está acabando también para ver cumplida esa profecía.

Ser fiel a las palabras de Dios quiere decir que las doctrinas expuestas deben estar de acuerdo con las enseñanzas de cualquier revelación o escrituras verdaderas de Dios.

Antes de elegir tu fe, te debes asegurar de que los líderes del movimiento de fe que estás considerando son fieles a sus propias palabras —especialmente cuando se supone que están hablando palabras que vienen de Dios, en las cuales vas a comprometer tu vida.

Ser *fiel a las palabras de Dios* quiere decir que las doctrinas expuestas deben estar de acuerdo con las enseñanzas de cualquier revelación o escrituras verdaderas de Dios. Bien, yo no he ocultado el hecho de que creo que hay una colección de escritos que dan la evidencia de ser ambos verdaderos e inspirados por Dios —y yo quiero que cualquier líder que elija seguir sea fiel a ese Dios y a su libro como las autoridades supremas. Pero no quiero adelantarme demasiado; en un capítulo posterior, presentaré algunas de la razones por qué he concluido que la Biblia es la verdadera Palabra de Dios —y por qué es la mejor guía que tenemos disponible para ayudarnos a discernir cuál fe, si alguna, debemos finalmente elegir.

Transparencia

Por ahora bastará con una prueba más a la autoridad. El líder, o la organización, no debe resistir el escrutinio o las preguntas acerca de su integridad, consistencia y exactitud. La *transparencia* es un componente importante de la integridad. La verdadera integridad no tiene nada que ocultar. De igual manera, la transparencia es necesaria para evaluar si alguien es consistente. ¿Cómo puedes realmente saber si la integridad de una persona va hasta lo más profundo de lo que es si esa persona no es completamente transparente? Así que, un líder espiritual no tendría por qué oponerse a vivir como un libro abierto.

Antes, notamos que Jesús invitó a sus críticos a que examinaran su vida y que expusieran cualquier falla. El apóstol Pablo reflejó esta misma clase de sinceridad por la forma en que vivía sus valores entre la gente que enseñaba y guiaba: "Como bien saben, estuvimos entre ustedes buscando su bien. . . . Pongan en práctica lo que de mí han aprendido, recibido y oído, y lo que han visto en mí, y el Dios de paz estará con ustedes."[13]

Tal vez no sería necesario decirlo, pero a veces los líderes religiosos y las organizaciones no exhiben la clase de transparencia y humildad de que estoy hablando —hablo en general (no estoy señalando a nadie en particular). Muchos de ellos son sigilosos; tapan sus errores y ocultan tropezones y pecados del pasado —así como también ocultan sus prácticas financieras dudosas del presente. Esto tal vez ponga una fachada exterior positiva, pero cuando comienzas a formular muchas preguntas o a sondear profundamente, esa amabilidad superficial puede desaparecer con rapidez cuando suben la guardia. Algunos aun se vuelven hostiles y amenazan a los que los desafían con pleitos o daños físicos. Ya sea que la resistencia de ellos sea extrema y abierta, o sea una negligencia más benigna de responder a tus preguntas y a tu deseo de probar su autoridad, si encuentras que la falta de sinceridad persiste, en tu mente se deberían levantar banderas rojas de peligro. Deberías proseguir con extrema cautela, si siquiera prosigues. Las autoridades que vale la pena seguir —que son competentes y en las cuales se puede confiar— no le tienen miedo a las preguntas y no tienen que aplicar la intimidación o las amenazas para ganar seguidores.

Creo que examinar a las autoridades espirituales y a las influencias en tu vida, y probarlas, te ayudará a avanzar para encontrar una fe valedera y confiable.

Creo que examinar a las autoridades espirituales y a las influencias en tu vida, y probarlas usando los criterios que hemos detallado más arriba, te ayudará a avanzar para encontrar una fe valedera y confiable, que tenga credenciales en las que puedas confiar.

∞

Mi amigo Nabeel creció en una familia islámica y describe a sus parientes como los musulmanes más dedicados que jamás ha conocido. Aunque nació en los Estados Unidos, para cuando cumplió los cuatro años de edad le habían enseñado a leer el Corán en árabe y ya había leído el libro completo —inclusive había aprendido de memoria capítulos completos— a la edad de cinco años. Cuando era jovencito, a menudo lo ponían como modelo para otros niños de la comunidad islámica local. Creció estudiando el Corán, orando cinco veces por día y viviendo para

Alá de la forma más devota que podía vivir. El islamismo no era sólo su religión; era su forma de vida.

Luego, en la universidad, se hizo amigo de David, quien era un cristiano devoto. Cuando Nabeel vio a David leyendo la Biblia un día, de inmediato lo desafió, insistiendo que ninguna persona inteligente podría confiar en las Escrituras cristianas. Esto llevó a una serie de discusiones animadas y apasionantes que se extendieron por varios años. Hablaron de algunos de los mismos asuntos que yo le presenté al imán en la mezquita varios años antes: ¿En realidad Jesús había afirmado ser el Hijo de Dios, había sido crucificado, y (probablemente la pregunta más importante) en realidad había resucitado de entre los muertos?

Para sorpresa de Nabeel, David le demostró que sus creencias estaban respaldadas por la lógica y por evidencia contundente. De hecho, cuanto más profundamente observaba Nabeel, y cuanto más intensamente estudiaba, tanto más se convencía de que las respuestas de David tenían sentido. Esto sacudió su confianza en la autoridad de la fe musulmana, así que le pidió a Alá que le diera confirmación por medio de respuestas a oraciones específicas y a través de sueños y visiones. Esas oraciones fueron contestadas de maneras muy extrañas —pero no de la forma en que él había esperado. En realidad, lo guiaban una y otra vez hacia la fe que David le estaba presentando y lo alejaban de las enseñanzas del islamismo.

Frustrado y casi desesperado, Nabeel decidió poner a prueba lo que estaba descubriendo y consultar a algunos expertos que tal vez lo pudieran ayudar. Viajó a Washington, D.C., a Canadá y a Inglaterra buscando musulmanes eruditos que pudieran responder a los argumentos de David en contra del islamismo. En el proceso, escuchó una variedad de respuestas, las cuales, según dijo más tarde, "abarcaban la gama desde no convencer en absoluto hasta ser bastante innovadoras," y se encontró con personas que "iban desde sinceras a mordaces y condescendientes." Al final de su investigación, los argumentos a favor y en contra del islamismo todavía estaban en juego, pero una cosa se le había hecho muy clara en la mente: Esos argumentos estaban muy lejos de acercarse a la fuerza del caso a favor del cristianismo.

Finalmente, después de años de búsqueda, y en contra de la autoridad espiritual que había estado sobre su vida desde la niñez, él eligió su fe. Nabeel llegó a creer que Jesús era el Hijo de Dios, que había muerto y realmente resucitado para ser el Salvador del mundo.

Puedes estar de acuerdo o no con la conclusión de Nabeel. ¿Pero no admiras su valor y su disposición para buscar la verdad y seguir la evidencia adonde lo llevaba, aun cuando su trayectoria se hizo incómoda?

Creo que te sentirás alentado por sus palabras a sus compañeros que buscan el Dios verdadero:

"Te invito a que busques a Dios y a que te arriesgues como lo hice yo. Él está allí, y está esperando que vayas a él, para que él pueda caminar contigo. . . . Pero asegúrate de que estás listo para que tu vida cambie; te garantizo que cambiará. . . . Estoy orando por ti."[14]

"SIMPLEMENTE *SIENTO* QUE ES VERDAD"

Intuición y conocimiento

Fue un momento clásico en una película de la serie La Guerra de las Galaxias.

Obi-Wan Kenobi, el Maestro Jedi, estaba entrenando a Luke Skywalker, su joven aprendiz, sobre la forma de usar eficientemente su sable de luz en una batalla. Pero después de unos fracasados intentos de Luke de darle a un robot que lo perseguía, Obi-Wan decidió que era tiempo de inculcarle algunos conocimientos nuevos a su alumno.

"Te sugiero que pruebes otra vez, Luke," le dijo mientras le colocaba un casco protector negro en la cabeza a Luke, el que incluía una protección blindada que le tapaba los ojos por completo. "La próxima vez, deja tu lado consciente y actúa basándote en tu instinto. . . . Los ojos te pueden engañar. No confíes en ellos."

Obi-Wan arrojó el robot buscador al aire. Este bajó en línea recta, y mientras Luke trataba de darle con el sable ciegamente y erraba, le disparó una descarga de láser que le pegó en el lugar donde uno se sienta. Luke emitió un aullido mientras agitaba su arma frenéticamente, tratando en vano de darle al robot con su sable de luz.

"Busca con tus sentimientos," le aconsejó Obi-Wan.

Haciendo lo mejor posible para poner en práctica la lección, Luke se quedó inmóvil en un lugar; parecía congelado. El robot hizo otro intento, y esta vez, cosa sorprendente, Luke se las arregló para evadir el golpe del rayo láser.

—¿Ves? Lo puedes lograr —lo alentó Obi-Wan.

—¿Sabes? —le dijo Luke a Obi-Wan—. Sentí algo. Fue como que casi pude ver al robot.

—Eso es muy bueno —respondió Obi-Wan—. Has dado el primer paso para entrar a un mundo más grande.[1]

∞

Esta escena ofrece una representación bastante buena de la forma en que algunas personas tratan de evaluar sus opciones espirituales: Apagan sus sentidos, pasan por alto su lógica y simplemente *sienten* para llegar a cualquiera que sea la fe o la práctica que les parece buena a ellos.

Esto es cierto especialmente para las personas cuyas creencias están influenciadas por las religiones orientales en las cuales el mundo físico y las experiencias de los sentidos son vistos como maya, o ilusión, y la verdad no es vista como algo lógico, sino intuitivo. "Busca con tus sentimientos," Obi-Wan instruyó a Luke. Fue un enfoque basado en la filosofía orientada hacia el budismo de George Lucas, el escritor y genio creativo detrás de La Guerra de las Galaxias.

En una entrevista de la revista *Time* con Bill Moyers, George Lucas habló acerca de la importancia de dar un salto de fe: "Notarás que Luke usa eso bastante a través de la película —a no confiar en la lógica solamente, a no confiar en las computadores, sino a confiar en la fe. Eso es lo que es 'Usa la Fuerza:' un salto de fe. Hay misterios y poderes más grandes que nosotros y tienes que confiar en tus sentidos para poderlos usar."[2]

He aquí la forma en que algunas personas tratan de evaluar sus opciones espirituales: Apagan sus sentidos, pasan por alto su lógica y simplemente sienten *para llegar a cualquiera que sea la fe o la práctica que les parece buena a ellos.*

De acuerdo a este enfoque, al cual llamaré el camino *intuitivo* de fe, la percepción real descansa en los sentimientos y en el instinto. Allí es donde encontrarás el sentido de dirección más confiable, aunque a menudo se obtendrá en lugares ocultos y las masas de gente lo pasarán por alto fácilmente —porque están atrapadas en el mundo de la vista y los sonidos, y están perdiendo las realidades más profundas y esotéricas que están disponibles sólo a los que las buscan usando su sexto sentido innato.

Es por eso que los que practican la meditación trascendental instruyen a sus reclutas a que relajen las mentes, se vacíen de todo pensamiento consciente y se abran a lo que ellos prometen que será un sentido interno de paz y de plenitud (junto con, como muchos afirman, una ola completa de ideas hindúes). Maharishi Mahesh Yogi, el fundador de la metodología de la meditación trascendental, dijo en un discurso que dio en Suiza:

> Con la meditación trascendental, la actividad de la mente se aquieta, y cuando la actividad de la mente se aquieta, la mente está en el modo de conciencia libre. . . . Es como una ola en el océano . . . que se calma . . . un nivel libre y tranquilo del agua. Así que la meditación trascendental crea este estado consciente trascendental.[3]

Otro filósofo que enseñó conceptos semejantes, hasta su muerte en 1986, fue el doctor J. Krishnamurti de Oxford, Inglaterra, quien "localizó el problema humano en nuestros pensamientos, un resultado del acondicionamiento recibido durante nuestras vidas como seres humanos a medida que pasamos a través de varias etapas de desarrollo intelectual. Él sostenía la 'libertad de pensamiento' como el medio de la liberación."[4]

∞

Estos puntos de vista no están limitados al mundo de las películas o de la meditación y las mantras orientales. Muchos maestros y escritores de la Nueva Era, cuya enseñanza está orientada al éxito, también te enseñarán que dejes de tratar de pensar y razonar tu camino a través de la vida, y que en cambio dejes que tu voz interior te guíe en los caminos por los cuales deberías ir.

El libro clásico de Napoleon Hill en 1937, *Piense y hágase rico,* ha sido llamado el precursor de toda la literatura motivacional y se han vendido más de 30 millones de ejemplares en todo el mundo. Las ideas de Hill han influenciado a generaciones de líderes en los negocios y a buscadores de éxito, como también a una industria completa de libros de autoayuda. A la luz de ese impacto arrollador, es interesante ver su postura en el asunto del aprendizaje y de elegir nuestras creencias:

> A través de la historia, las personas han dependido demasiado en sus sentidos físicos y han limitado su conocimiento a cosas físicas que pueden ver, tocar, pesar y medir. Ahora estamos entrando a la más maravillosa de todas las épocas —una época que nos enseñará algo de las fuerzas intangibles del mundo que nos rodea. Tal vez, a medida que pasamos por esta época, aprenderemos que "el otro yo" es más poderoso que el yo físico que vemos cuando nos miramos en el espejo.[5]

En un capítulo posterior de su libro, titulado "The Sixth Sense: The Door to the Temple of Wisdom [El Sexto Sentido: La Puerta al Templo de la Sabiduría]," Hill agrega estos pensamientos:

> En algún lugar de la estructura de las células del cerebro humano hay un área que recibe vibraciones de pensamiento que comúnmente llamamos presentimientos. Hasta ahora la ciencia no ha descubierto dónde está localizado el Sexto Sentido en el cerebro, pero eso no es importante. El hecho es que los seres humanos reciben conocimiento verdadero a través de fuentes que no son sus cinco sentidos físicos. . . .
>
> Casi todos los grandes líderes, tales como Napoleón, Bismarck, Juana de Arco, Cristo, Buda, Confucio y Mahoma,

entendieron y usaron el Sexto Sentido casi continuamente. La mayor parte de su grandeza consistía en el conocimiento de este principio.

El Sexto Sentido no es algo que uno pueda ponerse o quitarse cuando quiere. La habilidad para usar este gran poder se adquiere lentamente.[6]

El enfoque intuitivo de sentir el camino hacia un conjunto particular de creencias, o a una fe, ha existido desde hace mucho tiempo, pero su popularidad y atractivo están aumentando, en parte debido a personas como Napoleon Hill y otros que han sido igual de influyentes. Pero también está en juego un factor de intriga. La idea de saber cosas que otras personas no saben, a través de procesos internos y ocultos, tiene una cierta mística y atractivo. También parece dejar de lado la necesidad de pensar, estudiar, investigar a fondo —o inclusive rendir cuentas— optando en cambio por formas más directas y privadas de discernimiento y conocimiento.

La idea de saber cosas que otras personas no saben, a través de procesos internos y ocultos, tiene una cierta mística y atractivo.

También te promete que el aplicar y enfocar la energía mental de forma apropiada te traerá grandes recompensas. Uno de los éxitos de librería actuales es el libro de Rhonda Byrne titulado *El Secreto,* el cual usa y amplía muchas de estas ideas. He aquí lo que dice Byrne en cuanto al enfoque intuitivo, haciendo eco de algunos de los pensamientos de Napoleon Hill y también mezclando un poco más de lo místico:

Confía en tus instintos. Es el Universo el que te está inspirando.
Es el Universo comunicándose contigo en la frecuencia
recibidora. Si tienes un sentimiento intuitivo o instintivo,
síguelo, y encontrarás que el Universo te está moviendo
magnéticamente para recibir lo que pediste. . . .

Recuerda que eres un imán que atrae todas las cosas
hacia ti mismo. Cuando tienes claro en la mente lo que quieres,
te has convertido en un imán que atrae esas cosas hacia ti, y
las cosas que quieres son magnetizadas a ti como resultado.
Cuanto más practicas y comienzas a ver lo que te trae la ley
de la atracción, tanto más grande serás como imán, porque
comenzarás a agregar el poder de la fe, la creencia y el
conocimiento.[7]

∞

Aun en los círculos de liderazgo y en el popular negocio de
los libros, a veces suena como que la intuición está ganando
sobre la información como la manera de tomar las decisiones
más rápidas y confiables. Esa es la forma en que algunas personas interpretan el popular libro titulado *Blink: The Power of
Thinking Without Thinking [Parpadee: El Poder de Pensar Sin
Pensar]*, escrito por el famoso autor Malcolm Gladwell. En
las primeras páginas, Gladwell comienza con una historia de
"The Statue That Didn't Look Right [La Estatua Que No Se
Veía Bien]":

En septiembre de 1983, un comerciante en arte llamado
Gianfranco Becchina se presentó al museo de J. Paul Getty en
California. Él dijo que tenía en su posesión una estatua del siglo
sexto a.C. Era lo que se conoce con el nombre de kouros —una

estatua de un hombre joven desnudo que estaba de pie con
su pierna izquierda hacia adelante y los brazos al costado del
cuerpo. Solamente existen unos doscientos kouroi, y la mayoría
se encuentra con muchos daños o en fragmentos sacados de
tumbas o de excavaciones arqueológicas. Pero esta estatua
estaba casi perfectamente preservada. Era de casi dos metros
de altura. Tenía una clase de brillo de color claro que la hacía
diferente a otras obras antiguas. Era un hallazgo extraordinario.
El precio que pedía Becchina era casi 10 millones de dólares.[8]

Las personas del museo Getty procedieron cuidadosamente. Tomaron la estatua griega en préstamo, y luego trabajaron
estudiándola y a todos los documentos que venían con ella para
determinar sin duda alguna su autenticidad. Analizaron mues-
tras esenciales del artefacto usando microscopios electrónicos,
microsondas electrónicas, espectrómetros de masa, rayos X por
difracción y por fluorescencia, y estudiaron la capa de calcita
en la superficie de la estatua, la cual parecía tener cientos o aun
miles de años.[9]

Después de haber examinado la estatua de todas las formas
que se les ocurrió por más de un año, finalmente decidieron hacer la gran compra. En 1986, exhibieron al público la celebrada
escultura. Esto creó tanto entusiasmo que la historia se publicó
en la primera página del periódico *New York Times*.

Pero algo no estaba bien. Cuando los más famosos expertos en arte e historiadores vieron el kouros en persona, con
franqueza comentaron que no se veía como debería. Fue difícil para ellos puntualizar el problema, pero sintieron que, de
hecho, existía. Una autoridad en escultura griega, reconocida
mundialmente, supo inmediatamente al ver la escultura que

algo estaba mal. Ella simplemente tuvo "un presentimiento, un sentido instintivo de que algo no concordaba."[10]

Cuando Thomas Hoving, quien había sido director del Metropolitan Museum of Art, vio la estatua, la primera palabra que le vino a la mente fue *fresca*. "Y *fresca*," dijo él, "no era la reacción apropiada cuando uno ve una estatua que tiene dos mil años. . . . El kouros se veía como si hubiera sido bañado con la mejor clase de caffè latte de Starbucks."[11] Él le dijo al director del Museo Getty que no la debería comprar, y que si la había comprado, debería pedir que le devolvieran el dinero. Otro experto, este de Grecia, cuando vio la estatua "inmediatamente sintió frío." Con rapidez determinó que la obra era una imitación porque cuando la vio por primera vez, sintió una ola de lo que él describió como "repulsión intuitiva."[12]

Gladwell resume la situación: "El Museo Getty y sus abogados y científicos, después de meses de investigación, habían llegado a una conclusión, y algunos de los más famosos expertos en escultura griega —sólo por mirar a la estatua y sentir su propia 'repulsión intuitiva'— habían llegado a otra conclusión. ¿Quién tenía razón?"[13]

Apuesto a que puedes instintivamente adivinar quién estaba en lo cierto. Resultó que de hecho la estatua era una imitación y los intuitivos expertos habían sido vindicados. "En los primeros dos segundos de verla —con una sola mirada— ellos pudieron entender más acerca de la esencia de la estatua que el equipo del museo pudo entender después de catorce meses."[14]

∞

Así que, a la luz de la avalancha de ilustraciones y ejemplos sobre el poder de la intuición, ¿por qué no seguir la corriente? ¿Por qué no usar los sentimientos para tomar nuestras decisiones diarias, incluyendo decidir qué creer en cuanto al reino espiritual?

Ese era el enfoque de una mujer que trabajaba en una tienda que vende regalos en La Jolla, California. Cuando mi esposa, Heidi, le hizo un comentario de pasada con un tema espiritual, esa mujer habló con rapidez en cuanto a su fuerte fe. A medida que hablamos con ella, descubrimos que su fe constaba de una variedad de ideas de la Nueva Era, incluyendo el poder de los horóscopos y los augurios de las adivinadoras. Sus creencias, que eran muy profundas, incluían a un "Jesús" que estaba muy cerca de ella, quien nunca le diría a nadie que estaba equivocado ni juzgaría a las personas por sus acciones o posiciones religiosas y quien parecía estar completamente alineado con los puntos de vista de ella en todos estos asuntos. Cuando traté de hablarle con suavidad sobre lo que en realidad enseñó Jesús sobre algunos de esos temas, ella se enfadó. "Mi Jesús no es así," dijo enfáticamente. ¿Cómo lo sabía? Porque lo sentía en el corazón.

Así que, ¿por qué no seguir la corriente? ¿Por qué no usar los sentimientos para tomar nuestras decisiones diarias, incluyendo decidir qué creer en cuanto al reino espiritual?

Bueno, antes de que hablemos acerca de algunos problemas con este enfoque para elegir las creencias y la fe de una persona, permíteme primero reconocer algunas cosas.

En primer lugar, es difícil argumentar con el hecho de que, como lo dicen las Escrituras hebreas, somos realmente "una creación admirable."[15] (Aun si eres un naturalista acérrimo, ¿no admitirás por lo menos que somos "una evolución admirable" de formas que no puedes totalmente explicar en términos puramente naturalistas?) Como sorprendentemente complejos *Homo sapiens,* no deberíamos estar sorprendidos por el hecho de que tenemos un cierto nivel de instinto dentro de nosotros, que funcione con nuestros otros sentidos —y tal vez a veces independientemente de ellos— para darnos una impresión clara y rápida de peligros, oportunidades o dirección. Sabemos que muchos animales tienen estos instintos de diversas formas, así que, ¿por qué no también nosotros, los seres humanos?

De hecho, a menudo hablamos en términos de instinto. Por ejemplo, está ampliamente aceptado que las hembras de nuestra especie tienen una capacidad mayor en lo que respecta a comprensión extra sensorial. Lo llamamos "la intuición de una mujer."

Cualquiera que conozca a Heidi observaría que ella tiene un sentido de intuición mucho más grande que el mío. Yo tiendo a ser más una persona que se basa en el conocimiento, que estudia los hechos y la información, a menudo tomando las cosas en sentido literal.

Yo le digo a Heidi: —Él parece un hombre honesto y el producto parece ser bueno. Así que creo que debemos comprárselo a él.

A lo cual ella responde: —Me doy cuenta por qué dices eso (que se traduce como: *La gente como tú, a quienes les falta el radar necesario, tienden a tragar cosas como esta*), pero siento que algo no está bien en cuanto a este hombre y lo que nos está diciendo. Creo que deberíamos continuar mirando antes de hacer alguna compra.

He estado casado con Heidi el tiempo suficiente y he aprendido por experiencias pasadas lo suficiente, como para saber que si dejo de lado su discernimiento lo hago a gran riesgo. Casi todas las veces ella tiene razón.

En un nivel más amplio, también entendemos que algunas personas, hombres y mujeres, tienen un sentido más desarrollado de percepción y discernimiento, porque pueden analizar un lugar, una audiencia o un individuo —a veces aun a grandes distancias. Por ejemplo, lo hacen simplemente al escuchar la voz de una persona en el teléfono o simplemente al mirar la letra de una persona.

En círculos religiosos reconocemos que ciertos miembros de una congregación tienen dones inusuales de sabiduría o de discernimiento. La sensibilidad espiritual de estas personas es altamente refinada.

También en círculos religiosos reconocemos que ciertos miembros de una congregación tienen dones inusuales de sabiduría o de discernimiento. El entendimiento general de esos "dones espirituales" no es que esas personas típicamente escuchan la voz de Dios en forma directa, sino que su sensibilidad espiritual es altamente refinada y, por lo tanto, están más a tono con lo que está sucediendo en niveles más profundos que los que revelaría la observación normal. Ya sea que este nivel de sensibilidad sea la forma rutinaria de funcionar de una persona o que sólo venga en ráfagas de discernimiento ocasionales, puede ser muy importante para un grupo en cuanto a tomar decisiones o evitar peligro.

∞

Tengo un amigo que llamó a su agente de viajes para reservar un viaje de negocios en el otro extremo del país. La mujer le aconsejó sobre el mejor vuelo para llegar a su destino y cuando mi amigo lo aprobó, ella procedió a registrar su reservación. Cuando él escuchó el sonido de las teclas ingresando la información, de pronto sintió que debía preguntarle en qué aerolínea estaba haciendo la reservación. Tan pronto como ella le dijo cuál era la compañía, él la sorprendió —y probablemente se sorprendió a sí mismo, cuando dijo de pronto: —No me siento cómodo con eso. ¿Cuáles son mis otras opciones?

Ella estudió la pantalla de la computadora por un momento y luego le dijo con un poco de vacilación: —Bueno, usted podría volar en una aerolínea diferente a otra ciudad cercana, pero lo va a dejar a un número significativo de millas del lugar adonde quiere ir. Tendría que alquilar un automóvil y conducir más lejos. Estoy segura de que no querrá hacer eso.

Nuevamente, él le respondió de forma inesperada: —Sí, eso es lo que me gustaría hacer. Quiero que me haga la reservación para esa otra ciudad.

Ella hizo tal como él le pidió, aunque es probable que estuviera perpleja por la insistencia de mi amigo de ir a un lugar tan lejos de su destino y le hizo la reservación en el vuelo alternativo.

Unas pocas semanas más tarde, mi amigo subió al avión, el cual salió con unos diez minutos de diferencia del vuelo más conveniente que él había decidido no tomar. Unos noventa minutos más tarde, él aterrizó sin ningún problema, cenó en un restaurante cerca del aeropuerto y subió al automóvil que había alquilado para ir a su destino. Entonces fue cuando encendió la radio y escuchó la espantosa noticia de que el otro avión se había dado vuelta en el aire y se había estrellado cuando estaba por llegar al aeropuerto de su destino, y que todos los que estaban a bordo habían muerto.

∞

¿Cómo supo mi amigo que debía cambiar de vuelo? Es una buena pregunta, pero la verdad es que en realidad él no *lo supo*. Si le preguntas por qué tomó esa decisión repentina cuando hablaba por teléfono con su agente de viajes, él no te diría que escuchó una voz audible del cielo o aun una callada voz espiritual dándole esa dirección. Simplemente sintió que tenía que viajar en otro vuelo. Él confió en su instinto y hoy está vivo para hablar sobre esto.

También vale la pena agregar que todos tenemos un sentido interior de intuición moral, lo que llamamos la conciencia, que

Todos tenemos un sentido interior de intuición moral, lo que llamamos la conciencia, que nos guía en lo que respecta a lo que es bueno y lo que es malo.

nos guía en lo que respecta a lo que es bueno y lo que es malo (a menos que la ignoremos o la abusemos hasta que ya no funcione). Esta "brújula ética" interna nos da un sentido de dirección acerca de las decisiones y las normas por las cuales deberíamos vivir, pero la mayor parte de las veces la consideramos un fenómeno natural (aun si nos ha sido dada por Dios) y no una revelación especial de una fuente divina.

Lo que también es interesante es que los líderes espirituales de los tiempos bíblicos a veces basaban sus decisiones en un simple sentido intuitivo. Por ejemplo, el apóstol Pablo, al llegar a una cierta ciudad en la cual quería ministrar, dijo simplemente: "Me sentí intranquilo por no haber encontrado allí a mi hermano Tito, por lo cual me despedí de ellos y me fui a Macedonia."[16] Por lo menos en este caso, no hubo una voz divina, tampoco una guía angélica ni una palabra profética, simplemente un hombre que no tuvo paz, que siguió sus sentimientos y tomó lo que en ese momento pareció ser una decisión sabia.

∞

Si hay un Dios que es sabio, poderoso y omnisciente, entonces se deduce que él nos podría dar información que va más allá de la información normal que tenemos disponible a través de nuestros sentidos. Esto se podría lograr en la forma de guía que nos ayuda, de la que no estamos conscientes y que percibimos debajo de nuestro radar sensorial usual. Tal vez no sepamos de dónde viene, pero nos puede ayudar de maneras muy importantes.

Así que, de muchas fuentes diferentes de comprensión y experiencia, vemos que estamos dotados de instintos y discernimientos que pueden hacer una diferencia muy grande en nuestra vida. Blaise Pascal dijo estas famosas palabras: *"Le coeur a ses raisons que la raison ne connaît point."* "El corazón tiene razones de las cuales la razón no sabe nada."[17] Cuando necesitamos darnos cuenta de cómo es una persona o evaluar una situación, siempre será sabio que consultemos el corazón —o, como a veces se dice de una forma no tan fina en el mundo de los negocios, "chequear nuestras entrañas." Combinado con recibir consejos de parte de amigos y de compañeros de trabajo que tienen niveles más profundos de sabiduría y discernimiento, esto nos puede librar de mucho sufrimiento a lo largo del camino.

Pero ten cuidado. Muchos corazones han sido rotos —y vidas han sido destrozadas— por seguir sólo el corazón. Los presentimientos, los flechazos de intuición y los sentimientos "en las entrañas" pueden servirnos de avisos para que tengamos cuidado, pero, en lo posible, deben ser probados contra otros métodos probados para encontrar y afirmar la verdad. En otras palabras, pueden ser luces de advertencia muy buenas, pero cuando están solas, por lo general no son las mejores señales de tránsito para guiarnos.

∞

Para ilustrar la naturaleza limitada de la información intuitiva, volvamos a nuestro ejemplo, comenzando con la escena de *La Guerra de las Galaxias.* Recordarás que Obi-Wan Kenobi le puso el casco protector a Luke Skywalker diciéndole que dejara de usar los ojos y que sólo actuara siguiendo su instinto. Pero fíjate que Obi-Wan no siguió su propio consejo. Es decir, él no se puso su propio casco protector para bloquearle la vista y de forma instintiva darse cuenta de cómo le estaba yendo a Luke con este enfoque nuevo y superior. En cambio, lo observó de la forma antigua —con sus propios ojos— que eran exactamente iguales a los que le dijo a Luke que no dejara que lo engañaran. ¡Qué me dices en cuanto a dejarse guiar por los sentimientos!

¿Y qué debemos entender en cuanto al consejo de la meditación trascendental que dice que debemos vaciar la mente y no pensar en nada? En primer lugar, tenemos que preguntarnos si en realidad es posible. Lo que quiero decir es que ¿cómo *sabríamos* en realidad que no estamos pensando en nada sin tener en la mente el pensamiento: *Estoy finalmente no pensando en nada*? Como ves, en ese caso en realidad estaríamos *pensando en* no pensar en nada, lo cual es en sí un pensamiento —uno que nos descalificaría en ese mismo momento de no estar pensando en nada.

También estoy de acuerdo con esta crítica incisiva que leí hace poco:

El gurú que nos dice que nuestros pensamientos son
el problema ha llegado a esta conclusión, y nos la ha
comunicado, sólo usando las mismas facultades que censura.
Estamos atrapados en una red de contradicciones que no tiene
escapatoria. De hecho, la conclusión lógica de esta filosofía
es el silencio total —la ausencia de comunicación. Una antigua
escritura hindú llamada el *Kenopanishad* tiene esta cita que
no se puede afirmar: "El que habla no sabe y el que sabe
no habla."[18]

De muchas maneras, este enfoque parece auto contradictorio y contraproducente, y por lo tanto se elimina a sí mismo como una opción valedera, como veremos con más detalles en un capítulo posterior sobre la lógica.

¿Y qué diremos de Napoleon Hill y de su osada afirmación de que estamos entrando en la época de los presentimientos y de confiar en nuestro sexto sentido? Es interesante notar que sus conclusiones a través de *Piense y hágase rico* fueron sacadas de toda una vida de estudio y observación. De hecho, la primera página de ese libro afirma que fue "organizado a través de 25 años de investigación, en colaboración con más de 500 distinguidos hombres de gran riqueza, quienes probaron por sus logros que esta filosofía es práctica." En otras palabras, Hill no obtuvo la mayor parte de esta información de instintos, presentimientos o discernimientos del sexto sentido. La obtuvo de la forma antigua, trabajando duro, observando cuidadosamente y luego presentó lógicamente lo que había aprendido. Tal vez fue ayudado por la intuición y el instinto (y también, se podría argumentar, por una cantidad respetable de especulación y misticismo), pero ciertamente no excluyó estos otros elementos vitales del aprendizaje.

Volvamos ahora a pensar en la historia de la estatua griega que mencioné antes. ¿Quiénes fueron las personas que tuvieron inicialmente las reacciones correctas instantáneas? No fueron personas altamente intuitivas conseguidas de la calle. No, eran especialistas con experiencia en el estudio de esculturas y artefactos antiguos. En otras palabras, eran hombres y mujeres eruditos con instintos adiestrados. Sus presentimientos fueron presentimientos *basados en el conocimiento,* y estuvieron apoyados y probados en sus propias mentes por evidencia e información más amplia. Y aun después de que estos expertos a nivel mundial experimentaran su "repulsión instintiva," y

Sus presentimientos fueron presentimientos basados en el conocimiento, *y estuvieron apoyados y probados en sus propias mentes por evidencia e información más amplia.*

comunicaran sus preocupaciones acerca de la estatua, el personal del museo Getty todavía llevó a cabo una investigación muy extensa —de la clase tradicional y científica— para probar y verificar dicha información.

Malcolm Gladwell reconoce las limitaciones de la intuición y aun ofrece una advertencia en la introducción de su libro: "*Blink* no es sólo una celebración del poder de una mirada, sin embargo. También estoy interesado en esos momentos cuando nuestros instintos nos traicionan. . . . ¿Cuándo deberíamos confiar en nuestros instintos y cuándo deberíamos actuar con cautela en cuanto a ellos? . . . Cuando nuestros poderes de percepción erran, sucede por un conjunto de razones muy específico y consecuente, y esas razones se pueden identificar y entender. . . . La tercera tarea de este libro, y la más importante, es convencerte de que nuestros juicios instantáneos y primeras impresiones pueden ser educados y controlados."[19] Gladwell usa la última parte de su libro para calificar el uso de las impresiones instantáneas, y para enseñarles a sus lectores la forma de adiestrar, informar y guiar su sentido intuitivo.

¿Y qué diremos del sentimiento que tuvo mi amigo que tenía que hacer la reservación en ese otro vuelo para su viaje de negocios? Bueno, él me dijo más tarde que sabía en aquella época que la aerolínea en que casi le reservaron el vuelo había tenido problemas con asuntos de seguridad en años recientes. Así que es posible que ese conocimiento estuviera ejerciendo influencia en él, aunque no fuera manifiesta. También es posible, y creo que muy probable, que hubiera cierta clase de intervención divina que no se puede ver, protegiéndolo y guiándolo, aunque bajo el nivel de la conciencia. Así que no hay necesidad de concluir que este fue simplemente un sentido intuitivo sin dirección. Más bien, fue como una confluencia de sus propios pensamientos e impresiones, basada en datos e información relevantes, junto a instintos y tal vez protección sobrenatural.

También vale la pena notar, hablando en general, que aun los promotores más ardientes del enfoque intuitivo por lo general pasan por alto ese enfoque cuando se trata de la vida cotidiana. Es por eso que conducen sus automóviles por la carretera con los ojos bien abiertos (afortunadamente, no usan cascos con protección opaca), verifican la fecha de expiración de la comida antes de comprarla, estudian el estado financiero de una empresa antes de invertir en sus acciones, y obtienen títulos avanzados en diferentes esferas de estudio —ninguno de los cuales parecen ser modelos de la supuesta prioridad del conocimiento intuitivo.

También es interesante notar que los que promueven el camino intuitivo de conocimiento en forma rutinaria escriben detalladas defensas lógicas de él, tratando de apoyarlo usando evidencia y ejemplos de la vida cotidiana. No te dicen que simplemente tomes sus libros y los pongas sobre tu corazón o que los sostengas sobre la cabeza mientras decides por medio de algún sexto sentido si lo que dicen es verdad. En cambio, te dan *razones* para que confíes en ellos, para que compres sus libros, y para que escuches sus discursos —razones por las cuales entonces deberías pasar por alto la razón y simplemente guiarte por tu intuición.

Aun los promotores más ardientes del enfoque intuitivo por lo general pasan por alto ese enfoque cuando se trata de la vida cotidiana. Es por eso que conducen sus automóviles por la carretera con los ojos bien abiertos.

∞

Permíteme concluir preguntándote lo siguiente: Si la intuición provee una luz de advertencia o un sentido de dirección que debería ser probado y afirmado por otros medios, ¿por qué alguien debería basar su fe —así como también su vida y la eternidad— exclusivamente en presentimientos, sentimientos o impresiones? La intuición es, en el mejor de los casos, una guía imperfecta. Tendemos a olvidarnos de todas las veces en que estuvo equivocada y en forma selectiva recordar las veces —aunque sean raras— cuando realmente estuvo en lo cierto.

¿Y qué diremos de los psíquicos y de otros que afirman tener acceso especial a los misterios de la verdad y del conocimiento? Si en realidad tuvieran el conocimiento que afirman tener, no estarían sentados en cabinas leyendo manos sudadas por insignificantes sumas de dinero. Serían ricos por comprar números de lotería y por sus ganancias en la bolsa de comercio, porque sabrían exactamente cuándo comprar los números de lotería y dónde invertir su dinero. Su falta de éxito delata su falta de discernimiento.

También debo señalar que los escritores de la Biblia nos admonestan a sospechar nuestras propias evaluaciones independientes. Por ejemplo, Salomón, a quien muchos consideran el hombre más sabio de toda la historia, nos advirtió en forma profética en el libro de Proverbios: "Hay caminos que al hombre le parecen rectos, pero que acaban por ser caminos de muerte."[20] Agréguele a eso lo que escribió el profeta Jeremías: "Nada hay tan engañoso como el corazón. No tiene remedio. ¿Quién puede comprenderlo?"[21] Esa es una declaración muy difícil de escuchar, pero si miras a través de la ventana de la historia, o en el espejo de tu propia vida, es también difícil de refutar.

Debemos prestarle atención a nuestros instintos, pero también debemos escudriñarlos y confirmarlos cuidadosamente. Debemos probar que lo que *sentimos* es verdad contra la lógica y la evidencia. Si afirmamos seguir a Jesús, como la mujer en La Jolla, California, dijo que hacía, con honestidad debemos evaluar lo que pensamos contra las enseñanzas verdaderas de Jesús. No permitas que Napoleon Hill, un libro sobre la Nueva Era o un seminario, o tu voz interior, te digan lo que enseñó Jesús y lo que quiso decir. No te guíes por lo que *te imaginas* o *deseas* que él hubiera dicho; en cambio, fíjate en lo que en realidad dijo Jesús. En otras palabras, deja que él hable por sí mismo. Él es el que dijo: "Mis ovejas oyen mi voz; yo las conozco y ellas me siguen."[22]

A medida que pruebas tus intuiciones y tus discernimientos, tanto más cerca estarás de elegir tu fe con sabiduría.

CAPÍTULO SEIS

"¡DIOS *ME DIJO* QUE ES CIERTO!"

El enfoque místico

"He leído *El Libro de Mormón* y he orado pidiéndole al Padre celestial que me muestre si era verdadero, como dice que hagamos en Moroni capítulo 10, y Dios claramente contestó mis oraciones," me dijo fervorosamente una dulce adolescente llamada Rachael a mí y a otros que estábamos sentados alrededor de la mesa.[1]

"Puedo decirles de todo corazón que sé que este libro es verdadero," continuó diciendo con voz trémula y lágrimas que brotaban de sus ojos mientras se aferraba a las escrituras mormonas. "Y si ustedes simplemente oran y le piden al Padre como lo hice yo, les mostrará lo mismo. Este libro es tan precioso para mí y amo tanto a Dios que sólo quiero que todos lo sepan también. . . ." Su voz se fue perdiendo en el arrebato de emoción.

Fue un momento tierno, aunque ciertamente incómodo. Nadie podía dudar de la sinceridad de Rachael, ni nadie quiso aventurar una opinión diferente por respeto a ella y el sincero testimonio que acababa de dar.

∞

Reconozcámoslo: Las afirmaciones de encuentros místicos con seres sobrenaturales —sean espíritus, ángeles, seres queridos que han partido o incluso Dios mismo— son difíciles (si no imposibles) de probar o refutar. Francamente, es muy difícil contradecirlas. Aun cuando uno no esté convencido de que las implicaciones de la experiencia presentada sean ciertas, es natural pensar: *¿Quién soy yo para decirle a esta niña que muchas personas piensan que* El Libro de Mormón *está repleto de inconsistencias o que su iglesia ha sido acusada de tener un fundamento muy endeble de especulaciones e historias sin sustento?*

Las afirmaciones de encuentros místicos con seres sobrenaturales —sean espíritus, ángeles, seres queridos que han partido o incluso Dios mismo— son difíciles (si no imposibles) de probar o refutar.

Así que, ¿cómo podemos tratar esta clase de relatos? Demos marcha atrás y examinemos este enfoque de elegir nuestra fe, que yo denomino la senda de fe *mística*. Este enfoque va más allá del método intuitivo que vimos en el capítulo 5, porque involucra no sólo un instinto humano o alguna especie de "sexto sentido" natural que lleva a la persona a aceptar ciertas creencias; más bien, el método místico basa su posición en afirmaciones de un encuentro real con una entidad sobrenatural. Y, dado que esta senda tiende a ser más espiritual por naturaleza, verás que algunas formas en las que podemos probarla son también de una naturaleza más espiritual.

Una primera observación revela que no todas las afirmaciones místicas surgen de la misma forma. Por ejemplo, consideremos el hombre que conocí hace unos años en Orange County, California y que me confió que él era uno de los dos profetas que figuran en el último libro de la Biblia que aparecerían, según la predicción, en algún momento cercano al fin del mundo.[2] Me pregunté qué había hecho para ser merecedor de una revelación tan asombrosa y me sorprendió saber que una persona de tanta importancia frecuentara una destartalada tienda de emparedados del centro de Santa Ana.

Esa experiencia fue extraña, pero no tanto como mi encuentro con alguien que llevé en mi auto desde un festival de música. (Sé que uno no debe llevar personas desconocidas en su coche, pero el hombre conocía a algunos de mis amigos y parecía bastante normal, al menos al principio.) Las cosas empezaron a ponerse extrañas a la mitad del viaje. No sé si me vio como una persona confiable, ingenua o ambas cosas, pero decidió compartir un secreto cósmico conmigo: *¡Él era el Espíritu Santo!*

Bueno, para ser justo, en realidad dijo que su título era "El Consolador," basado en la descripción que hace Jesús del Espíritu Santo en Juan 16. Está de más decir que me sorprendió bastante esta aseveración, especialmente cuando siguió diciendo que había estado presente durante los acontecimientos descritos en el primer capítulo de Génesis y que, de hecho, había llegado a participar en la creación del mundo. Ahora bien, nunca dije que comprendía plenamente las complejidades de la doctrina cristiana de la Trinidad, pero estaba bastante seguro que "El Consolador" sentado a mi lado en el auto no formaba parte de ella.

O la vez que estaba ayudando a una pareja de ancianos en la tienda de equipos de audio donde trabajaba y la mujer decidió plantear una discusión espiritual. Cuando vio que yo estaba dispuesto a hablar sobre el tema, decidió aventurarse un poco más.

—Dios hizo un milagro maravilloso en la vida de mi esposo hace muchos años —dijo—. ¿Se lo podemos contar?

—Por supuesto —dije, siempre interesado en temas espirituales.

¿Cómo podemos separar los hechos verdaderos de la ficción? Cuando comenzamos a elegir nuestra fe basándonos en sentimientos o encuentros místicos, el asunto se vuelve sumamente importante.

Al decir eso, su esposo, que se había mantenido en silencio hasta ese momento, no pudo contener su entusiasmo. —Fallecí hace varios años —dijo con tono emocionado—, y Dios obró a través de un profeta maravilloso que oró sobre mi cuerpo y me volvió a la vida nuevamente.

—¿En serio? —pregunté, percibiendo la sinceridad de la afirmación de estas personas mientras intentaba ocultar la incredulidad en mi mente—. Es asombroso.

Tal vez te hayas encontrado con esta clase de historias en tu propia vida. Tal vez un amigo te haya transmitido un relato similar o tal vez hayas visto afirmaciones increíbles en Internet. Te cuentan acerca de alguien que conocen (en realidad, más frecuentemente se trata de un amigo de un amigo, ¿o era el tío del amigo?) que tuvo una experiencia increíble. Un hombre que algunas personas habían levantado en su coche les había advertido acerca del inminente fin del mundo y, de pronto —"¡puff!"—, desapareció. No pueden recordar el nombre del sujeto o la fecha del suceso, pero hay algo cierto: *Habían tenido un ángel en su asiento trasero.*

∞

¿Cómo debemos tomar estas cosas? ¿Cómo podemos separar los hechos verdaderos, si existen, de la ficción? Podría no parecer demasiado importante cuando se trata de rumores de ángeles que viajan en el asiento trasero del coche de un desconocido en los caminos perdidos de Arkansas a principios de la década de 1970, o de acontecimientos supuestamente estremecedores como el infierno descubierto por científicos en Siberia (¿te enteraste de eso?). Pero cuando personas como tú o yo, o jóvenes como Rachael, comenzamos a elegir nuestra fe basándonos en sentimientos o encuentros místicos, el asunto se vuelve sumamente importante.

Para empezar, déjame presentar las dos primeras pautas para ayudar a evaluar los encuentros místicos:

Sentimiento ≠ Realidad

No tengo ninguna duda de que Rachael genuinamente *sintió* algo cuando oró sobre su copia de *El Libro de Mormón*. Tengo mucho menos confianza en el profeta de los tiempos finales de Santa Ana, el sujeto que era el Consolador/Creador o el hombre que decía haber sido resucitado, aunque es posible que cada uno fuera sincero en pensar que había sentido o experimentado algo fuera de lo común. Pero lo que *sienten* no equivale necesariamente a la *realidad*.

Examinemos más detalladamente la afirmación de Rachael, que fue conmovedora en su presentación pero predecible en su contenido. He oído a muchos mormones dar este mismo testimonio a lo largo de los años. Si bien podría reflejar algo que realmente sintieron, forma parte también de su cultura religiosa, su entrenamiento y la expectativa entre sus miembros; es un aspecto central de su atractivo evangelístico.

Uno de los principales defensores del mormonismo en la actualidad es Robert L. Millet, profesor de escrituras antiguas y ex decano de educación religiosa de la Universidad Brigham Young. Escribió un libro llamado *Getting at the Truth: Responding to Difficult Questions about LDS Beliefs [Cómo Llegar a la Verdad: Respondiendo las Preguntas Difíciles acerca de las Creencias de los SUD]*, al parecer ideado como un manual de capacitación para miembros de la religión mormona (llamada oficialmente la Iglesia de Jesucristo de los Santos de los Últimos Días, de allí las siglas "SUD" del título del libro).

Lo que sigue son algunos ejemplos de lo que dice Millet acerca de la mejor forma de elegir la creencia de uno, incluyendo varias citas de algunos líderes mormones de alto rango. Lee estas palabras cuidadosamente porque brindan un ejemplo excelente del enfoque místico:

> El método más probado y seguro para obtener dirección divina
> —[es] la oración misma.[3]

En un sentido muy real, creer es ver. Ningún miembro de la Iglesia debería sentirse avergonzado por no poder mostrar las placas de oro o el papiro egipcio completo. Ningún miembro de la Iglesia debería dudar en dar testimonio de las verdades que permanecen en el dominio de la fe, que sólo pueden verse con los ojos de la fe.[4]

El presidente Ezra Taft Benson señaló: "No tenemos que probar que *El Libro de Mormón* es verdadero. El libro es su propia evidencia. Todo lo que tenemos que hacer es leerlo y proclamarlo. No se nos exige que probemos que *El Libro de Mormón* es verdadero o un registro auténtico a través de evidencias externas, aunque hay muchas. Nunca ha ocurrido, ni aun ahora, que los estudios de los eruditos probaran que *El Libro de Mormón* es verdadero o falso. El origen, la preparación, la traducción y la verificación de la verdad de *El Libro de Mormón* han sido retenidos en las manos del Señor, y el Señor nunca se equivoca. Pueden estar seguros de eso."[5]

El presidente Gordon B. Hinckley puso las cosas en la perspectiva correcta cuando enseñó [con relación a *El Libro de Mormón*]: . . . "La evidencia de su verdad, de su validez en un mundo propenso a exigir evidencia, no se encuentra en la arqueología o la antropología, aunque estas puedan resultar útiles para algunos. No se encuentra en la investigación de palabras o el análisis histórico, aunque estos pueden ser confirmatorios. La evidencia de su verdad y validez se encuentra entre las tapas del libro mismo. La prueba de su verdad está en leerlo. Es un libro de Dios. Las personas razonables podrían cuestionar sinceramente su origen, pero quienes lo leen en oración podrán llegar a saber, mediante un poder más allá de sus sentidos naturales, que es verdadero."[6]

Nota cómo este método de "conocer" la verdad se convierte luego en un enfoque para "mostrarla" a los demás:

> El anciano Boyd K. Packer declaró: . . . "No te sientas intranquilo o incómodo porque no puedas dar mucho más que tu convicción. . . . Si podemos plantarnos sin vergüenza, sin titubeos, sin humillación, sin reservas para dar testimonio de que el evangelio ha sido restaurado, que existen profetas y Apóstoles en la Tierra, que la verdad está disponible para toda la humanidad, el Espíritu del Señor estará con nosotros. Y esa seguridad podrá ser afirmada a otros."[7]
>
> Al final, la única forma en que pueden conocerse las cosas de Dios es por el poder del Espíritu Santo. . . . La única forma en que las verdades espirituales pueden ser conocidas es por los susurros serenos del Espíritu Santo.[8]

Entonces, cerca del final de esta discusión, Millet intenta asegurar a sus lectores dando su propio testimonio:

> Estoy agradecido por tener, ardiendo dentro de mi alma, un testimonio de que el Padre y el Hijo aparecieron a José Smith en la primavera de 1820, y que la Iglesia de Jesucristo de los Santos de los Últimos Días es verdaderamente el reino de Dios en la Tierra.[9]

Así que, apoyada en este fundamento de misticismo y experiencia, la estrategia de los misioneros mormones que llegan a tu puerta es dar alguna información introductoria acerca de su fe, incluyendo afirmaciones acerca de su fundador y profeta, José Smith, sus historias de visiones tempranas (sí, él también fundó sus creencias en el enfoque místico) y los supuestos orígenes de *El Libro de Mormón*. Luego te testificarán acerca de sus propias experiencias, de que Dios les ha asegurado la veracidad de todo lo que se les enseñó y te acaban de explicar a ti. Entonces llegarán a su verdadero objetivo final, que es desafiarte a hacer lo que ellos han hecho: tomar la copia de *El Libro de Mormón* que te darán, leer una porción de él, arrodillarte y pedirle al Padre celestial que te muestre si es verdadero.

El enfoque es simple y ha demostrado ser muy eficaz. El mormonismo ha sido durante mucho tiempo uno de los movimientos religiosos de más rápido crecimiento de Estados Unidos. Entonces, ¿qué tiene de malo el método, si es que tiene algo malo?

Bueno, por un lado, el método está basado en la suposición de que *sentimiento* debe equivaler a *realidad*. En otras palabras, si oras como ellos te piden que ores, y entonces sientes algo que se asemeja remotamente a un "ardor en tu alma," supuestamente significa que todo lo que te dijeron es verdadero y que es hora de que solicites convertirte en un mormón.

Pero déjame sugerir otras explicaciones posibles de por qué una persona podría *sentir* algo al llegar a este punto.

Primero, es importante darse cuenta de que el tipo de personas que aceptan este desafío de sentarse a leer *El Libro de Mormón* y luego dedican tiempo a orar a Dios —a solas, sin ser forzadas, de manera espontánea y sin relación con algún servicio de iglesia, o comida de una festividad con la familia— son generalmente gente que no ha hecho este tipo de cosas en muchos años, si es que lo ha hecho alguna vez. Así que ya se están sintiendo más espirituales de lo habitual, simplemente porque están leyendo un libro orientado hacia la fe y están realizando actividades con un tinte religioso. *Debe existir Dios,* piensan, *para que alguien como yo realmente tome en serio estas cosas.*

Y cuando finalmente se arrodillan a orar, naturalmente

comienzan a tener sentimientos cálidos, probablemente debido al simple hecho de que están inclinándose humildemente ante su Hacedor. Esta podría ser la cosa más piadosa que hayan hecho en diez, veinte o incluso treinta años. Según esto, es fácil imaginar cómo estas emociones positivas podrían ser interpretadas incorrectamente para que signifiquen que toda la historia mormona es realmente *verdadera.*

Agrega a esto el hecho de que, al leer *El Libro de Mormón,* hay cosas que les resultan conocidas y tienen un tinte característico de verdad. ¿Por qué ocurre esto? Podría ser porque hay capítulos enteros que fueron copiados casi textualmente de la Versión del Rey Jacobo de la Biblia en inglés. Así que, si hay partes que suenan a "verdad del evangelio" probablemente sea porque partes del libro son en realidad de los Evangelios del Nuevo Testamento, y otras porciones están tomadas prestadas del Antiguo Testamento.[10]

Si aceptas una visión bíblica de las cosas, entiendes que hay fuerzas espirituales muy reales que se oponen a lo que es bueno, y que podrían ejercer una influencia engañosa.

Además, si aceptas una visión bíblica de las cosas, entiendes que hay fuerzas espirituales muy reales que se oponen a lo que es bueno, y que podrían ejercer una influencia engañosa.[11] Lo trataremos con más detalle más adelante, pero aun la remota posibilidad de engaño debería llevarnos a hacer una pausa antes de suponer que una sensación ardiente, una sensación de calidez emocional o una sensación de una presencia espiritual en la habitación significa automáticamente que algo es verdadero y que debemos unirnos a una religión específica.

Probablemente sea esa la razón por la que la Biblia nos dice: "Sométanlo todo a prueba, aférrense a lo bueno, eviten toda clase de mal."[12] Lo interesante de esta advertencia de "someterlo todo a prueba" es que viene inmediatamente después de que el escritor dice: "No apaguen el Espíritu, no desprecien las profecías."[13] De manera que Pablo, el autor de la carta en cuestión, no está descartando una aprensión mística de la verdad; de hecho, está diciendo que debemos permanecer abiertos a las cosas que Dios podría querer decir o hacer en nuestra vida, aun a través de medios poderosos y místicos. Pero también debemos tener mucho cuidado. Antes de aceptar nuevas afirmaciones, debemos comprobarlas contra lo que ya sabemos.

Pero, ¿cómo podemos hacerlo? Una forma es aplicar la misma prueba triple de precisión que tratamos en el capítulo 4: Asegúrate de que el mensaje que se da a través del encuentro místico es (1) fiel al mundo, (2) fiel a las propias palabras del mensajero y, finalmente, (3) fiel a las palabras de Dios.

Lo primero y más obvio es que, si las nuevas enseñanzas se oponen a los hechos establecidos del mundo o afirman muchas nuevas ideas que no tienen el sustento de la evidencia conocida, entonces deberían sonar las alarmas de advertencia. Como las afirmaciones mormonas acerca de civilizaciones enteras que existían en las Américas, que no están respaldadas por la historia, la arqueología o las pruebas de ADN.[14] O la afirmación musulmana de que Jesús nunca dijo que era el Hijo de Dios, no murió en la cruz y, por lo tanto, no resucitó.[15] El registro histórico nos dice claramente lo contrario.

En segundo lugar, debemos buscar inconsistencias internas para determinar si los líderes u organizaciones son consecuentes con sus propias palabras. Los ejemplos en el mormonismo incluyen los relatos conflictivos y contradictorios que dio José Smith de su visión original, las profecías incumplidas que él declaró osadamente como la palabra del Señor, cientos de cambios hechos silenciosamente en ediciones posteriores de *El Libro de Mormón,* muchos de los cuales cambiaron radicalmente el significado original, y el histórico racismo de los mormones contra las personas de piel oscura.[16] Este racismo formó parte de su doctrina hasta 1978 cuando, debido a la presión pública, recibieron "nuevas revelaciones" instándolos a cambiar sus antiguas perspectivas y prácticas prejuiciosas.[17] De forma similar, la Sociedad Atalaya, el cuerpo de liderazgo de los Testigos de Jehová en todo el mundo, ha minimizado, racionalizado o encubierto característicamente sus muchas falsas profecías (incluyendo las que tratamos en el capítulo 4).[18]

En tercer lugar, un excelente modelo para verificar encuentros y enseñanzas espirituales contra la palabra de Dios se ve en los primeros días del cristianismo, cuando aún estaban siendo escudriñados algunos nuevos maestros que habían llegado a la escena. Uno de esos era Pablo, un maestro itinerante, junto con su colega Silas. Fíjate cómo respondió un grupo específico de cristianos: "[Los de Berea] eran de sentimientos más nobles que los de Tesalónica, de modo que recibieron el mensaje con toda avidez." Estaban abiertos a lo que Dios podría estar intentando decirles a través de la enseñanza de Pablo, pero no demostraban una receptividad ciega, pues también dice: "Todos los días examinaban las Escrituras para ver si era verdad lo que se les anunciaba."[19]

En realidad, esta gente estaba diciendo: "Nos gusta lo que estos sujetos están enseñando. Nos parece bastante bueno. Pero no lo vamos a aceptar sólo en base a los sentimientos. Lo vamos a probar. Verificaremos estas afirmaciones de una nueva verdad contra lo que sabemos es la verdad establecida. Su mensaje debe ser fiel a las palabras de Dios." Entonces los de Berea verificaron la supuesta nueva revelación de Pablo contra la revelación más antigua, conocida y fiable, de las escrituras hebreas.

En otra ocasión, Pablo mismo enseñó este principio: "Pero aun si alguno de nosotros o un ángel del cielo les predicara un evangelio distinto del que le hemos predicado, ¡que caiga bajo maldición! Como ya lo hemos dicho, ahora lo repito: si alguien les anda predicando un evangelio distinto del que recibieron, ¡que caiga bajo maldición!"[20] Pablo está diciendo a sus lectores que prueben a todos los maestros, *incluyendo a Pablo mismo,* sopesando cuidadosamente lo que él y otros

"Nos gusta lo que estos sujetos están enseñando. Nos parece bastante bueno. Pero no lo vamos a aceptar sólo en base a los sentimientos. Lo vamos a probar."

decían contra lo que ya sabían que era cierto por las escrituras que ya tenían (el Antiguo Testamento, las enseñanzas de Jesús y los escritos y enseñanzas de los demás apóstoles). Aunque Pablo era un apóstol, él mismo dice que no debemos confiar automáticamente en alguien simplemente porque dice ser un apóstol. En cambio, necesitamos comparar su mensaje con el mensaje que ya ha sido recibido.

∞

Apliquemos ahora esta tercera prueba a nuestro ejemplo del mormonismo y su enfoque místico de la fe, recordando que los mormones dicen que la Biblia forma parte de su conjunto de libros religiosos autorizados. Lo que descubrimos muy rápidamente cuando miramos en la Biblia es que no enseña la metodología de "orar para ver si uno se siente bien."[21] Al contrario, hay un fuerte principio de la Escritura que dice, en realidad, que uno no debe pensar en hacer cosas que Dios ya ha dejado en claro que no aprueba, y no debe preguntárselo a él en oración.

Por ejemplo, veamos la historia del Evangelio de Mateo cuando Jesús estaba ayunando en el desierto:

> Luego el diablo lo llevó [a Jesús] a la ciudad santa e hizo que se pusiera de pie sobre la parte más alta del templo, y le dijo:
> —Si eres el Hijo de Dios, tírate abajo. Porque escrito está: "Ordenará que sus ángeles te sostengan en sus manos, para que no tropieces con piedra alguna."
> —También está escrito: "No pongas a prueba al Señor tu Dios" —le contestó Jesús.[22]

Esta es una historia muy interesante, donde el diablo no sólo quiere tentar a Jesús, sino que cita la Biblia para tratar de respaldar su posición. Sin embargo, estaba claro que estaba tentando a Jesús para que hiciera algo que estaba fuera de la voluntad de Dios. Así que Jesús le llamó la atención al respecto, advirtiéndole que no pusiera a prueba al Señor.

Déjame afirmar este principio en términos contemporáneos. Supongamos que acabas de comprar un auto deportivo y te sientes tentado a usarlo para ver si realmente alcanza la velocidad máxima que dice el fabricante. O supón que estás casado pero te sientes tentado a involucrarte románticamente con alguien del trabajo que no es tu cónyuge. O están por vencer tus impuestos y vas a deber más de lo esperado, así que te ves tentado a "ajustar" las cifras para que el monto final sea algo más manejable.

En cualquiera de estos tres escenarios, imagínate teniendo la osadía de orar primero a Dios diciéndole: "Querido Señor, sólo por esta vez me gustaría manejar a 315 kilómetros por hora por la autopista. No tienes problemas con eso, ¿no?" o "Padre, esa persona nueva de la oficina es tan agradable y . . . bueno . . . tan bien parecida, un verdadero testimonio de tu divina creatividad. Así que ¿estaría bien si nos vemos un par de veces?" o "Dios, ya que el gobierno derrocha tanto el dinero de nuestros impuestos, ¿estaría bien que por esta sola vez retocara apenas las cifras de mi declaración, sólo para reducir algo del derroche del gobierno y darle un mejor uso al dinero?"

Ciertamente espero que no le pidas a Dios que bendiga alguno de esos planes. Porque si lo hicieras, creo que su respuesta, si tienes suerte y él estuviera de muy buen humor, sería: "¿Estás bromeando? ¿Acaso no sabes ya lo que he dicho acerca de estas cosas? ¡No debes poner a prueba al Señor tu Dios!"

Sin embargo, debo decir —y esto podría sorprenderte— que cuando uno entiende el panorama más amplio, el desafío de orar a fin de determinar si la enseñanza mormona es correcta es muy similar a estos ejemplos. Déjame explicarte de qué forma.

Esto no lo sabe a menudo el público general, pero las enseñanzas mormonas afirman claramente que hay muchos dioses, si bien debemos adorar sólo a uno de esos dioses: el que está sobre este mundo. Ese dios tuvo un dios padre y una diosa madre y cada uno de ellos tuvo padres, y así sucesivamente. Además, la teología mormona afirma que todo hombre mormón fiel puede convertirse en dios él mismo y algún día ser Señor sobre su propio planeta, produciendo con su esposa (o esposas) hijos espirituales que algún día también se convertirán en dioses.

José Smith, el fundador de la Iglesia de los Santos de los Últimos Días, enseñó estas cosas muy claramente, al igual que el siguiente líder de la iglesia, Brigham Young. En 1840 Lorenzo Snow, el quinto presidente de la iglesia, lo resumió de manera estupenda con una frase que ha sido repetida en círculos mormones desde entonces: "Como el hombre es, Dios una vez fue; como Dios es ahora, el hombre puede llegar a ser."[23]

Algunos maestros mormones parecen estar distanciándose hoy de estas enseñanzas clásicas de sus fundadores, profetas y líderes. Encuentro que algunos mormones con quienes hablo afirman y defienden esta doctrina, mientras que otros intentan eludirla diciendo: "No sé nada al respecto." (En realidad, obtuve *ambas* respuestas de dos mormones distintos, separados por instantes, durante una discusión en un foro. Le dije al segundo, al que había dicho que desconocía la doctrina de los muchos dioses: "Por supuesto que sabes algo al respecto; tu amigo acaba de defenderla hace unos minutos.")

Pero aun el apologista mormón Robert L. Millet, tan recientemente como en 2004, afirmó estas doctrinas cuando escribió: "Las escrituras de los últimos días afirman inequívocamente que Dios es un hombre, un Hombre de Santidad (Moisés 6:57) que posee un cuerpo de carne y huesos (D&C 130:22). . . . ¿Qué sabemos más allá de la verdad de que Dios es un Hombre exaltado? ¿Qué sabemos de su existencia mortal? ¿Qué sabemos del tiempo antes que se convirtiera en Dios? Nada. En realidad no sabemos más que lo que el Profeta José Smith afirmó, lo cual es bastante poco."[24]

Así que déjame resumir esto: En el mormonismo uno cree

en muchos dioses, aunque sólo uno de estos dioses debe ser adorado en realidad. Este dios es un ser cambiante que solía ser un hombre, pero progresó con el tiempo hacia la deidad, tal como harán los varones mormones fieles.

Pero el mormonismo es una fe que también dice creer en la Biblia. El problema es que la Biblia desafía y refuta muy claramente las enseñanzas mormonas. Aquí se encuentran algunos ejemplos:

> "Ustedes son mis testigos," afirma el SEÑOR. . . . "Antes de mí no hubo ningún otro dios, ni habrá ninguno después de mí. . . . Desde los tiempos antiguos, yo soy."[25]

> "Fuera de mí no hay otro Dios; Dios justo y Salvador, no hay ningún otro fuera de mí. Vuelvan a mí y sean salvos, todos los confines de la tierra, porque yo soy Dios, y no hay ningún otro."[26]

> "Yo, el SEÑOR, no cambio."[27]

Ahora, como afirmé en un capítulo anterior, debemos ser tolerantes con los demás y apoyar su derecho a creer y enseñar sus puntos de vista religiosos. Pero también debemos sostener nuestro derecho a cuestionar respetuosamente estos puntos de vista y, como amantes de la verdad, todos deberíamos estar dispuestos a hacerlo.

Por lo tanto, a la luz del mensaje vastamente contrastante entre las enseñanzas politeístas (muchos dioses)

Debemos ser tolerantes con los demás y apoyar su derecho a creer y enseñar sus puntos de vista religiosos. Pero también debemos cuestionar respetuosamente esos puntos de vista.

del mormonismo y las enseñanzas monoteístas (un Dios) de la Biblia, yo, por mi parte, rechazaría el desafío a arrodillarme y preguntarle a Dios si la fe mormona es verdadera.[28] Ya sé, a través de las enseñanzas de la Biblia, la cual la fe mormona aparenta extender y ampliar, que el mormonismo no es verdadero. (Y, como explicaré en los capítulos 10 y 11, la Biblia tiene las credenciales para respaldar su propia veracidad.) La lógica, por lo tanto, me dice que no me moleste en orar para preguntarle a Dios acerca de algo que ya ha dejado bastante en claro.

∞

Ahora miremos una segunda pauta para saber cómo examinar los encuentros místicos:

Real ≠ Bueno

Aunque se haya pasado la primera prueba y te hayas convencido de que lo que sientes es real, el hecho de que sea real no significa necesariamente que sea bueno o que sea de Dios.

Pablo ilustró este principio en su carta a la iglesia en Galacia, cuando dijo: "Pero aun si alguno de nosotros *o un ángel del cielo* les predicara un evangelio distinto del que le hemos predicado, ¡que caiga bajo maldición!"[29] En otras palabras, no creas automáticamente en un mensaje que recibas a través de una experiencia mística, aunque esa experiencia tenga la forma de un ser angelical real parado delante de ti, a menos que pase la prueba y traiga un mensaje consecuente con lo que ya sabes que es cierto de la revelación anterior de Dios en la Biblia.

En otra carta, Pablo fue explícito con respecto a por qué daba esta clase de advertencias: "Y no es de extrañar, ya que Satanás mismo se disfraza de ángel de luz. Por eso no es de sorprenderse que sus servidores se disfracen de servidores de la justicia. Su fin corresponderá con lo que merecen sus acciones."[30] El apóstol Juan se hizo eco de estas preocupaciones cuando escribió: "Queridos hermanos, no crean a cualquiera que pretenda estar inspirado por el Espíritu, sino sométanlo a prueba para ver si es de Dios, porque han salido por el mundo muchos falsos profetas."[31]

∞

El principio de Real ≠ Bueno se me hizo evidente hace algunos años cuando estaba enseñando a una clase de unas doscientas personas, muchas de las cuales estaban en el proceso de decidir qué fe elegir. Les había estado advirtiendo acerca de algunos de los errores del movimiento denominado la Nueva Era, y esa noche me había centrado en la práctica engañosa y frecuentemente peligrosa de la adivinación. Compartí, basándome en la evidencia y estudios de primera mano, cómo la mayoría de lo que ocurre en la adivinación es falso o explicable mediante la percepción e intuición humanas comunes (y a veces mediante viejos trucos). Pero luego agregué que es posible que algunos médium sean ayudados por penetración y conocimiento de fuentes espirituales —*reales,* pero no *buenas.*

Terminé mi enseñanza y abrí la sesión para las preguntas. Para sorpresa mía, una mujer se paró en la parte de atrás de la sala y anunció que era una médium profesional. Y entonces me hizo un desafío: "Usted puede decir lo que quiera en cuanto a que lo que hago está bien o está mal, pero estoy aquí para decirle que funciona y que tengo conocimiento que no podría descubrirse por ningún medio humano común. Es un poder espiritual y es real."

Inspiré profundamente y le agradecí por venir a la clase y reforzar el último punto que había hecho: Si bien mucho en el mundo de los fenómenos psíquicos, la adivinación y la brujería es mera intuición o engaño, existen verdaderos poderes y personalidades sobrenaturales que pueden obrar a través de estas prácticas. Ella sonrió afirmativamente.

Si bien mucho en el mundo de los fenómenos psíquicos, la adivinación y la brujería es mera intuición o engaño, existen verdaderos poderes y personalidades sobrenaturales que pueden obrar a través de estas prácticas.

Pero entonces le advertí: "Si bien los poderes espirituales de usted son reales, indudablemente no son buenos." Le mostré advertencias bíblicas, como las de los apóstoles Pablo y Juan, así como algunas de las condenas claras de las prácticas espirituales ocultistas del Antiguo Testamento.[32] No sé si mi advertencia la convenció o no, pero créame que el resto de la clase estaba muy atenta en ese momento.

Espero que estas dos pautas le resulten útiles, al menos como primeros pasos para pensar acerca de afirmaciones y encuentros místicos:

Sentimiento ≠ Realidad
y
Real ≠ Bueno

∞

Antes de terminar este capítulo, déjame asegurarte algo que tal vez no esperes: Creo auténticamente que los encuentros místicos son acontecimientos que a veces *sentiremos;* pueden, de hecho, ser *reales,* y a menudo son *buenos;* pero sólo si vienen del Dios vivo como una forma de comunicarnos su amor, verdad, aliento o guía.

He dedicado la mayor parte de este capítulo a detallar advertencias y pruebas. Tuve que hacerlo porque muchas personas son engañadas por experiencias místicas, sean imaginarias o reales, pero peligrosas. Déjame terminar ahora con algunos ejemplos de encuentros que me resultan confiables y maravillosos porque creo que pasan las distintas pruebas y sus afirmaciones están corroboradas por otros tipos de evidencia.

1. *El apóstol Pablo, cuando aún era conocido como Saulo, tuvo un encuentro inesperado con Dios:*

Mientras tanto, Saulo, respirando aún amenazas de muerte contra los discípulos del Señor, se presentó al sumo sacerdote y le pidió cartas de extradición para las sinagogas de Damasco. Tenía la intención de encontrar y llevarse presos a Jerusalén a todos los que pertenecieran al Camino, fueran hombres o mujeres. En el viaje sucedió que, al acercarse a Damasco, una luz del cielo relampagueó de repente a su alrededor. Él cayó al suelo y oyó una voz que le decía: —Saulo, Saulo, ¿por qué me persigues?

—¿Quién eres, Señor? —preguntó.

—Yo soy Jesús, a quien tú persigues —le contestó la voz—. Levántate y entra en la ciudad, que allí se te dirá lo que tienes que hacer.

Los hombres que viajaban con Saulo se detuvieron atónitos, porque oían la voz pero no veían a nadie. Saulo se levantó del suelo, pero cuando abrió los ojos no podía ver, así que lo tomaron de la mano y lo llevaron a Damasco. Estuvo ciego tres días, sin comer ni beber nada. . . .

Ananías se fue y, cuando llegó a la casa, le impuso las manos a Saulo y le dijo: "Hermano Saulo, el Señor Jesús, que se te apareció en el camino, me ha enviado para que recobres la vista y seas lleno del Espíritu Santo." Al instante cayó de los ojos de Saulo algo como escamas, y recobró la vista. Se levantó y fue bautizado; y habiendo comido, recobró las fuerzas.[33]

2. San Agustín, antes de que tuviera algo de santo, luchó con la tentación y con saber qué hacer con su vida:

Estaba embargado de ira conmigo mismo, sabiendo lo que tenía que hacer pero al parecer incapaz de hacerlo. Me rendí a mis lágrimas, y en mi miseria clamé a [Dios] en amargo dolor.

De pronto escuché la voz de un niñito de un jardín cercano que cantaba sin cesar: "Tómalo y lee, tómalo y lee." Alcé la vista, secando mis lágrimas, diciéndome que esto sólo podía ser un mensaje divino que buscaba que abriera las Escrituras y leyera lo que encontrara en ellas. Busqué rápidamente los escritos de Pablo, y abrí en Romanos 13:13-14: "No en orgías y borracheras, ni en inmoralidad sexual y libertinaje, ni en disensiones y envidias. Más bien, revístanse ustedes del Señor Jesucristo, y no se preocupen por satisfacer los deseos de la naturaleza pecaminosa."

En un instante toda la oscuridad de la duda desapareció y la luz de la confianza inundó mi alma.[34]

3. Blaise Pascal, el destacado matemático francés, escribió un relato del momento mientras experimentaba poderosamente la pre-

sencia de Dios durante lo que llegó a conocerse como "la nuit de feu" —la noche de fuego:

> Desde aproximadamente las diez y media de la noche hasta media hora después de la medianoche aproximadamente: *FUEGO.*
>
> El Dios de Abraham, el Dios de Isaac, el Dios de Jacob. No de los filósofos e intelectuales.
>
> ¡Certeza, certeza, sentimiento, gozo, paz!
>
> El Dios de Jesucristo. Mi Dios y tu Dios. . . .
>
> Olvido del mundo y de todo excepto de Dios. . . .
>
> La grandeza del alma humana.
>
> Oh, justo Padre, el mundo no te ha conocido, pero yo te he conocido. Gozo, gozo, gozo, lágrimas de gozo . . . [35]

Tal vez tú también has tenido, o tendrás, algún tipo de encuentro místico. De ser así, permíteme alentarte con las palabras del apóstol Pablo, que habló desde su propia experiencia así como desde la sabiduría de Dios, a no despreciarla sino a "someterlo todo a prueba, aferrarse a lo bueno, evitar toda clase de mal."[36]

CAPÍTULO SIETE

"TENGO QUE *VERLO* PARA CREERLO"

Lógica, evidencia y ciencia

El estudiante Doko acudió a un maestro zen y le dijo: —Estoy buscando la verdad. ¿En qué estado mental debería entrenarme para encontrarla?

—No existe la mente, así que no puedes ponerla en ningún estado. No existe la verdad, así que no puedes entrenarte para ella —dijo el maestro.

—Si no hay una mente para entrenar y no hay una verdad para encontrar, ¿por qué estos monjes se reúnen ante usted cada día para estudiar zen y entrenarse para este estudio?

—Pero no tengo nada de espacio aquí —dijo el maestro—, así que ¿cómo podrían reunirse los monjes? No tengo lengua, así que ¿cómo podría convocarlos o enseñarles?

—Oh, ¿cómo puede mentir así? —preguntó Doko.

—Pero, si no tengo una lengua para hablar a los demás, ¿cómo puedo mentirte? —preguntó el maestro.

—No puedo seguirle. No puedo entenderle —dijo Doko tristemente.

—Yo no puedo entenderme a mí mismo —dijo el maestro.

∞

Un monje acudió al maestro Nansen y preguntó:

—Dígame, ¿hay alguna enseñanza que ningún maestro haya enseñado jamás?

—Sí —dijo Nansen.

—¿Puede decirme cuál es? —preguntó el monje.

—No es Buda. No son cosas. No es pensar —dijo Nansen.

∞

El pequeño Toyo era un alumno de sólo doce años en el templo Kennin, pero quería que le dieran un *koan* en el cual meditar, igual que los estudiantes más avanzados. Así que una tarde, a la hora apropiada, entró a la habitación de su maestro, Mokurai; sonó el gong suavemente para anunciar su presencia, hizo una reverencia y se sentó ante el maestro en silencio respetuoso.

Finalmente el maestro dijo:

"Toyo, muéstrame el sonido de dos manos aplaudiendo."

Toyo aplaudió con sus manos.

"Bien," dijo el maestro. "Ahora muéstrame el sonido de una mano aplaudiendo."

Toyo mantuvo silencio. Finalmente hizo una reverencia y se retiró para considerar este problema.

La noche siguiente volvió y golpeó el gong con la palma de la mano. "Eso no es correcto," dijo el maestro. La noche siguiente Toyo volvió y tocó música de geishas con una mano. "Eso no es correcto," dijo el maestro. La noche siguiente Toyo volvió e imitó el goteo del agua. "Eso no es correcto," dijo el maestro. La noche siguiente Toyo volvió e imitó a un grillo raspándose la pata. "Todavía no es correcto," dijo el maestro.

Durante diez noches Toyo intentó nuevos sonidos. Finalmente dejó de venir al maestro. Durante un año pensó en cada sonido, y los descartó todos, hasta que finalmente alcanzó la iluminación.

Volvió respetuosamente al maestro. Sin golpear el gong, se sentó e hizo una reverencia. "He escuchado sonido sin sonido," dijo.[1]

∞

¿Tiene sentido todo esto para ti? Si no tiene sentido, en el caso que no estés iluminado en el mundo del budismo zen y sus historias paradójicas llamadas *koans,* aquí tienes la "explicación" zen de la última:

El silencio no es silencio y el sonido no es sonido. En el zen, usted puede encontrar el silencio en el sonido y el sonido en el silencio. El sonido siempre está allí y el silencio siempre está

allí; son LO MISMO. Deshazte de las DEFINICIONES de lo que
es el silencio y lo que es el sonido. Desecha el pensamiento
convencional y escucha cuando ves una mano. Esto llevará a la
comprensión del zen que es libertad.[2]

¿No te alegra que nos hayan aclarado esto?

En realidad, si te quedas rascándote la cabeza, creo que es
algo bueno. Estos pequeños acertijos están ideados con el propósito de que nos demos cuenta de las limitaciones y la última
futilidad del razonamiento lógico de modo que renunciemos
por completo al pensamiento analítico; esto se considera como
un paso vital hacia la verdadera iluminación.

Muchos consideran que este es el aspecto distintivo del pensamiento oriental; la lógica, tal como la conocemos, es "occidental" de algún modo y no se aplica a las demás culturas. Las
personas de esas culturas ven más allá de nuestro mundo restringido y limitante de la lógica, así como el mundo ilusorio y físico
de la maya, y operan en un plano superior y más espiritual.

Por intrigante que pueda sonar, esta comprensión del mundo dividida en Oriente vs. Occidente tiene serios problemas. Estas fallas aparecen en una historia acerca de Ravi Zacharias, un
autor que vive en Estados Unidos pero nació y se crió en India,
cuando dio una charla en una universidad estadounidense:

> Uno de los profesores de la universidad arremetió contra
> Ravi por no entender la lógica oriental. Durante el tiempo de
> preguntas y respuestas, el profesor acusó:
>
> "Dr. Zacharias, su presentación acerca de Cristo donde
> afirma y demuestra que es el único camino a la salvación es
> incorrecto para la gente de India, porque usted está usando
> una lógica de 'uno u otro.' En Oriente no usamos la lógica de

'uno u otro' —eso es occidental. En el Oriente usamos la lógica de 'uno y otro.' Así que la salvación no es a través de Cristo *o* nada más, sino a través de Cristo *y* de otros caminos."

A Ravi le resultó muy irónico porque, después de todo, él se había criado en India. ¡Pero aquí había un profesor estadounidense, nacido en Occidente, diciéndole a Ravi que él no entendía cómo las cosas funcionaban realmente en India! Esto era tan intrigante que Ravi aceptó la invitación a almorzar del profesor para seguir hablando del tema.

Uno de los colegas del profesor se unió a ellos en el almuerzo y, mientras él y Ravi comían, el profesor usó todas las servilletas y salvamanteles de la mesa para explicar su punto de vista acerca de los dos tipos de lógica: uno, occidental, y el otro, oriental.

—Hay dos tipos de lógica —siguió insistiendo el profesor.

—No, usted no quiere decir eso —seguía contestando Ravi.

—¡Ciertamente que sí! —sostenía el profesor.

Esto siguió durante más de treinta minutos: El profesor seguía explicando, escribiendo y haciendo diagramas. Se enfrascó tanto en la explicación de sus ideas que se olvidó de su comida, que lentamente se enfriaba en su plato.

Cuando terminó de comer, Ravi interrumpió.

—Profesor, creo que podemos resolver esta discusión rápidamente con una sola pregunta.

Alzando la vista de sus dibujos frenéticos, el profesor hizo una pausa y dijo: —De acuerdo. Adelante.

Ravi se inclinó hacia delante, miró directamente al profesor y le preguntó:

—¿Me está diciendo usted que cuando estoy en India debo usar la lógica de "uno y otro" *o* nada más?

El profesor miró a Ravi con la mirada vacía, que entonces repitió su pregunta con énfasis:

—¿Me está diciendo que cuando estoy en India debo usar la lógica de "uno y otro" —Ravi hizo una pausa para lograr un mayor efecto—, o —otra pausa— nada más? . . .

Luego de echar una mirada avergonzada a su colega, el profesor miró su comida fría y dijo por lo bajo:

—Al parecer, el concepto de "uno u otro," tiene relevancia, ¿no es cierto?

—Si, incluso en India miramos a ambos lados antes de cruzar la calle, porque soy yo *o* el autobús, ¡pero no ambos! —agregó Ravi.[3]

La lógica, en realidad, es ineludible. Ambos lados de una afirmación contradictoria no pueden ser verdaderos, en ambos lados del océano. Los enigmas intelectuales del maestro zen o el gurú oriental podrán confundir a algunas personas con su mezcla de astucia y sinsentido, pero ciertamente no triunfan sobre la verdadera lógica.

En realidad, sus acertijos fueron construidos lógicamente para que parezcan que triunfan sobre el pensamiento claro. ¿Por qué? Lo que se afirma, como vimos anteriormente, es que esto es para ayudar a la gente a liberarse de la lógica y avanzar hacia alguna especie de experiencia esotérica denominada "iluminación." Pero lo que realmente parecen hacer estas historias, si es que logran algo, es confundir a las personas al punto que renuncian a su *propio* pensamiento para aceptar, en cambio, la lógica del *gurú*. Al final, la lógica no resulta derrotada, sino que simplemente se trata de ver *de quién* es la lógica que prevalecerá y, por lo tanto, cuál liderazgo e influencia prevalecerán.

De hecho, sin usar la llamada lógica occidental, que los *koans* del zen buscan derrotar, nadie podría siquiera entender nada acerca de estas historias contradictorias. Por ejemplo, independientemente de lo que el maestro pudiera querer decir acerca del sonido (o no sonido) que hace supuestamente una mano aplaudiendo, sigue dependiendo de la mente de su estudiante para entender lógicamente lo que es una *mano* (y no confundirla con una *morsa* o una *pelota de ping pong*), lo que significa *aplaudir* (comparado con *tirarse en paracaídas* o *hipar*) y de lo que está hablando cuando usa la palabra *sonar* (y no *aparecer, saborear, oler, sentir* o *picar*). Las definiciones mismas de estas palabras, e incluso los conceptos mentales formados antes de pronunciar las palabras, dependen de que la mente lógica entienda que uno está hablando de estas cosas y acciones específicas y no de otras.

Aun el consejo incomprensible que citamos antes, que nos dice que debemos "deshacernos de las definiciones," supone que quien recibe esas instrucciones (además del que las da) entiende la definición correcta de *definiciones,* así como lo que conlleva deshacerse de algo.

Lo que significa todo esto, en efecto, es que el maestro oriental debe primero tomar prestado de la llamada lógica occidental antes de intentar socavarla, algo que por supuesto es completamente contraproducente. Y, cuando se trata de elegir tu fe, es una pésima idea basarla en cualquier punto de vista contraproducente o que intenta minimizar ilógicamente la importancia de la lógica.

∞

Demos un paso hacia atrás y analicemos con mayor amplitud este sexto y último enfoque para elegir nuestras creencias, que describiremos como la senda de la fe *evidencial*. En realidad, aquí estamos tratando con dos lados de la misma moneda: lógica y experiencia. Esto incluye el razonamiento de la mente (que hemos estado tratando) combinado con información del mundo real que obtenemos a través de los cinco sentidos. William Lane Craig resume elocuentemente este enfoque:

> La lógica y los hechos son las claves para mostrar sólidamente que una conclusión es verdadera. Ya que una proposición que es lógicamente contradictoria es necesariamente falsa y, por lo tanto, no puede ser la conclusión de un razonamiento sólido; y ya que una proposición inferida válidamente a partir de premisas fácticamente verdaderas debería ser considerada fácticamente verdadera; entonces, uno puede generalizar estos conceptos para decir que una cosmovisión debería ser considerada como verdadera sólo si es lógicamente consistente y encaja con todos los hechos conocidos de nuestra experiencia. Una prueba de verdad de este tipo ha sido denominada *consistencia sistemática:* donde "consistencia" significa acatamiento a las leyes de la lógica y "sistemática" significa que encaja con todos los hechos conocidos por la experiencia.[4]

En realidad, el uso de estos dos elementos, lógica y hechos, podría dividirse técnicamente en dos enfoques distintos. De hecho, así ocurrió en su momento, cuando los racionalistas de la Europa continental, mayormente bajo la influencia de René Descartes (famoso por su frase "pienso, luego soy"), competían por el predominio filosófico con los empiristas británicos, el más famoso de los cuales fue David Hume.

El razonamiento desde el punto de vista racionalista era que no podemos confiar en los sentidos y, por lo tanto, el conocimiento verdadero —del tipo irrefutable— estaba limitado a lo lógico y a lo matemático. Basta considerar, dirían estos, el simple fenómeno de un palo que parece estar torcido cuando lo metemos parcialmente en el agua. Sus ojos le dirán que está torcido, pero su mente racional tiene un mejor criterio. Así que la lógica triunfa sobre los datos sensoriales.

La respuesta de los empiristas, por otra parte, sería que la mente lógica no sabe ni demuestra nada sin involucrarse en el mundo real. Incluso el problema del palo torcido se resuelve ya sea palpando el palo para confirmar que sigue estando derecho o sacándolo del agua y volviéndolo a mirar para ver que no está torcido. De una forma u otra, la investigación sensorial triunfa sobre la teorización lógica.

Esta discusión siguió durante un siglo aproximadamente (sólo los filósofos pueden discutir cosas como estas durante *tanto* tiempo). Finalmente, apareció en escena un pensador alemán llamado Emanuel Kant, quien propuso lo que parecía ser una solución obvia (mientras lees esto con tus *ojos* y piensas en esto con tu *mente*). Kant observó que necesitamos de *ambos*. El verdadero conoci-

El verdadero conocimiento llega cuando el poder lógico y organizador de la mente se aplica a la experiencia del mundo real y a los datos obtenidos a través de los sentidos.

miento llega cuando el poder lógico y organizador de la mente se aplica a la experiencia del mundo real y a los datos obtenidos a través de los sentidos. Estos dos elementos son ejemplos de realidades fundamentales e innegables. Para siquiera intentar argumentar en contra de ellos, primero debes emplearlos. Sin ellos, nada podría conocerse.

∞

¿Cómo se aplica este enfoque evidencial a la vida real? El *aspecto lógico* forma un control principalmente negativo, mediante el cual se prueba una discusión o una enseñanza. Hemos estado aplicando esta prueba a muchas de las afirmaciones de verdad religiosa a lo largo de este libro, incluyendo mis esfuerzos por mostrar las contradicciones contraproducentes del budismo zen y el pensamiento oriental. Hemos aplicado también la ley de no contradicción a las afirmaciones del islamismo, cuyos líderes dicen que (1) creen en Jesús y en sus enseñanzas como un verdadero profeta de Dios pero (2) niegan las afirmaciones históricas de Jesús relacionadas con su identidad como el Hijo de Dios, su muerte en la cruz y su resurrección de los muertos.

También hemos aplicado el mismo tipo de lógica a la afirmación mormona de que ellos (1) creen y enseñan las verdades de la Biblia pero (2) son politeístas (creencia en la existencia de muchos dioses) en sus enseñanzas, lo cual contradice las consecuentes enseñanzas monoteístas (creencia en un solo Dios) de la Biblia.

Un ejemplo más, que no hemos tratado hasta ahora, son las afirmaciones de la religión bahaí cuando afirma que (1) el islamismo y sus enseñanzas son verdaderos, (2) el cristianismo y sus enseñanzas también son verdaderos (incluyendo, aparentemente, ambos lados de las afirmaciones contradictorias del islamismo y el cristianismo acerca de la identidad, la muerte y la resurrección de Jesús), (3) el judaísmo también es verdadero, incluyendo su esperanza en un Mesías aún no visto (que es también, según las enseñanzas de bahaí, el retorno de Cristo para los cristianos, que los líderes del judaísmo rechazan) y (4) cada una de estas religiones, y varias otras religiones también, son todas verdaderas y todas encajan en sus propias doctrinas de bahaísmo (que en varios puntos contradice a todas las religiones que afirma unir y que, al mismo tiempo, se contradicen entre sí).

Por lo tanto, parece que la fe bahaí logra el dudoso honor de ser el mejor ejemplo de incoherencia racional en una religión. Así que, *que se cuide el comprador.* Tener contradicciones lógicas en el corazón de las enseñanzas de una religión no es sólo un problema; es contraproducente para la totalidad del sistema de fe.

∞

Ahora miremos el otro lado de la moneda: la *experiencia sensorial.* Este aspecto, que usa las armas que suelen llamarse *hechos* o *evidencia,* puede ser usado para investigar una afirmación de fe y mostrar que es falsa (donde toca hechos relacionados con el mundo tangible, en oposición a lo puramente místico). También puede usarse para construir un caso positivo, como lo demostraré en el capítulo siguiente.

En términos de examinar, refutar o afirmar declaraciones de fe, las pruebas experienciales pueden aplicarse a través de una diversidad de disciplinas. La más obvia es la *ciencia general,* conocida por probar teorías y creencias mediante la observación y la experimentación físicas. (Un ejemplo de esto que hemos tratado en el mundo religioso tiene que ver con los orígenes de los grupos de pueblos nativos americanos; concretamente, ¿apoyan las pruebas de ADN la afirmación hecha en el *Libro de Mormón* de que los nativos americanos son de ascendencia del Medio Oriente, o son de ascendencia asiática, como se cree más comúnmente?) En nuestra cultura, el enfoque de observación y experimentación se ha vuelto de tal manera sinónimo del conocimiento y la educación que, para la mayoría de las personas, la palabra *científico* ha pasado a significar algo que es probado, confiable y, por lo tanto, verdadero casi con seguridad. El nivel de confianza del público probablemente va más allá de lo justificado, especialmente cuando entendemos que el estudio científico sólo puede brindar niveles de probabilidad moderados a superiores, pero no pruebas absolutas. Pero la confianza tiende a mantenerse de todas maneras.

En nuestra cultura, la palabra científico *ha pasado a significar algo que es probado, confiable y, por lo tanto, verdadero casi con seguridad.*

Cuando queremos investigar afirmaciones relacionadas con el pasado, recurrimos a la *historia,* que está basada en acontecimientos según fueron evidenciados y registrados por personas que estuvieron allí realmente, o más tarde por historiadores que usaron los registros más confiables que disponían. Mucho de nuestro conocimiento está basado en relatos históricos, que pueden usarse para confirmar o contradecir diversos escritos y enseñanzas religiosos.

(Por ejemplo: ¿Qué dijo *realmente* Jesús acerca de su identidad y de su misión?)

Podría agregar aquí que ha habido un creciente escepticismo en nuestra cultura acerca de la confiabilidad del conocimiento histórico. Esto es verdad especialmente luego de revelaciones decepcionantes que han surgido en años recientes, como el descubrimiento de que George Washington no cortó un cerezo y luego confesó noblemente: "Padre, no puedo decir una mentira; lo hice con mi pequeña hacha." (Si no sabías que la historia había sido desacreditada, lamento haber sido el que te dio la noticia.) Si no podemos creer historias clásicas como esta, que muchos hemos aprendido desde nuestra niñez, entonces, ¿en *qué* afirmaciones históricas podemos confiar?

Antes de menospreciar por completo la utilidad de la historia, recuerda que suele ser la aplicación posterior de la misma disciplina la que aporta la mejor respuesta. Así, por ejemplo, en nuestra discusión anterior sobre la ilusión del palo torcido, los mismos sentidos que engañaron a los ojos acerca del palo en el agua fueron aquellos que, con investigación adicional, aportaron una información mejor y corrigieron nuestra comprensión. De forma similar, el oficio de la historia que nos enseñó inadvertidamente el mito acerca de Washington es el mismo oficio que nos trajo información adicional y más precisa, despejando el mito de la realidad. Fueron los *historiadores* quienes ayudaron a corregir el registro histórico. Lo que necesitamos no es una negación de la historia sino una vigilancia y un cuidado adicionales al investigar los hechos que sustentan el registro histórico.

∞

La *arqueología* es otra disciplina que nos puede dar información pertinente acerca de afirmaciones de verdad relacionadas con la fe. De hecho, la investigación arqueológica ha reforzado y confirmado repetidamente afirmaciones tanto del Antiguo como del Nuevo Testamento. La siguiente historia acerca de la existencia de la nación hitita, alguna vez puesta en duda, es uno de los muchos ejemplos que podrían citarse:

> Los hititas jugaron un papel destacado en la historia del Antiguo Testamento. Interactuaron con personajes bíblicos tan atrás en el tiempo como Abraham y tan tarde como Salomón. Aparecen mencionados en Génesis 15:20 como un pueblo

que habitaba la tierra de Canaán. 1 Reyes 10:29 cuenta que compraron carros y caballos al rey Salomón. El hitita más destacado es Urías, el esposo de Betsabé. Los hititas fueron una fuerza poderosa en el Medio Oriente entre 1750 y 1200 a.C. Antes del siglo XIX, no se sabía nada acerca de los hititas fuera de la Biblia, y muchos críticos decían que habían sido un invento de los autores bíblicos.

En 1876, un descubrimiento dramático cambió esta percepción. Un erudito británico llamado A. H. Sayce encontró inscripciones grabadas en rocas en Turquía. Sospechó que podrían ser evidencia de la nación hitita. Diez años después, se encontraron más tablillas de arcilla en Turquía, en un lugar llamado Boghaz-koy. Hugo Winckler, un experto alemán en escritura cuneiforme, investigó las tablillas y comenzó su propia expedición al lugar en 1906.

Las excavaciones de Winckler descubrieron cinco templos, una ciudadela fortificada y varias esculturas enormes. En un depósito encontró más de diez mil tablillas de arcilla. Uno de los documentos resultó ser un registro de un tratado entre Ramsés II y el rey hitita. Otras tablillas mostraban que Boghaz-koy era la capital del reino hitita. Su nombre original era Hattusha y la ciudad cubría una superficie de unos 1,2 kilómetros cuadrados. ¡Se había descubierto la nación hitita![5]

Nuestro *sistema de justicia* también está basado en un fundamento evidencial. Por ejemplo, cuando alguien es sometido a juicio, las preguntas últimas que importan no están relacionadas con teorías, sospechas o prejuicios acerca de la apariencia, el pasado o las inclinaciones de la persona, sino con hechos pertinentes a la acusación real que puedan ser "probados más allá de la duda razonable." Estos hechos se establecen mediante información relacionada con lo que vieron los testigos oculares, los sonidos que oyó una persona confiable, evidencia incriminatoria como huellas dactilares, pisadas, cabello o sangre encontrados en el área, documentos escritos o recibos, registros bancarios, videos de vigilancia, etcétera. Nuestra sociedad ha mostrado que tenemos suficiente confianza en el estudio de esta clase de datos sensoriales y experienciales como para sacar conclusiones que nos permiten encarcelar a personas de por vida, o a veces hasta quitarles la vida, en base a lo que podemos aprender de esta forma.

La *observación común* también está basada en el tipo de experiencia sensorial que hemos estado discutiendo. De hecho, esta es la forma primaria en que aprendemos cosas constantemente, a veces incluso en el mundo espiritual. Por ejemplo, esa persona que dice haber sido sanada, ¿estaba, antes, realmente enferma o discapacitada físicamente? Este maestro religioso, ¿da evidencia en su vida de ser una persona humilde, honesta, ética y confiable? ¿Hay alguna razón para creer que este sujeto que viaja a mi lado en mi auto es realmente el Espíritu Santo?

∞

Así que, tal como confiamos en el enfoque evidencial en la vida común y cotidiana, también puede ser sumamente valioso en el mundo de nuestra comprensión religiosa. Para algunos de nosotros, esta es la principal senda que hemos usado para descubrir nuestra propia fe.

Pero necesitamos abordar la forma en que algunas personas

de nuestra sociedad aplican la información que llega a través de la lógica y la experiencia. Es que a lo largo del camino algunos pensadores destacados pasaron del uso y aplicación generales del conocimiento científico a una ideología que determina anticipadamente qué tipo de conclusiones y creencias serán consideradas aceptables dentro de la comunidad intelectual. En efecto, estas personas han secuestrado a la ciencia —que había estado dominada históricamente por personas de fe auténtica— y la han transformado en otra cosa, a menudo denominado *cientificismo*: "la creencia de que el método científico es el único método para descubrir la verdad."[6]

Tal como confiamos en el enfoque evidencial en la vida común y cotidiana, también puede ser sumamente valioso en el mundo de nuestra comprensión religiosa.

La amplia ideología del cientificismo es muy similar a la otrora popular escuela de pensamiento llamada *positivismo lógico*:

El padre del cientificismo moderno fue el ateo Auguste Comte, que también inició una religión de humanismo secular. La perspectiva de Comte también se conoce como positivismo, un ancestro del positivismo lógico de A. J. Ayer.[7]

El positivismo lógico es una escuela de pensamiento que . . . asumió una postura antimetafísica y desarrolló un principio de verificación empírica mediante el cual todas las afirmaciones, *salvo* las tautologías [afirmaciones lógicas] y las afirmaciones empíricas eran consideradas sin sentido. . . . Toda conversación sobre Dios fue declarada, literalmente, como un sinsentido.[8]

El desacople entre la teología y la ciencia, junto con la
redefinición de la ciencia que la subyacía, estaban justificados
no tanto por un razonamiento sino por una suposición
implícita acerca de los elementos característicos de todas
las teorías científicas, elementos que supuestamente podían
distinguir teorías de una orientación correctamente científica
(es decir, positivista) de las que estaban atadas a molestas
amarras metafísicas o teológicas. . . . Dichas teorías han sido
declaradas "no científicas por definición."9

Resumiendo, la doctrina detrás del cientificismo, y su expresión más estrecha (el positivismo lógico) es que sólo las explicaciones naturalistas (en oposición a las sobrenaturales) serán consideradas como causas o explicaciones posibles, independientemente del tema o la solidez de la evidencia presentada. En realidad, es un intento de decidir por decreto que la ciencia será, de ahora en adelante y para siempre, atea. Por definición, Dios y todo lo espiritual están descartados anticipadamente como falsos o irreales.

Así es como se desarrolla esto en un nivel práctico: Alguien podría afirmar que ha sido sanado milagrosamente, pero sabemos que eso no puede ocurrir en realidad, así que vamos a dilucidar lo que tiene que haber ocurrido basándonos en causas puramente naturales. O también podría decir que los testigos oculares pueden haber puesto por escrito testimonios claros y convincentes con relación a los milagros de Jesús, especialmente acerca de su resurrección, pero los milagros son meros mitos y cuentos de hadas, así que investigaremos la verdadera historia o psicología detrás de estas afirmaciones obviamente fantasiosas.

Considere el enfoque que el ateo Richard Dawkins asume en su libro *The Blind Watchmaker [El Relojero Ciego]:*

> La biología es el estudio de cosas complicadas que tienen la apariencia de haber sido diseñadas con un propósito.[10]
>
> Sin embargo, los resultados vivos de la selección natural nos impresionan abrumadoramente con la apariencia de diseño, como de un relojero maestro; nos impresionan con la ilusión de diseño y planificación.[11]
>
> Los animales tienen la apariencia de haber sido diseñados por un físico o ingeniero teóricamente sofisticado y prácticamente ingenioso.[12]
>
> Hemos visto que las cosas vivas son demasiado improbables y están "diseñadas" de manera demasiado bella como para haber venido a la existencia por azar.[13]

Pero Dawkins sigue escribiendo como si fuera completamente descabellado siquiera *considerar* la idea de que estos ejemplos de diseño aparente pudieran realmente apuntar hacia un Diseñador Inteligente, como parecen hacer tan clara y poderosamente. En cambio, siguiendo el modelo de la mentalidad del cientificismo, sustituye su propia teoría, que parece mucho más improbable, algo que describe como "el relojero ciego." Este es el término de Dawkins para la selección natural que, nos dice, "es la explicación de la existencia y forma, aparentemente con propósito, de toda vida, [pero] no tiene ningún propósito en mente. No tiene mente ni ojo de la mente. No planifica para el futuro. No tiene visión, previsión, ninguna visión."[14]

Este patrón recorre todos los escritos de Dawkins. Exhibe lo que puede describirse mejor como una fe religiosa en sus presuposiciones ateas, y nunca da una consideración seria a Dios, quien, según él, *"casi* ciertamente no existe,"* como la causa detrás de cualquier cosa que observemos.[15] No debe extrañarnos que una revista popular tituló su crítica del último libro de Dawkins como "Cientificismo Histérico: El Éxtasis de Richard Dawkins."[16]

El cientificismo dice, en efecto: "Ya hemos descartado la porción sobrenatural de la lista de explicaciones posibles. Ahora tráigannos sus afirmaciones acerca de dioses, ángeles y duendes e intentaremos ayudarlos a resolverlas."

Pero sólo imagina por un instante que hay un Dios verdadero que realmente creó el mundo, que hizo milagros a través de Jesús, incluso resucitándolo de los muertos, y que elige ocasionalmente mostrar su amor y poder sanando a las personas de diversas enfermedades y dolencias. (Dicho sea de paso, si Dios realmente existe, estas cosas serían un mero juego de niños para él.) Ahora, suponiendo que estas cosas son verdaderas y que quisiéramos ser los abogados de Dios, ¿cómo podríamos abordar a los científicos y otros que han apoyado el cientificismo, y han descartado a Dios por definición, y persuadirlos que reconsideren sus presuposiciones y prejuicios para ver que Dios es real y está realmente detrás de estas cosas?

¿Cómo podríamos abordar a los científicos y otros que han apoyado el cientificismo, y han descartado a Dios por definición, y persuadirlos que reconsideren sus presuposiciones y prejuicios?

No conozco la respuesta, porque esta gente ya ha decidido limitar su rango de causas posibles, como si la ciencia *debiera,* por alguna razón o por alguna ley no escrita pero absoluta, estar limitada al mundo no sobrenatural. Pero, ¿cuán *científico* es eso?

¿Acaso no es tener una mente cerrada decir: "Bueno, aun cuando teóricamente podría haber una verdadera inteligencia en el universo que no entiendo y no puedo ver, me resisto decididamente a considerar la posibilidad de que esté involucrada en el mundo"? Es como si estuvieran cubriéndose los ojos y luego se quejaran porque no pueden ver.

Lo que me resulta interesante es que la filosofía antiteísta, que es el objeto de la confianza de estas personas, ni siquiera cumple con sus propios criterios. Cuando el cientificismo dice que el método científico es el único método para descubrir la verdad, parece pasar por alto el hecho de que el cientificismo mismo no puede ser probado científicamente. El método científico es incapaz de probar que es el único método para descubrir la verdad, así que la filosofía del cientificismo falla por su propia norma.

Eso explica probablemente las razones que hay detrás de lo que ocurrió con el paso del tiempo con el positivismo lógico, que fue históricamente la expresión más clara y mejor conocida del cientificismo. Roy Abraham Varghese escribe:

> Como demostrará cualquier historia de la filosofía, el positivismo lógico cayó en desgracia para la década de 1950 por sus inconsistencias internas. De hecho, Sir Alfred Ayer mismo . . . dijo: "El positivismo lógico murió hace mucho. No creo que mucho de *Language, Truth and Logic [Lenguaje, Verdad y Lógica* —el libro anterior de Ayer que enseñaba originalmente el positivismo lógico] sea verdadero. . . . Cuando uno va a los detalles, creo que está lleno de errores que me llevó los últimos cincuenta años corregir o intentar corregir."[17]

Allí está —el fundador primitivo del positivismo lógico

reconociendo la derrota de la escuela de pensamiento que había ayudado a lanzar, junto con una confesión de que todo el sistema estaba lleno de problemas y errores. Así que, ¿dónde deja esto al pensamiento del cientificismo hoy? De manera extraña, estamos viendo el resurgimiento de libros militantes orientados a la ciencia contrarios a Dios y a lo sobrenatural. Varghese, autor de numerosos libros populares sobre la interacción entre la fe y la ciencia, describe este fenómeno reciente:

El año del "nuevo ateísmo" fue 2006 (la frase fue usada por primera vez por la revista *Wired* en noviembre de 2006). Desde *Breaking the Spell [Romper el Hechizo]* de Daniel Dennett y *The God Delusion [La Ilusión de Dios]* de Richard Dawkins a *Six Impossible Things Before Breakfast [Seis Cosas Imposibles Antes del Desayuno]* de Lewis Wolpert, *The Comprehensible Cosmos [El Cosmos Comprensible]* de Victor Stenger y *The End of Faith [El Fin de la Fe]* de Sam Harris (publicado en 2004, pero cuya continuación, *Letter to a Christian Nation [Carta a una Nación Cristiana],* apareció en 2006), los exponentes de un tipo de ateísmo recalcitrante salieron a la palestra. Lo significativo de estos libros no era su nivel de razonamiento —que era modesto, para ser generosos— sino el nivel de visibilidad que recibieron como éxitos de librería y como una historia "nueva" descubierta por los medios. La "historia" fue ayudada aún más por el hecho de que los autores eran tan volubles y coloridos como sus libros lo eran de fogosos.

El objetivo principal de estos libros es, indudablemente, la religión organizada de cualquier tipo, tiempo y lugar. Paradójicamente, los libros mismos se leen como sermones fundamentalistas. . . . Pero ¿cómo encajan estas obras y autores en la discusión filosófica mayor acerca de Dios de las últimas décadas? La respuesta es que no lo hacen.

En primer lugar, rehúsan involucrarse en los temas reales relacionados con la cuestión de la existencia de Dios. . . . En segundo lugar, no muestran ninguna conciencia de las falacias y embrollos que llevaron al auge y a la caída del positivismo lógico. Quienes ignoran los errores de la historia tendrán que repetirlos en algún punto. . . .

Sería justo decir que el "nuevo ateísmo" no es más que una regresión a la filosofía positivista lógica que fue abandonada incluso por sus defensores más ardientes. De hecho, los "nuevos ateos," podría decirse, ni siquiera llegan al nivel del positivismo lógico.[18]

Esta es una imputación mordaz de un movimiento popular aparentemente poderoso, que está tratando de poner a la ciencia como rehén de dogmas anti Dios inducidos artificialmente. Pero la buena noticia es que no tenemos que seguirles la corriente. En cambio, podemos apoyar la cantidad creciente de filósofos, científicos y educadores que permanecen abiertos a *todas* las respuestas posibles a las preguntas más grandes y profundas de nuestros días, incluyendo la existencia de Dios.

Podemos seguir el ejemplo de un hombre que hasta hace muy poco era reconocido como el principal ateo filosófico del mundo: Antony Flew. Flew dijo en un entrevista reciente: "Mi vida ha sido guiada por el principio del Sócrates de Platón: Sigue la evidencia, no importa adónde lleve."[19] Yendo implacablemente en pos de la evidencia, Flew renunció a sus creencias ateas a los ochenta y un años, abrazando públicamente la visión de que existe un Dios, un Diseñador Inteligente, detrás de la creación del universo.

Lee Strobel y yo tuvimos la oportunidad de pasar un tiempo con Flew y conversar con él sobre estos temas. Lee le preguntó qué lo había impulsado específicamente a cambios tan dramáticos en su punto de vista. La respuesta de Flew se centró en un tema específico: "Einstein sentía que debía haber inteligencia detrás de la complejidad integrada del mundo físico. Si ese es un argumento sólido, la complejidad integrada del mundo *orgánico* es desmesuradamente mayor —todas las criaturas son complicadas piezas de diseño. Así que un argumento que es importante acerca del mundo físico es inconmensurablemente más fuerte cuando se lo aplica al mundo biológico."[20]

Aparentemente ni Einstein ni Flew, dos de las mentes más brillantes del siglo pasado, sentían de alguna forma que la buena ciencia o el enfoque evidencial estaban limitados al mundo de lo natural. Ambos encontraron que su mezcla convincente de lógica y experiencia era lo que puede ser también para ti y para mí: un poderoso camino para encontrar una fe significativa.

CAPÍTULO OCHO

"ESTOY PENSANDO EN CÓMO *PIENSO...* Y *ELIJO*"

Evaluando los seis caminos de fe

TENGO MEJORES PREGUNTAS QUE RESPUESTAS
MEJORES SUEÑOS QUE PLANES
TENGO MEJORES PENSAMIENTOS QUE ACCIONES
ASÍ QUE CONSTRUÍ MI CASA SOBRE LO QUE PENSABA
    QUE ERA TIERRA FIRME
PERO SÉ QUE PODRÍA SER ARENA

Todd Agnew, "Prelude [Preludio]"[1]

"¿Cómo sabes que sabes lo que sabes?"

Mi amigo Bob Passantino era famoso por hacer preguntas de este tipo a las personas —y luego mantenerlas despiertas hasta altas horas de la noche hablando acerca del tema. Era implacable. *Tenaz* sería una mejor palabra para describirlo; era un inflexible bulldog filosófico. No les daba un respiro a sus víctimas —quiero decir, sus *amigos*— hasta que alcanzaban la claridad o el agotamiento total. En general, ambas cosas sucedían simultáneamente.

A mí no me molestaba hablar de lo que pensaba. Y no me molestaba hablar de lo que pensaba acerca de lo que otros pensaban. Pero pasar horas pensando acerca de *cómo* pienso y hablar acerca de *por qué* pienso que esos pensamientos tienen sentido, además de tratar de explicar cómo sé lo que creo que sé —todo eso era un esfuerzo considerable en ese momento de mi vida. Pero, como una especie de rutina de entrenamiento mental, fue tan bueno para mi desarrollo intelectual como para mi crecimiento espiritual.

∞

Hasta aquí, mi meta en este libro ha sido examinar cómo sabemos lo que creemos saber y considerar si estamos en el mejor camino para elegir nuestra fe. Después de todo, hay muchos líderes, maestros y amigos, libros, emisiones y bitácoras en Internet, artículos, correos electrónicos y editoriales, consultores, consejeros y gurúes, profesores, predicadores e incluso podcasts; toda clase de influencias que están tratando constantemente de hacer que aceptemos sus ideas, afirmaciones y "verdades." Quieren que elijamos *su* fe. Y generalmente quieren que adoptemos su método de elegirla también. Pero debemos analizar críticamente sus afirmaciones y sus enfoques específicos para poder evaluar esas afirmaciones así como la evidencia a favor y en contra de sus enseñanzas. Y luego tenemos que tomar una decisión por nuestra propia cuenta.

Destilemos lo que hemos tratado hasta aquí y apliquémoslo al mundo de las creencias espirituales. Para esto, vamos a desglosar las tres palabras del título del libro —*eligiendo tu fe*— y usarlas como los temas de este capítulo y los dos siguientes. Comenzaremos por *eligiendo.*

Eligiendo tu fe

Estoy persuadido de que no hay nada más importante que elegir tu fe —intencional y sabiamente. Pero también estoy seguro de que tomar una decisión correcta acerca de tu fe requiere no sólo hechos e información sino también una consideración cuidadosa acerca de cómo esa información será procesada y sopesada. Tendemos a seguir uno entre varios *caminos de fe,* y el camino específico que elijamos, o incluso que adoptemos pasivamente, puede tener una gran influencia sobre qué creencias terminamos adoptando. Dado que los seis caminos son tan vitales para el proceso de elegir sabiamente, repasémoslos y veamos el impacto que puede tener cada uno sobre toda esta actividad de *elegir.*

Nº 1: El camino de fe relativista

El primer enfoque, que tratamos en el capítulo 2, surge de un punto de vista pragmático que dice que la verdad es meramente un subproducto subjetivo de la mente. En otras palabras, mayormente es algo que uno inventa y no algo que uno descubre. Así que, dado que lo que es real es producido por lo que uno piensa, entonces ¿por qué no pensar y creer cosas que funcionan para uno, sirven a sus necesidades y encajan en lo que ya ha elegido creer?

No es difícil ver cómo esta metodología de la mente sobre la materia llevaría a alguien a pasar por alto información inconveniente o datos cuestionadores para elegir en cambio centrarse en ideas que encajan en el resultado deseado. Así que si *lo que funciona* es pensar que somos nuestro propio dios, como nos dice el pensamiento de la Nueva Era, o si *lo que encaja* con nuestras creencias y deseos es decidir que la moral es meramente un subproducto de nuestra cultura pero no realmente vinculante para nosotros como individuos, entonces no es difícil imaginar algunos de los lugares adonde puede llevarnos este pensamiento pragmático. ¿Por qué no hacer simplemente lo que nos parece? Si miramos a nuestro alrededor o simplemente miramos las noticias de la noche, veremos algunas de las cosas egoístas que hacen las personas una vez que están convencidas de que todo lo que importa es inventar y vivir su propia realidad privada.

No hay nada más importante que elegir tu fe —intencional y sabiamente. Pero tomar una decisión correcta requiere no sólo hechos e información sino también una consideración cuidadosa.

Este enfoque puede llevar también a un pariente no demasiado lejano del pragmatismo y el relativismo conocido como el *sincretismo,* que es la combinación de nuevas y viejas ideas aun cuando todas estas ideas estén en conflicto entre sí. En vez de elegir una fe, es la colección de un ramillete de ideas espirituales que pueden parecer atractivas o útiles. Esto es lo que un escritor describió como "religión iPod,"[2] cuya meta es crear nuestra propia lista personalizada de ideas que nos parecen buenas.

Un ejemplo clásico de sincretismo es la mezcla de catolicismo con las prácticas del vudú tribal que suele ocurrir en partes de Sudamérica. En realidad, son creencias que no combinan, pero la gente igual elige las partes que le gustan de cada una y las junta.

El sincretismo también apareció en las palabras del príncipe Carlos de Gran Bretaña cuando hizo saber que cuando se convirtiera en rey de Inglaterra —y por lo tanto, en la cabeza de la Iglesia Anglicana— le gustaría asumir el título de "Defensor de fe" antes que el tradicional "Defensor de *la* Fe."[3] Después de todo, ¿por qué deberíamos limitarnos a una sola opción religiosa cuando hay tantas de donde elegir?

Más cerca de casa, una adolescente de diecisiete años de California dijo: "Voy a la iglesia, pero no en el sentido de 'Oh, cielos, tengo que hacer lo que Dios me dice' —no soy así."[4] Y la actriz Goldie Hawn dijo lo siguiente en una entrevista en Internet en Beliefnet: "Lo interesante de mi vida espiritual es estudiar lo que uno pueda: el islamismo, el budismo, el hinduismo, el chamanismo, el judaísmo, el cristianismo. Se trata de aprender cuáles son los preceptos, qué es la religión y, en última instancia, está basado en el mismo pensamiento, está basado en el mismo resultado. . . ." Luego agregó susurrando: "Sólo tiene una fachada distinta."[5]

¿Adónde te llevan el sincretismo, el relativismo y el pragmatismo? Prácticamente donde quieras ir, al menos en tu propia mente, pero probablemente no disfrutarás del verdadero resultado a largo plazo. Es como la persona que recibe malos resultados del laboratorio pero elige no creer en los aspectos desagradables del cáncer, así que renuncia al tratamiento. Es mucho mejor buscar, descubrir y después tratar con la verdad real —*lo que es*— y elegir una fe que está apoyada en hechos y verdaderamente enfrenta la realidad.

¿Adónde te llevan el sincretismo, el relativismo y el pragmatismo? Prácticamente donde quieras ir, pero probablemente no disfrutarás del verdadero resultado a largo plazo.

Te aliento a que abandones las creencias imaginadas en múltiples verdades, creencias que no funcionan en el mundo cotidiano de las cosas visibles y, por lo tanto, no tienen sentido ni tampoco brindan ninguna perspectiva realmente útil en el mundo invisible de lo espiritual. En cambio, busca la verdad real y, cuando la encuentres, agárrala fuertemente con ambas manos y no la dejes ir.

Si bien *lo que funciona* a veces no es verdadero, *lo que es verdadero* generalmente termina dando el mejor resultado.

Nº 2: El camino de fe tradicional

El segundo enfoque, que examinamos en el capítulo 3, suele ser pasivo y depende de creencias, hábitos o tradiciones heredados que son sólo tan buenos como la calidad del pensamiento que los inició en primer lugar. Podrían ser correctos, si tienes suerte, pero podrían ser incorrectos. Nunca lo sabrás hasta que des un paso atrás y consideres el pensamiento y la evidencia detrás de las creencias tradicionales en las que fuiste criado para ver cuáles son realmente válidas y por lo tanto merecen ser retenidas, si es que hay alguna.

Hay algo cierto: Dado que las diferentes tradiciones de fe a menudo se contradicen entre sí, no pueden ser todas correctas. Por lo tanto, es importante detenerte y mirarlas de manera más profunda y cuidadosa. Examinar tus tradiciones de fe podría parecer inapropiado en realidad y hasta irrespetuoso al principio, dadas las posibles expectativas familiares y culturales de que simplemente "continuarás las tradiciones" fielmente. Pero el héroe de la historia nunca es aquel que simplemente acompaña a la multitud o perpetúa pasivamente las prácticas de antaño. (Como le gusta decir a mi hijo Matthew: "la nostalgia ya no es lo que solía ser.") Más bien, la persona que admiramos es el hombre o la mujer que tiene la valentía de ver las cosas de forma fresca (si es necesario), que abraza lo correcto y luego actúa en consecuencia.

N° 3: El camino de fe autoritario

El tercer enfoque, analizado en el capítulo 4, es similar al segundo, porque es pasivo; pero las creencias que uno recibe de una autoridad (u organización) suelen ser impuestas con mayor fuerza y una mayor expectativa que uno las recibiría sin ponerlas en duda. Este mensaje puede llegar de formas sutiles, o puede estar acompañado por amenazas manifiestas de repercusiones relacionales, financieras o incluso físicas si uno elige no amoldarse. En consecuencia, a veces se requiere mucha valentía para examinar la aptitud de estas autoridades en nuestras vidas junto con las ideas que fluyen de ellas.

Pero debemos examinarlas. Las autoridades, como las tradiciones, suelen contradecirse entre sí en lo que enseñan; por lo tanto, no pueden todas estar en lo correcto. Si bien todos terminamos viviendo bajo distintas autoridades, en el mundo espiritual tenemos que verificar las credenciales de aquellos líderes que tienen influencia (o quisieran tener influencia) sobre nosotros y sobre nuestra fe, para asegurarnos de que realmente merecen ser seguidos.

Si estás actualmente bajo una autoridad espiritual que decide por ti, permíteme alentarte a dar un paso atrás y pensar por ti mismo. Realmente tienes la opción de dejar o no dejar que esa persona u organización siga liderándote. Pero sé sabio en la forma de hacerlo. En general, no hace falta anunciar que estás reconsiderando lo que se te ha enseñado. En cambio, en forma silenciosa, humilde y en oración, comienza a analizar la evidencia y la lógica que supuestamente apoyan las creencias que has recibido. Tu investigación podría terminar confirmando la validez de lo que se te ha enseñado y, de hecho, reforzar las credenciales del liderazgo bajo el cual has estado. Pero también es posible que encuentres información que te llevará a mejores conclusiones y una elección de fe más sabia.

No hace falta anunciar que estás reconsiderando lo que se te ha enseñado. En cambio, en forma silenciosa, humilde y en oración, analiza la evidencia que supuestamente apoya las creencias que has recibido.

No te conformes con respuestas simples ni cedas a las presiones autoritarias para que simplemente te amoldes. Jesús, siendo él mismo una autoridad con credenciales impecables, dijo: "Pidan, y se les dará; busquen, y encontrarán; llamen, y se les abrirá."[6] También hizo una promesa a quienes preguntaban y buscaban consistentemente y ardientemente: "Conocerán la verdad, y la verdad los hará libres."[7]

Nº 4: El camino de fe intuitivo

El cuarto enfoque, que consideramos en el capítulo 5, puede ser útil (al menos) como una luz que nos advierte que se requiere investigación adicional. Las corazonadas, los instintos y las sensibilidades morales disponibles de tu conciencia innata pueden ir construyendo una especie de sentido natural, informado espiritualmente, que te da una idea de las cosas y las personas en las que puedes confiar.

Pero déjame advertirte que no debes considerar ni elegir a ciegas, sin criterios más objetivos. Piensa en una luz de advertencia real en un cruce de mucho tráfico. La luz amarilla titilante no te dice nada de manera clara o concluyente. Simplemente dice: "Cuidado, conductor." Te impulsa a considerar los temas más profundamente, frenando, intensificando tu conciencia y escudriñando el camino de izquierda a derecha, buscando más información y datos que te ayuden a saber cómo proceder.

Esa es una descripción bastante buena del enfoque intuitivo, cuando funciona bien. Te alerta del peligro y te impulsa a hacer lo que sea necesario para educar tu mente y poner todavía más alerta tu intuición. En otras palabras, te dice que investigues más profundamente y probablemente verifiques otros caminos de fe para confirmar y aclarar las advertencias que has estado recibiendo.

Así que presta atención a la luz amarilla e investiga las razones detrás de lo que podrías estar sintiendo. Examina la evidencia probatoria, especialmente con relación a lo que podrías terminar eligiendo creer. Deja que tu "intuición" confirme lo que encuentras, pero no dejes que te conduzca a adivinar ciegamente o a tropezar en la oscuridad, esperando tener la suficiente suerte como para tropezarte con la verdad. Más bien, enciende las luces mediante la búsqueda y consideración de información adicional y más clara.

Nº 5: El camino de fe místico

El quinto enfoque, analizado en el capítulo 6, es difícil de evaluar. Puede ser muy importante y poderoso porque Dios a veces usa formas directas y tal vez inusuales para comunicarnos su mensaje. Pero puede ser también engañoso, si confundimos meros sentimientos con realidades espirituales o identificamos erróneamente entidades espirituales reales pero peligrosas como entidades buenas que vienen de Dios, cuando podrían no serlo. Necesitamos discernimiento junto con la voluntad para detenernos y examinar lo que hemos experimentado o pensamos que hemos experimentado. La consigna popular en nuestra cultura de "cuestionarlo todo" en realidad no está tan desacertada aquí. El apóstol Pablo, que tuvo que examinar sus propias experiencias místicas en distintos puntos de su travesía, nos aconseja: "Sométanlo todo a prueba, aférrense a lo bueno."[8]

"Someterlo todo a prueba" fluye tanto del sentido común como de la instrucción bíblica. Involucra comparar lo que uno está experimentando con lo que ya sabe que es cierto a partir de los hechos acerca del mundo y las escrituras que ya han pasado la prueba de tener credenciales de verdades reales. En un pasaje de una de esas escrituras probadas, recibimos esta advertencia:

> Queridos hermanos, no crean a cualquiera que pretenda estar inspirado por el Espíritu, sino sométanlo a prueba para ver si es de Dios, porque han salido por el mundo muchos falsos profetas.[9]

Habiendo dicho esto, si tienes una experiencia espiritual en la que Dios de alguna forma te comunica su amor o su guía, una experiencia que pasa las pruebas y demuestra ser sólida y confiable escrituralmente, entonces tienes un gran don que puede guiarte poderosamente en tu vida y tu fe.

Nº 6: El camino de fe evidencial

Este enfoque final, analizado en el capítulo 7, fue dejado para lo último por una razón: Es el camino que prueba —y, en última instancia, apoya o debilita— a todos los demás. Sus dos elementos, *lógica* y *experiencia sensorial,* son herramientas dadas por Dios que debemos usar para obtener la vasta mayoría de nuestra información, para verificar afirmaciones de verdad y, finalmente, para decidir qué creer.[10]

La lógica *y la* experiencia sensorial *son herramientas dadas por Dios que debemos usar para verificar afirmaciones de verdad y, finalmente, para decidir qué creer.*

Ahora bien, puedo imaginar a algunas personas religiosas que insistirán en que estoy completamente equivocado. Podrían decir que las revelaciones de Dios, o las escrituras, tienen que fijar la norma y verificar los demás enfoques. Concuerdo parcialmente con esto. Los escritos que dicen ser revelaciones de Dios, o escritura, una vez que ellos mismos "han pasado la prueba" y han demostrado tener las credenciales para ser establecidos como una autoridad confiable, pueden y deben convertirse en una prueba adicional de otras afirmaciones. Pero aun así debemos aplicar la lógica para hacer las comparaciones.

Pero si no probamos primero aquello que dice ser escritura,

¿cómo sabremos en qué supuestas escrituras debemos confiar? Ciertamente hay muchos libros y escritos por allí, pugnando por esa posición de autoridad y no pueden todos tener razón. A menos que queramos seleccionar uno arbitrariamente, como, por ejemplo, el *Bhagavad Gita* hindú o *El Libro de Mormón* de los SDU, vamos a tener que probar los diversos contendientes, para dilucidar en cuál de ellos podemos confiar realmente, si es que podemos confiar en alguno.

De nuevo, los instrumentos a usar para esa prueba comienzan con la lógica y la experiencia sensorial, incluyendo las experiencias de otros del pasado, preservadas en registros históricos confiables. Como hemos visto, la lógica y la experiencia son herramientas ineludibles —no se las puede negar descartándolas— así que nos conviene aceptarlas y aprender a usarlas también. Como vimos en el capítulo 7, son vehículos que pueden guiarnos a la verdad no sólo en el mundo físico sino en el mundo espiritual también. Sólo necesitamos permanecer abiertos mientras seguimos la evidencia con cuidado (y en oración) hacia donde esta nos guíe.

∞

El enfoque evidencial nos dice lógica y empíricamente que hay un conjunto de verdades —basado en la realidad verdadera, la realidad *que es*— que necesitamos descubrir y dejar que nos informe para nuestra elección de creencias. Podemos usar estas herramientas para probar las enseñanzas tradicionales, las autoridades religiosas, los instintos intuitivos, las corazonadas y los encuentros místicos, para que podamos saber cuáles merecen ser creídos y sostenidos.

A continuación, hagamos la tarea importante de mirar más

profundamente cómo el método evidencial, combinado con elementos probados y comprobados de los demás enfoques, se puede aplicar en el mundo real para guiarnos a una fe confiable. Este será el enfoque de los dos capítulos siguientes.

Fue también el enfoque de mi amigo Bob Passantino, a quien mencioné al comienzo de este capítulo. Cuando Bob era joven, era un serio escéptico espiritual que disfrutaba arrinconando a los cristianos e intimidándolos con preguntas desafiantes. Pero un día intentó hacerlo con la persona equivocada, un estudiante de seminario llamado Gene Kirby. Gene lo invitó a ir a su casa para tratar los temas, si realmente quería obtener respuestas. Bob aceptó la oferta, no sólo una vez sino cada martes por la noche durante unos seis meses. Bob planteó todas las objeciones que se le ocurrieron a Gene, quien le dio paciente pero persistentemente buenas respuestas. Gradualmente, Bob comenzó a ver que existe una lógica y evidencia sólidas a favor de la fe cristiana.

Sin embargo, Bob no estaba listo para responder a lo que estaba empezando a entender. Francamente no le gustaban las ramificaciones que tendría sobre su estilo de vida actual. En cambio, interrumpió el contacto con Gene, se incorporó a la Guardia Nacional y se alejó durante un año aproximadamente. En el camino se metió en la droga, varias filosofías, artes marciales y el budismo.

Entonces, un día, tuvo un encuentro místico que sacudió su mundo. Estaba sentado en su Volkswagen Beetle con un amigo llamado Bruce, charlando sobre sus preocupaciones acerca de las cosas catastróficas que podrían ocurrir en el mundo y lo que podían hacer para estar listos. De pronto, Bob "sintió que la presencia inconfundible y real del Espíritu Santo llenaba el auto.

Sin sonido o palabras, escuchó claramente a Jesús hablándole y diciéndole: 'Nada de eso importa. Están poniendo su confianza en ustedes en vez de hacerlo en Mí. Todo lo que importa es que Yo los amo. Síganme. . . . Síganme. . . . Síganme.'"[11]

Bob se volvió a Bruce, titubeando mientras trataba de ver cómo decirle lo que estaba experimentando.

—Bruce, nada de esto importa —se aventuró a decir Bob—. Jesús es real.

Para sorpresa de Bob, Bruce respondió exclamando:

—¿No sientes al Espíritu Santo? ¡Tenemos que seguir a Jesús! ¡Nos está llamando!

Él no siguió el camino místico ciegamente. Sabía que su experiencia subjetiva necesitaba ser comprobada. La verificó cuidadosamente.

Los dos se quedaron sentados en el coche, disfrutando lo que confiaban era la presencia de Dios, hasta que finalmente tuvieron que irse.

Bob no siguió el camino místico ciegamente. Sabía que su experiencia subjetiva necesitaba ser comprobada. La verificó cuidadosamente, incluyendo las consecuencias que podría tener este encuentro en sus creencias más amplias y en su vida.

Si le hubieras preguntado a Bob qué caminos de fe lo ayudaron en su viaje, te habría dicho que fue una mezcla del camino *evidencial* (con su mezcla de lógica, datos e información del mundo real) con un toque de *misticismo* verificado, que constituyó una combinación poderosa y convincente.

Cuando alcanzó un punto de verdadera confianza, se comprometió con lo que había descubierto a través de su encuentro divino y su búsqueda espiritual. Inmediatamente comenzó a contar a sus amigos lo que había aprendido y experimentado. Contestó sus preguntas y desafíos (muchas de las cuales habían aprendido originalmente de él) con las respuestas que había encontrado.

Luego dedicó el resto de su vida a ayudar a otros en esa misma búsqueda del conocimiento y la verdad. Sabía la diferencia que había hecho en su propia vida y quería apasionadamente que otros experimentaran lo que *él* había experimentado. Tal vez por eso era tan tenazmente persistente.

Cuando Bob murió repentinamente de un paro cardíaco en 2003, su esposa, sus tres hijos y sus muchos amigos estaban todos consternados. Esto es parte de lo que escribí durante los primeros días posteriores a la muerte de Bob, para honrarlo y recordarlo:

> Todavía estoy recuperándome del golpe que significó la pérdida de mi maravilloso amigo y mentor de los últimos veinticinco años, Bob Passantino. Echaré de menos su sabiduría, su aliento, su compañerismo y especialmente su humor. No hay nadie que se le parezca. . . . Nunca era una buena idea ponerse del otro lado de una discusión con Bob —¡él tenía RAZÓN!
>
> Lo demostraste, Bob, a través de tu lógica, a través de tu amor y a través de tu vida. Yo, y muchos otros, estaremos en deuda contigo por toda la eternidad.[12]

Fue bajo la influencia de Bob, y la de unos pocos otros individuos clave, que decidí invertir mi vida en ayudar a otros a encontrar el camino hacia la verdad y hacia Aquel que es realmente verdadero. Es en ese espíritu que ofrezco esta discusión acerca de formas de elegir, así como las razones *para* elegir, que presentaré a continuación.

CAPÍTULO NUEVE

"¿CÓMO PUEDO *DEDUCIR* QUÉ CREER?"

Parte 1: Considerar los criterios lógicos y científicos

DE NOCHE, CUANDO TODO EL MUNDO DUERME

LAS PREGUNTAS SON MUY PROFUNDAS

PARA UN HOMBRE TAN SENCILLO

POR FAVOR, POR FAVOR, ¿NO ME DICES LO QUE HEMOS
   APRENDIDO?

SÉ QUE SUENA ABSURDO

PERO POR FAVOR DIME QUIÉN SOY

Supertramp, "The Logical Song [La Canción Lógica]"[1]

He comentado cuánto me gusta el aire libre, pero no he mencionado cómo solía llevarlo al *extremo*. Con algunos de mis amigotes renegados nos reuníamos frecuentemente los fines de semana para salir a acampar. *En el invierno.*

Generalmente salíamos el viernes a la tarde, después de la escuela. Preparábamos las carpas, los sacos de dormir, el equipo para cocinar, las linternas y nuestras parkas, guantes, bufandas y gorras más calientes. También llevábamos palas, que usábamos para abrirnos camino entre los bancos de nieve y llegar así a la tierra congelada donde fijaríamos nuestras carpas. Luego de armar las carpas, usábamos las palas para abrir otro claro cerca, para hacer una fogata. El fuego no era sólo para cocinar nuestra comida o para contar cuentos durante toda la noche; era para ayudarnos a sobrevivir las temperaturas de congelamiento que a veces eran inferiores a los dieciocho grados Celsius bajo cero.

Uno imagina que después de preparar todo nos apresuraríamos a cocinar y comer nuestra comida y nos acurrucaríamos junto a un fuego ardiendo para mantenernos calientes. En cambio, delimitábamos el territorio alrededor y jugábamos a capturar la bandera. Imagínalo: una banda de sujetos medio locos arrastrándose por la nieve y escondiéndose detrás de troncos y arbustos congelados y quebradizos para capturar a todos los miembros del equipo contrario y ganar el premio.

Al oscurecer, generalmente salíamos a dar una caminata a la luz de la luna. Al día de hoy cuesta entender plenamente por qué lo hacíamos, pero a veces hacíamos excursiones de muchos kilómetros, caminando durante horas a través de los bosques gélidos mientras bromeábamos y reíamos, nos contábamos cuentos y disfrutábamos de la aventura que significaba.

A veces nos perdíamos.

Estoy usando la palabra *perderse* con poca exactitud. No ignorábamos por completo dónde nos encontrábamos, pero tampoco estábamos del todo seguros. Esto formaba parte de la gran aventura, cuando nos mofábamos del destino y luego intentábamos encontrar el camino de vuelta al calor y la seguridad de nuestra fogata y nuestras carpas. (Sólo cuento lo que pasó; ¡no estoy recomendando actividades de fin de semana a ti o a tus hijos!)

∞

Al aplicar estas experiencias a los temas de este libro, déjame contarte acerca de esos momentos en que intentábamos averiguar cómo volver al campamento. Mientras empezaban a congelarse nuestros vaqueros llenos de nieve contra nuestras piernas y empezaban a adormecerse los dedos de los pies y de las manos, nuestras opciones para volver a casa tendían a volverse bastante claras.

Primer camino: Algo que nadie hizo jamás en esos momentos fue decir: "Mi verdad es que ya estamos allí." Ese enfoque Relativista nunca entró siquiera en nuestras mentes. En esos momentos, no teníamos el lujo de intentar manipular el significado de la verdad. Todo lo que queríamos era la pura realidad de *lo que es*: ropa seca y una fogata caliente.

Segundo camino: Si alguien recurría a una fórmula Tradicional, como "Si estás en duda, espera pacientemente; nos vendrán a rescatar," pronto sería desestimado por los demás. Los clichés no servían cuando sabíamos que empezaríamos a congelarnos antes de que alguien comenzara a buscarnos. Además, la forma de mantenernos calientes era no dejar de movernos. Las soluciones tradicionales *pueden* brindar sabiduría, pero deben demostrar que son sensatas y confiables.

Tercer camino: Si alguien intentaba jugar el papel de Autoritario, diciéndonos confiadamente que lo siguiéramos porque conocía el camino de vuelta al campamento, habría una reacción mixta. Por un lado, prestaríamos atención y consideraríamos lo que dijera. Pero, por otro lado, querríamos saber cómo estaba tan seguro de lo que decía saber. La autoridad no habría funcionado para nosotros sin evidencia de que la "autoridad" realmente conocía el paisaje (o contaba con un mapa realmente bueno) y estaba auténticamente confiado del camino de vuelta a la seguridad.

Los clichés no servían cuando sabíamos que empezaríamos a congelarnos antes de que alguien comenzara a buscarnos.

Cuarto camino: ¿Y las corazonadas y la intuición? Nuestra primera respuesta podría ser: "Olvídalo." La gente muere congelada pensando que intuyen cuál es el camino correcto para terminar desviándose hacia el gélido desierto. Pero, para ser honestos, si alguien tuviera una fuerte intuición acerca de ir en cierta dirección, por lo menos justificaría nuestra consideración, aunque probaríamos el pálpito buscando otros indicios más allá de los meros instintos.

Quinto camino: No recuerdo que nadie haya dicho alguna vez que conocía el camino de vuelta porque Dios se lo había dicho. Pero cuando uno está empezando a sentir mucho frío y ora pidiendo ayuda, no quiere descartar la posibilidad de una guía divina. Aun así, uno mantiene los ojos abiertos y busca indicios y confirmación antes de ir demasiado lejos o demasiado rápido.

Sexto camino: Lo que sí hacíamos regularmente, y siempre

parecía funcionar —lo demuestra el hecho que estoy aquí hoy para contarlo— fue aplicar la *lógica* y la *evidencia* a la tarea de buscar un camino de vuelta al campamento:

> *"Ese no puede ser el sendero, porque cruza al otro lado del lecho del río y nunca lo cruzamos."*

> *"Sólo miren. ¿Ven cómo la Osa Mayor apunta hacia la Estrella Polar? Nos hemos estado dirigiendo todo el tiempo casi en dirección norte y ahora necesitamos invertir nuestra dirección y dirigirnos hacia el sur."*

> *"Mantengan la vista en el horizonte. A la luz de la luna se puede distinguir ese punto alto, con el grupo de árboles altos cerca de la parte superior; nuestro campamento está más o menos por allí."*

> *"Esto no será difícil: Iremos hacia el oeste hasta que lleguemos al viejo sendero del ganado y luego lo seguiremos hasta llegar al puente cerca de nuestro campamento."*

Creo que este escenario de la vida real brinda un cuadro bastante bueno de la situación que todos enfrentamos cuando buscamos encontrar nuestros propios caminos espirituales. Creo que nuestra seguridad —y a la postre, nuestro futuro— dependen de que elijamos enfoques confiables y apliquemos los criterios correctos.

Eligiendo tu fe

En esta sección, que abarcará este capítulo y el siguiente, te sugeriré cómo podrías elegir *tu* fe planteando algunas de las evidencias y razones que me han ayudado a elegir *mi* fe. Te ofreceré varias razones y ejemplos de evidencias que me han parecido convincentes. Si bien cada idea no será igualmente convincente para cada persona, creo que en conjunto brindan un caso acumulativo que apunta poderosamente hacia las afirmaciones únicas de la cosmovisión cristiana.

Si vienes de un trasfondo cristiano, espero que estos pensamientos fortalezcan tu fe, no sólo por la tradición y la autoridad, sino porque se sostienen de manera real y lógica. Si vienes de un trasfondo no cristiano, espero que consideres y analices cuidadosamente estos puntos de evidencia, pidiendo la guía de Dios al hacerlo. No olvides la oración del escéptico: "¡Sí creo! ¡Ayúdame en mi poca fe!"aun cuando todo lo que puedas decir sinceramente sea la parte de "¡Ayúdame en mi poca fe!" (Además, asegúrate de leer el capítulo 11, donde trataremos los tipos de barreras que pueden hacernos tropezar en nuestros viajes espirituales.)

Espero que estos pensamientos fortalezcan tu fe, no sólo por la tradición y la autoridad, sino porque se sostienen de manera real y lógica.

Describiré cada punto que sigue como una *flecha*, porque cada uno apunta en cierta dirección (como veremos en el gráfico al final del capítulo 10). En este capítulo describiré razones tomadas del campo de la lógica y de la ciencia. En el próximo capítulo nos ocuparemos de las áreas más históricas y experienciales.

Flecha 1 ····⟩ El diseño en el universo apunta a un *Diseñador Inteligente*.

Este "argumento a partir del diseño" está basado en una mezcla de observación, intuición, lógica y tal vez una pizca de sentido común. La interpretación clásica de este punto de vista corresponde a William Paley en su libro *Natural Theology [Teología Natural]*, publicado en 1802. El famoso argumento de Paley dice que si alguien encuentra un reloj en el suelo, concluye inmediatamente que no es una casualidad de la naturaleza. Los relojes, en virtud de su complejidad y diseño, exigen un relojero. Cada vez que algo muestra evidencia de haber sido hecho para un propósito, nos señala instintivamente una causa detrás de él, o un diseñador inteligente.

Es realmente así. Nadie toma un reloj en la playa y dice: "¡Exaltado sea el cosmos! Miren la maravillosa creación que las fuerzas de la casualidad han producido." Pero, como dice mi amigo Cliffe Knechtle: "Si piensas que el *reloj* necesita un diseñador, sólo aparta tu mirada del reloj y dirígela hacia tu *mano*. Es mucho más compleja, tiene muchas más partes móviles, exhibe un diseño mucho más intrincado y, por lo tanto, exige mucho más un diseñador."

Esta observación está respaldada por la información fascinante de Michael Denton, un biólogo molecular australiano, cuando habla de una unidad de vida muchísimo más pequeña que la mano humana:

Tal vez en ninguna otra área de la biología moderna aparece más claramente el desafío planteado por la extrema complejidad e ingeniosidad de las adaptaciones biológicas que en el fascinante nuevo mundo molecular de la célula. . . . Para comprender la realidad de la vida según ha sido revelada por la biología molecular, debemos magnificar la célula mil millones de veces hasta que tenga veinte kilómetros de diámetro y se asemeje a un gigantesco dirigible lo suficientemente grande como para cubrir una gran ciudad como Londres o Nueva York. Lo que veríamos entonces sería un objeto de una complejidad y diseño adaptativo incomparables. En la superficie de la célula veríamos millones de aberturas, como las escotillas de una enorme nave espacial, abriéndose y cerrándose para permitir un flujo continuo de materiales que entran y salen. Si fuéramos a ingresar por una de estas aberturas nos encontraríamos en un mundo de tecnología suprema y complejidad desconcertante. . . .

¿Es realmente creíble que los procesos aleatorios puedan haber construido una realidad cuyo elemento más pequeño —una proteína funcional o gen— es complejo más allá de nuestras propias capacidades creativas, una realidad que es la antítesis misma del azar, que supera en todo sentido todo lo que haya sido producido por la inteligencia del hombre?[2]

Por impresionante que sea este ejemplo, no sé qué es más asombroso: el diseño evidente al mirar hacia abajo por un microscopio o hacia arriba por un telescopio. La conciencia de que la belleza, el orden y la grandeza del universo apuntan al diseñador divino se retrotrae al menos hasta el rey David, el escritor de muchos de los Salmos, cuando dijo unos tres milenios atrás: "Los cielos cuentan la gloria de Dios, el firmamento proclama la obra de sus manos."[3] Cientos de años después, el apóstol Pablo retomó el tema de David y agregó un desafío: "Porque desde la creación del mundo las cualidades invisibles de Dios, es decir, su eterno poder y su naturaleza divina, se perciben claramente a través de lo que él creó, de modo que nadie tiene excusa."[4]

Antes de seguir adelante, vale la pena mencionar una objeción que ha sido planteada antiguamente por ateos como David

Hume y recientemente por otros como Richard Dawkins: "La hipótesis del diseñador plantea inmediatamente el problema mayor de quién diseñó al diseñador."[5] En otras palabras, a lo sumo el diseño en el universo sólo apunta a un diseñador finito, no a una deidad infinita.

Tres pensamientos en respuesta:

1. Incluso si la existencia de un diseñador finito fuera todo lo que pudiésemos deducir de esta evidencia (y no creo que sea el caso), este diseñador debe ser *increíblemente inteligente, sorprendentemente poderoso* y *maravillosamente sabio* como para haber inventado, diseñado y de alguna forma producido todo lo que vemos en el universo, incluyendo sus 10.000 millones de galaxias y 70.000 trillones de estrellas (es decir, 70.000.000.000.000.000.000.000, y esas son sólo las que podemos ver).[6] Cualquier ser de esa magnitud creativa ciertamente tendría que captar nuestra atención, capturar nuestra imaginación e indudablemente merece ser escuchado y que se aprenda de él.

2. No deberíamos detenernos en la existencia de un diseñador finito, si eso es todo lo que podemos deducir inicialmente. Si el hecho original del diseño en el universo nos impulsa a reconocer a un diseñador muy sabio, viejo y poderoso, entonces esa misma lógica, al aplicarla al diseñador mismo, nos debería llevar al menos un paso más hacia delante, ¿no es cierto?

En otras palabras, si este diseñador asombroso pero finito, él mismo, muestra marcas tan increíbles de diseño, entonces ¿quién lo diseñó y lo hizo? Ese "diseñador tras el diseñador" debe ser aún más sobrecogedor en todo sentido. Y si *ese* diseñador está limitado de alguna forma, sólo podemos imaginar (en realidad, *ni siquiera podemos imaginar*) cómo deberá ser el ser que lo hizo *a él.* Si seguimos este camino lo suficientemente hacia atrás, parece que pronto nos estamos acercando a un Dios eterno, omnisciente, omnipotente y omnipresente. Por cierto, el argumento a partir del diseño nos terminará llevando hacia un diseñador *infinito,* que probablemente sea extrañamente similar al Dios de Abraham, Isaac y Jacob que describe la Biblia.

Incluso si la existencia de un diseñador finito fuera todo lo que pudiésemos deducir de esta evidencia, este diseñador debe ser increíblemente inteligente, sorprendentemente poderoso *y* maravillosamente sabio.

3. ¿Y si este diseñador inteligente realmente hubiese hecho el esfuerzo de revelar de otras maneras cómo es, más allá de las simples pistas que vemos en la naturaleza? ¿Y si hablara a través de personas elegidas, explicando que no sólo es un diseñador inteligente sino también un ser eterno y todopoderoso que se interesa por sus criaturas y quiere relacionarse con nosotros?

Si es suficientemente grande, fuerte e inteligente como para hacer este universo, entonces ¿no deberíamos prestar mucha atención a todo lo demás que podría querer decirnos? La evidencia de diseño nos lleva a por lo menos considerar la información potencial que proviene de la revelación.

Flecha 2 ····⟩ El ajuste en el universo apunta a un *Afinador* intencional.

El argumento del diseño ha sido un argumento fuerte durante al menos tres mil años. Su lógica y fuerza intuitiva son difíciles de eludir. Pero en años recientes los descubrimientos científicos lo han *turboalimentado*. Eso es porque nuestra comprensión creciente de numerosas *constantes* de la física apunta al ajuste del universo para permitirle sustentar vida.

En su libro *The Creator and the Cosmos [El Creador y el Cosmos]* el astrofísico Hugh Ross hace una lista de más de dos docenas de ejemplos de áreas en las que el universo debía caer dentro de tolerancias extremadamente estrechas para que exista cualquier tipo de vida.[7] La probabilidad de que todo esto ocurriera al azar, explica, es increíblemente pequeña.

Robin Collins, autor de un capítulo sobre el ajuste en *God and Design: The Teleological Argument and Modern Science [Dios y el Diseño: El Argumento Teleológico y la Ciencia Moderna]*, describió la situación en una entrevista con Lee Strobel:

Cuando los científicos hablan del ajuste del universo, en general se refieren al equilibrio extraordinario de las leyes, los parámetros fundamentales de la física y las condiciones iniciales del universo. Nuestras mentes no pueden comprender la precisión de algunos de ellos. El resultado es un universo que tiene justo las condiciones adecuadas para sustentar vida. Las coincidencias son simplemente demasiado asombrosas como para haber sido el resultado de eventos fortuitos; en palabras de [el físico teórico, cosmólogo y astrobiólogo] Paul Davies, "la impresión de diseño es abrumadora."

Me gusta usar la analogía de astronautas que llegan a Marte y encuentran una biosfera cerrada, como la estructura en forma de domo que se construyó en Arizona unos años atrás. En el panel de control encuentran que todos los diales para su medio ambiente están puestos en las posiciones justas para la vida. La proporción de oxígeno es perfecta, la temperatura es de veintidós grados, la humedad es de cincuenta por ciento, hay un sistema que reabastece el aire, hay sistemas para producir alimentos, para generar energía y para deshacerse de los deshechos. Cada dial tiene un enorme rango de configuraciones posibles, y uno puede ver que si apenas desajusta alguno de ellos, el medio ambiente se desorganizaría y la vida sería imposible. ¿Qué conclusión sacaría usted de esto? . . .

Algún ser inteligente lo había diseñado y preparado intencional y cuidadosamente para sustentar criaturas vivas. Esa es una analogía para nuestro universo.

Durante los últimos treinta años aproximadamente, los científicos han descubierto que prácticamente todo lo relacionado con la estructura básica del universo está equilibrado al filo de una navaja para que exista la vida. Las coincidencias son demasiado fantásticas como para atribuirlas al mero azar o para decir que no requieren ninguna explicación. Los diales están fijados demasiado precisamente como para que hayan sido un accidente del azar. Alguien, como ha bromeado [el astrofísico y cosmólogo] Fred Hoyle, ha estado organizando la física.[8]

Strobel y Collins continuaron hablando de varios ejemplos asombrosos de la física donde alguien "ha estado organizando." Este es sólo uno de los puntos impactantes que discutieron, denominada la constante cosmológica, que es la densidad de energía del espacio vacío:

"Bueno, no hay forma en que lo podamos entender realmente," dijo Collins. "El ajuste ha sido estimado conservadoramente como al menos una parte en un millón de cuatrillones de cuatrillones. Sería un un diez seguido de cincuenta y tres ceros. Eso es increíblemente preciso. Supongamos que alguien estuviera bien lejos en el espacio y quisiera arrojar un dardo al azar hacia la Tierra. Sería como acertar a un blanco con un diámetro de un poco más de una billonésima de una billonésima de una pulgada. Eso es menor que el tamaño de un átomo solitario."[9]

Si la probabilidad es tan pequeña para que esta única área tenga una sintonización tan precisa para sustentar vida, imagínate cuán pequeña es la probabilidad cuando uno incorpora unas treinta más. La probabilidad se vuelve tan pequeña que, como le gusta decir a Lee Strobel, "en comparación, hacen que la lotería parezca una apuesta segura."

Patrick Glynn, un ex ateo, lo resume de la siguiente forma en su libro *God: The Evidence [Dios: La Evidencia]*: "Tan sólo veinticinco años atrás, una persona razonable que sopesara la evidencia puramente científica sobre este tema probablemente habría terminado del lado del escepticismo. Ya no ocu-

Hoy tenemos ese conocimiento, y es otro indicador poderoso de la existencia de un Dios asombrosamente sabio que está detrás de todo.

rre lo mismo. Hoy los datos concretos apuntan fuertemente en dirección de la hipótesis de Dios. Es la solución más simple y más obvia."[10]

A William Paley se le habría hecho agua la boca si hubiera tenido este asombroso apoyo científico en 1802 para su argumentación de que los relojes requieren un relojero. Simplemente no tenía forma de saber cuán asombroso es, en realidad, el "reloj" de este mundo. Pero hoy tenemos ese conocimiento, y es otro indicador poderoso de la existencia de un Dios asombrosamente sabio que está detrás de todo —un Dios que debe estar muy interesado en sus criaturas, considerando que ha creado con tanto cuidado un hábitat adecuado para ellas.

Flecha 3 ····⟩ La información codificada en el ADN apunta a un *Codificador Divino*.

Otro ejemplo convincente de diseño proviene del mundo de la biología, específicamente la complejidad increíble de la información codificada dentro del ADN. Francis Collins, jefe del Proyecto Genoma Humano internacional, que trazó el mapa de la secuencia completa de ADN de la especie humana, lo describe así:

> Este texto recientemente revelado tenía 3.000 millones de letras de largo y estaba escrito en un código de cuatro letras extraño y criptográfico. Tal es la complejidad asombrosa de la información transportada dentro de cada célula del cuerpo humano, que una lectura en vivo de ese código a razón de tres letras por segundo llevaría treinta y un años, aun leyendo de continuo día y noche. Si imprimiéramos esas letras en tamaño de tipo común sobre papel de impresora y lo encuadernáramos, produciría una torre del tamaño del monumento a Washington. Por primera vez en esa mañana de verano este escrito asombroso, que contenía todas las instrucciones para construir un ser humano, estaba disponible para el mundo.[11]

El nombre del libro de Collins lo dice todo —*¿Cómo Habla Dios?*— un título que se hace eco de las palabras del presidente

Clinton cuando se paró junto a Francis Collins para anunciar que el asombroso proyecto del genoma había sido completado: "Estamos aprendiendo el lenguaje en el cual Dios creó vida."[12]

¿Por qué el lenguaje teológico en una conferencia de prensa para un avance científico? Porque este no era sólo un simple logro humano; reveló el increíble alcance del verdadero lenguaje biológico en el cual la información —literalmente, la biblioteca de instrucciones mediante el cual los organismos humanos están ensamblados— está contenida y es transmitida.

La información no se registra y comunica por mero azar. Lee Strobel ilustra esta verdad contrastando dos dibujos distintos en una playa: uno fue formado por las olas y el otro tenía las palabras *Juan ama a María* escritas en la arena. Los dibujos creados por las olas pueden ser interesantes e incluso hermosos para contemplar, pero han sido formados al azar por la naturaleza. Las palabras *Juan ama a María,* sin embargo, jamás podrían confundirse con algo producido al azar. Claramente son un mensaje que busca comunicar una idea —una idea que Juan espera que María reciba.

Pero si algo tan sencillo como "Juan ama a María" es obviamente una comunicación inteligente, ¿cuánto más lo es el "mensaje" vivificante del ADN que, en palabras de Francis Collins, tiene "3.000 millones de letras de largo . . . escrito en un código de cuatro letras . . . [que es] nuestro propio libro de instrucciones, conocido previamente sólo por Dios"?[13]

Tan poderosa es esta evidencia que Dean Kenyon, un biofísico de San Francisco State University que había escrito conjuntamente un libro que intentaba explicar el surgimiento de la vida sin ninguna participación sobrenatural, posteriormente dio una dramática media vuelta. "Kenyon . . . repudió las conclusiones de su propio libro, declarando que había llegado al punto en que cuestionaba todas las teorías naturalistas de los orígenes. Debido a la inmensa complejidad molecular de la célula y las propiedades portadoras de información del ADN, Kenyon ahora creía que la mejor evidencia apuntaba hacia un diseñador de la vida."[14]

Kenyon resume sus propias conclusiones cuando escribe: "Este nuevo mundo de la genética molecular [es] donde vemos la evidencia más convincente de diseño en la Tierra."[15] Las palabras de Kenyon se hacen eco de muchos otros científicos y pensadores en todo el mundo —y espero que sea una opinión que estés empezando a adoptar como propia: La información codificada en el ADN apunta poderosamente a un *Codificador Divino.*

Flecha 4 ⋯⟩ El comienzo del universo apunta a un *Iniciador Divino.*

La lógica es poderosa en su simplicidad. Considera tres afirmaciones que constituyen lo que suele denominarse el argumento cosmológico:

Todo lo que tiene un principio tiene una causa.

El universo tuvo un principio.

Por lo tanto, el universo tuvo una causa.[16]

Si miramos la primera afirmación, parece obvio que *todo lo que tiene un principio tiene una causa.* Pocos cuestionarían esto. Albert Einstein declaró: "El científico está poseído por un sentido de causalidad universal."[17] Toda la metodología de la ciencia involucra estudiar efectos a fin de descubrir la causa detrás de ellos. De hecho, esta vinculación causal es otra de esas realidades ineludibles. No me preguntes por qué digo esto, porque si lo haces sólo estarás confirmando mi punto. (Estarás intentando llegar a la causa detrás del efecto de mi afirmación, que dice que los efectos exigen causas).

Mi amigo Chad Meister ilustra esta primera afirmación en un escenario de la vida real: "Si voy al médico para averiguar por qué ha empezado a crecer un bulto en mi garganta, y este me dice que no hay ninguna causa para el bulto, que simplemente surgió sin ninguna razón, sin ninguna causa real, entonces no quedaré satisfecho e iré a buscar otro médico."

Si entras en la habitación de uno de tus hijos y encuentras un agujero en la pared, no vas a aceptar una teoría de un agujero en la pared autoexistente y sin causa. Tú quieres una verdadera explicación de tu hijo o hija —del tipo anticuado que realmente *explica.*

Si le prestas a alguien tu coche y te lo devuelve con un abolladura recién hecha en el parachoques, no vas a entrar en una discusión filosófica acerca de si "las abolladuras que comienzan a existir necesitan una causa" o no. Sólo quieres saber contra qué chocó tu amigo (y cómo pagará el arreglo).

Si la aparición de bultos, agujeros y abolladuras necesita una causa, ¿cuánto más la aparición original del universo?

Si la aparición de bultos, agujeros y abolladuras necesita una causa, ¿cuánto más la aparición original del universo?

La segunda afirmación en el argumento dice que el universo tuvo un principio. Las únicas otras opciones son decir que es eterno y simplemente ha estado allí siempre —una respuesta similar a la teoría del agujero en la pared autoexistente y sin causa— o decir que surgió repentinamente de la nada y desde la nada: *puf.* Pero, como deja en claro graciosamente el erudito Norman Geisler al citar la letra de una canción de la película *The Sound of Music [El Sonido de la Música]*, "Nada viene de la nada, nada jamás podría hacerlo." Realmente tenemos un mejor conocimiento.[18]

Así que sabemos que el universo tuvo un principio a través de la lógica del sentido común, pero también lo sabemos a través de la ciencia moderna. Robert Jastrow, astrónomo y director fundador del Goddard Institute for Space Studies, resumió la conclusión de décadas de investigación científica en su libro innovador *God and the Astronomers [Dios y los Astrónomos]*:

> Cinco líneas de evidencia independientes —los movimientos de las galaxias, el descubrimiento de la bola de fuego primordial, las leyes de la termodinámica, la abundancia de helio en el Universo y la historia de vida de los comienzos— apuntan a una conclusión; todas indican que el Universo tuvo un principio.[19]

Jastrow explica también la teoría de ese comienzo asombroso, generalmente denominado en círculos científicos como el *Big Bang* [Gran Explosión]:

> La materia del Universo está comprimida en una densa masa bajo enorme presión, y con temperaturas que llegan a los billones de grados. El brillo deslumbrante de la radiación en este Universo denso y caliente tiene que haber superado toda descripción. El cuadro sugiere la explosión de una bomba de hidrógeno cósmica. El instante en el cual la bomba explotó marcó el nacimiento del Universo.
>
> Las semillas de todo lo que ha ocurrido en el Universo desde entonces fueron plantadas en ese primer instante; cada

estrella, cada planeta y cada criatura viva en el Universo debe sus orígenes físicos a acontecimientos que fueron puestos en movimiento en el momento de la explosión cósmica. En un sentido puramente físico, fue el momento de creación.[20]

El popular físico teórico Stephen Hawking amplía la perspectiva acerca de cuán generalizada es esta noción en los círculos científicos: "Ahora, casi todos creen que el universo, y el tiempo mismo, tuvieron un comienzo en el *big bang*."[21]

Así que, tanto la lógica como la ciencia nos dicen que el universo tuvo un principio. Y establecimos anteriormente que todo lo que tiene un principio tiene una causa. Por lo tanto, la conclusión natural es que *el universo tuvo una causa*.

Pero eso permite que nos demos cuenta de que algo *fuera del universo* lo causó. Ese "algo" tendría que ser lo suficientemente grande, inteligente, poderoso y viejo —sin mencionar que debería tener el suficiente talento creativo y artístico— como para materializar un "efecto" tan grandioso. Eso suena sospechosamente similar al ser divino que describe el libro de Génesis, que comienza con estas palabras: "Dios, en el principio, creó los cielos y la tierra."[22]

O, en las famosas palabras de Robert Jastrow al final de *God and the Astronomers*: "Para el científico que ha vivido de acuerdo con su fe en el poder de la razón, la historia termina como una pesadilla. Ha escalado las montañas de la ignorancia y está a punto de

La ciencia y las Escrituras convergen, apuntando en la misma dirección —hacia un Iniciador Divino— mientras juntas nos ayudan a elegir sabiamente nuestra fe.

conquistar el pico más elevado. Cuando se trepa a la última roca lo saluda una banda de teólogos que han estado sentados allí durante siglos."²³

Sin embargo, para nosotros el sueño puede terminar bien: la ciencia y las Escrituras convergen, apuntando en la misma dirección —hacia un *Iniciador Divino*— mientras juntas nos ayudan a elegir sabiamente nuestra fe.

Flecha 5 ····⟩ El sentido de moralidad en toda la raza humana apunta a un *Legislador Moral*.

Cada uno de nosotros tiene una norma de moralidad interna —pero que está por encima de nosotros y viene de fuera de nosotros. ¿Por qué digo que la fuente de esta moralidad está por encima y por afuera de nosotros? Porque todos la tienen, pero nadie la cumple regularmente. ¿Por qué habríamos de inventar cada uno de nosotros un código de ética que nunca pudiéramos cumplir completamente y luego usarlo para frustrarnos y condenarnos toda la vida?

No estoy diciendo que nuestras normas sean exactamente las mismas. Simplemente hay un sentido universal del bien y del mal que posee toda persona y no podemos librarnos de él sin hastiarnos al extremo de perder nuestra humanidad misma (volviéndonos *inhumanos*). Si la moralidad fuera una mera elección o preferencia, podríamos disociarnos mucho más fácilmente de ella.

En la sección inicial de su clásico libro *Mero Cristianismo*, titulada "El bien y el mal como un indicio del significado del universo," C. S. Lewis comenta acerca de este sentido de la moralidad, que denomina la Ley de la Naturaleza:

Cada vez que usted encuentre a un hombre que dice que no cree en un Bien y un Mal verdaderos, encontrará al mismo hombre desdiciéndose en este tema un instante después. Tal vez rompa una promesa que le hizo a usted, pero si usted intenta romper una promesa que le hizo a él, se quejará inmediatamente diciendo que "no es justo." Una nación podrá decir que los tratados no importan, pero al minuto siguiente destruyen su argumento diciendo que el tratado específico que quieren romper era injusto. Pero si los tratados no importan y si no existe tal cosa como el Bien y el Mal —en otras palabras, si no existe ninguna Ley de la Naturaleza— ¿cuál es la diferencia entre un tratado justo y un tratado injusto? ¿No se han delatado y han mostrado que, no importa lo que digan, realmente conocen la Ley de la Naturaleza, igual que todos los demás?

Al parecer, entonces, nos vemos forzados a creer en un verdadero Bien y Mal. A veces las personas podrán estar equivocadas al respecto, así como la gente a veces se equivoca al hacer las cuentas, pero tal como las tablas de multiplicación, no son cuestión de mero gusto y de opinión.[24]

Y, así como aprendemos las tablas de multiplicación de nuestros padres o maestros, también aprendemos verdades morales de ellos —pero eso no implica que nuestros padres y maestros hayan *inventado* estas verdades morales.

Hay quienes sostienen que nuestro sentido moral es inculcado en nosotros por la sociedad en la que vivimos. Si bien esto podría ser parcialmente cierto, hay ciertos aspectos de nuestra comprensión moral que parecen trascender la cultura. ¿Por qué, por ejemplo, aun como personas ajenas a la cultura iraquí juzgamos intuitivamente las acciones de Saddam Hussein como malas cuando supimos que había asesinado a miembros de familias y había torturado y matado a personas que consideraba como amenazas políticas y había ordenado matar con gas venenoso a miles de kurdos? Sea que uno apoyara o no las acciones militares para detenerlo, sabíamos que lo que había hecho a su propio pueblo estaba mal —y punto.

¿Y Adolf Hitler? Su "solución final" de eliminar a la raza judía puede haber emanado de su propia insania despiadada, pero pronto fue abrazada por muchos otros, no sólo los líderes sino todo el partido nazi y sus seguidores. Sin embargo, no nos abstenemos (y ciertamente no deberíamos hacerlo) de condenar las horribles acciones de los nazis meramente porque lo que hicieron estaba dentro del contexto de su propia cultura o estaba alineado con sus propias leyes.

¿Podría ser que un Legislador Moral *en realidad entretejió esas normas morales en el tejido mismo de lo que significa ser humano?*

En los juicios de Nuremberg luego de la guerra, gente tanto dentro como fuera de la sociedad alemana se presentó y juzgó lo que se había hecho dentro de la cultura nazi basándose en un sentido de moralidad universal. Y con razón. Si asesinar a personas inocentes está mal en su propio hogar, ciertamente está mal en el hogar de su vecino cruzando la calle o cruzando el pueblo —y en países donde hablan otros idiomas. No importa dónde uno cometa un asesinato, sigue estando mal.

Pero, ¿de dónde obtuvimos este sentido del bien y del mal? Si no lo inventamos, si trasciende los dominios de la cultura y la política, si es algo de lo que no podemos alejarnos, entonces ¿cuál es la fuente? ¿Podría ser que un *Legislador Moral* en realidad entretejió esas normas morales, junto con la capacidad de entenderlas y operar según ellas, en el tejido mismo de lo que significa ser humano?

Esa conclusión ciertamente parece cuadrar con la lógica y la experiencia. De un modo interesante, también está en línea con lo que nos dice la Biblia: "Éstos muestran que llevan escrito en el corazón lo que la ley exige, como lo atestigua su conciencia, pues sus propios pensamientos algunas veces los acusan y otras veces los excusan."[25]

El "argumento moral" está bien resumido por Lee Strobel en *El Caso de la Fe*:

> Sin Dios, la moralidad es meramente el producto de la evolución sociobiológica y es básicamente una cuestión de gusto o preferencia personal, . . . Sin Dios, no hay ningún bien o mal absolutos que se impongan sobre nuestra conciencia. Pero sabemos bien en lo profundo que los valores morales objetivos *sí* existen —algunas acciones, como la violación o la tortura infantil, por ejemplo, son abominaciones morales universales— y, por lo tanto, esto significa que Dios existe.[26]

En realidad, nuestro sentido de la moralidad implica la existencia de un *Legislador Moral.*

∞

Si bien podría decirse mucho más, y podrían darse muchos más argumentos desde el dominio lógico y científico, la evidencia de estos puntos solos apunta fuertemente hacia un *Ser Divino* que comenzó con un estallido este inmenso universo; que le dio forma a este y a todas sus criaturas con un detalle y un diseño increíbles; que le dio un ajuste con tolerancias sumamente precisas para que pudiera sustentar vida; incluyendo la tuya y la mía, que codificó nuestro ADN con un lenguaje sorprendentemente complejo y extenso; y que nos creó como humanos con un sentido de moralidad penetrante e ineludible.

Súmalo todo y parece altamente aconsejable elegir una fe que toma en cuenta estos hechos honrando a ese Ser Divino de formas apropiadas.

CAPÍTULO DIEZ

"¿CÓMO PUEDO *DEDUCIR* QUÉ CREER?"

Parte 2: Considerar los criterios textuales

LO QUE HA SIDO DESDE EL PRINCIPIO,
LO QUE HEMOS OÍDO, LO QUE HEMOS VISTO
CON NUESTROS PROPIOS OJOS, LO QUE HEMOS
    CONTEMPLADO,
LO QUE HEMOS TOCADO CON LAS MANOS, ESTO LES
    ANUNCIAMOS
RESPECTO AL VERBO QUE ES VIDA.

1 Juan 1:1

En el capítulo 9 analizamos algunas de las razones lógicas y científicas que apuntan hacia la existencia de un Dios sabio y poderoso —un Dios que es la causa del universo y el diseñador que le dio forma para apoyar y sustentar vida. Vimos también cómo entretejió sus normas morales en el tejido de la personalidad humana, haciendo que fuéramos conscientes de su norma superior de lo que está bien y exponiendo la realidad aleccionadora de que frecuentemente no alcanzamos esa norma.

En este capítulo analizaremos si la Biblia puede ser considerada un texto confiable en el cual basar nuestra fe.

Flecha 6 ···⟩ La Biblia demuestra ser un libro religioso excepcionalmente *coherente*.

A pesar de una cantidad creciente de ataques a la Biblia en años recientes, continúa manteniéndose firme como un testimonio de su propia composición sobrenatural. ¿De qué forma? Una forma es a través de su extraordinaria *coherencia*.

La gente suele hablar de la Biblia como si fuera un solo libro, pero en realidad es una colección de muchos libros. Sin embargo, estos documentos muestran una unidad asombrosa, según señalan los eruditos Norman Geisler y William Nix:

> Compuesta por sesenta y seis libros, escrita a lo largo de un período de unos mil quinientos años por unos cuarenta autores que usaron varios idiomas y con un contenido de cientos de temas, es más que accidental o incidental que la Biblia posea una unidad de tema asombrosa —*Jesucristo*.[1]
>
> Sólo la reflexión posterior, tanto por los profetas mismos (por ejemplo, ver 1 Pedro 1:10-11) como por generaciones posteriores, ha descubierto que la Biblia es en realidad un

libro cuyos "capítulos" fueron escritos por hombres que no tenían un conocimiento explícito de la estructura general. Sus papeles individuales podrían compararse con los de diferentes hombres que escriben capítulos de una novela para la que ninguno de ellos tiene siquiera un bosquejo general. Cualquier unidad que tenga el libro debe venir de fuera de ellos. Como una sinfonía, cada parte individual de la Biblia contribuye a una unidad general que es orquestada por un solo Maestro.[2]

Este grado de coherencia sería suficientemente difícil de lograr dentro de un único libro por un autor solitario —pero cuando uno agrega la complejidad de múltiples escritores, de múltiples países, en múltiples idiomas, a lo largo de múltiples siglos, tratando con múltiples problemas y situaciones, la increíble cohesión y el mensaje unificado de la Biblia es nada menos que milagroso.

La mejor forma de obtener una sensación de esto es dedicar tiempo a leer la Biblia por tu cuenta, preferentemente en una versión fácil de leer como la Nueva Versión Internacional o la Nueva Traducción Viviente.[3] Al leer, busca coherencia lógica, que las experiencias sean pertinentes y la sensación subjetiva pero real de "lo verosímil" que han afirmado incontables personas a lo largo de los años. Creo que es lo que encontrarás al leerla.

Al leer, busca coherencia lógica, que las experiencias sean pertinentes y la sensación subjetiva pero real de "lo verosímil" que han afirmado incontables personas a lo largo de los años.

En contraste, vale la pena señalar que este elevado nivel de coherencia está ausente de supuestos evangelios posteriores, que, según algunos eruditos, deberían haber formado parte del canon bíblico.[4] Por ejemplo, luego de que hayas dedicado un tiempo a las perspectivas ennoblecedoras pero desafiantes de Jesús en los Evangelios bíblicos, contrástalas con el que es probablemente el más famoso evangelio gnóstico, el Evangelio de Tomás, que apareció más de un siglo después:

> Aparece la siguiente cita de Jesús en el Dicho 14 de Tomás, diciendo a sus discípulos: "Si ayunan, atraerán pecado sobre ustedes, y si oran, serán condenados, y si dan a la caridad, dañarán sus espíritus." Aparece citado en el Dicho 114 enseñando que "cada mujer que se hace hombre entrará al reino de los cielos." El evangelio también cita a Jesús en el Dicho 7 ofreciendo esta perspectiva inescrutable: "Bendiciones al león si un humano lo come, haciendo al león humano. Corrupto es el humano si un león lo come, haciendo al león humano."[5]

¿Tiene sentido esto para ti? Si tu reacción se parece en algo a la mía, tal vez estés listo para volver al verdadero Jesús de la historia, según lo describen los genuinos Evangelios de Mateo, Marcos, Lucas y Juan. Creo que está claro que los Evangelios bíblicos, junto con los demás documentos de la Biblia, tienen las marcas distintivas de la verdad por sus credenciales únicas.

Flecha 7 ···⟩ La Biblia es un libro religioso excepcionalmente *histórico*.

Los relatos de la Biblia, especialmente los del Nuevo Testamento, están basados, en su mayor parte, en el testimonio de testigos oculares. Por ejemplo, el apóstol Juan escribió: "Lo que ha sido desde el principio, lo que hemos oído, lo que hemos visto con nuestros propios ojos, lo que hemos contemplado, lo que hemos tocado con las manos, esto les anunciamos."[6] Otras partes del Nuevo Testamento fueron compiladas por escritores que interactuaron con diversos testigos oculares. Esto incluye historiadores cuidadosos y meticulosos como Lucas, que se preocupó en explicar su metodología de investigación: "Muchos han intentado hacer un relato de las cosas que se han cumplido entre nosotros, tal y como nos las transmitieron los que desde el principio fueron testigos presenciales y servidores de la palabra. Por lo tanto, yo también . . . habiendo investigado todo esto con esmero desde su origen, he decidido escribírtelo ordenadamente, para que llegues a tener plena seguridad de lo que te enseñaron."[7]

Estos relatos también fueron escritos tempranamente —poco después de los eventos que describen y bien dentro de los períodos de vida de las personas que caminaron con Jesús.

Estos relatos también fueron escritos tempranamente —poco después de los eventos que describen y bien dentro de los períodos de vida de las personas que caminaron con Jesús. Menciono esto porque sigue habiendo algunos rumores obsoletos que circulan diciendo que los Evangelios del Nuevo Testamento fueron escritos mucho tiempo después. Uno de los primeros proponentes de esa teoría, el teólogo John A. T. Robinson, hizo una investigación adicional y dio una media vuelta dramática. De hecho, posteriormente repudió sus afirmaciones anteriores y escribió un libro titulado *Redating the New Testament [Fechando de Nuevo el*

Nuevo Testamento], que corregía lo que él y otros habían estado enseñando.[8] En este libro, Robinson sostiene que todo el Nuevo Testamento fue escrito antes de 70 d.C. (poniéndolo en contexto, se cree ampliamente que la fecha de la resurrección de Jesús fue en 30 ó 33 d.C.). Pero incluso si la última parte del Nuevo Testamento fue escrita algo más tarde —por ejemplo, más cerca de 90 d.C., como creen muchos eruditos conservadores— está claro que todo el Nuevo Testamento fue completado dentro de una generación posterior a la muerte y resurrección de Cristo, y bien dentro del período de vida de muchos que podrían dar fe de su precisión.

Poniéndolo en una perspectiva moderna, muchos de los libros del Nuevo Testamento habrían sido completados dentro de un período de años similar al tiempo que ha pasado desde el asesinato de John F. Kennedy (1963), la primera visita de los Beatles a Estados Unidos (1964) y la primera vez que un hombre caminó sobre la luna (1969), que son eventos que muchos recordamos vívidamente hoy. Y aun los últimos libros habrían sido escritos dentro de un período de años semejante al que ha transcurrido desde que se fundó el estado moderno de Israel (1948), otro evento que recuerdan muchos que todavía viven. Obviamente, si alguien intentara ahora reescribir la historia acerca de cualquiera de esos eventos modernos, sería detectado y refutado rápidamente.[9] Pero no tenemos registro de algún contemporáneo de los escritores del Nuevo Testamento que intentara desafiar la exactitud de los hechos que habían sido escritos, lo cual es una confirmación adicional de su veracidad.

La naturaleza histórica del Nuevo Testamento también está confirmada por una línea posterior de discípulos que escribieron y afirmaron lo que había sido enseñado desde el principio, incluyendo los padres de la iglesia primitiva Policarpo, Ignacio y Clemente. Además, varios detalles de las afirmaciones del Nuevo Testamento están reforzados por informes externos tempranos, como los de Thallus, los historiadores romanos Tácito y Suetonio, el historiador judío Josefo y varios otros.[10]

Es interesante contrastar la Biblia con otros escritos religiosos, como el Corán. Los musulmanes aceptan, en general, que el Corán no dice ser un libro histórico tanto como un libro de leyes religiosas. Aun así, hace afirmaciones detalladas acerca de la vida y las enseñanzas de Jesús basadas en los escritos de Mahoma seiscientos años después y a casi mil kilómetros de la escena. (Estas afirmaciones se contradicen con relatos de testigos oculares escritos por personas que estuvieron realmente con Jesús y que escribieron biografías de primera mano acerca de él.) También podemos comparar la Biblia con el *Libro de Mormón,* que está basado en unas tablas de oro supuestamente desenterradas por José Smith cerca de su hogar en Manchester, Nueva York, y traducidas al inglés antes de ser retiradas rápidamente por un ángel (estos escritos contienen muchas afirmaciones que no tienen el apoyo ni de la historia ni de la arqueología); o con los escritos hindúes, que, en su mayor parte, no hacen ninguna afirmación histórica.[11] Cuando uno hace esta clase de comparaciones, la Biblia realmente brilla como un libro de credenciales históricas impresionantes.

Flecha 8 ···⟩ La Biblia es una obra antigua excepcionalmente *preservada.*

Hay una objeción que se repite frecuentemente: "No se puede confiar en la Biblia; ha sido traducida y retraducida tantas veces que uno no puede confiar en nada de lo que dice." Si alguna vez escuchaste esa objeción, puedes desestimarla. El que diga eso simplemente desconoce los hechos.

La Biblia que tenemos hoy no es el final de una larga cadena de traducciones de un idioma al siguiente, como del griego al latín, luego del latín al alemán, luego del alemán al inglés, luego del inglés al español, etcétera. Más bien está basada en traducciones directas al español de manuscritos históricos tempranos en los idiomas originales: hebreo para el Antiguo Testamento y griego para el Nuevo Testamento. Toda buena

La Biblia que tenemos hoy está basada en traducciones directas de manuscritos históricos tempranos en los idiomas originales.

traducción se retrotrae a los documentos más tempranos y, apoyado en dos mil años de estudios lingüísticos y culturales, pone lo que estaba escrito allí en un lenguaje contemporáneo preciso. El resultado es que podemos leer y entender fácilmente lo que fue escrito originalmente en hebreo o griego por los profetas y apóstoles.[12]

Además, para el Nuevo Testamento tenemos literalmente miles de manuscritos o manuscritos parciales en griego (y unos veinte mil más en otros idiomas).[13] Como ocurre con todos los escritos antiguos, no tenemos los documentos escritos a mano originales (llamados *autógrafos*), pero sí tenemos muchas copias confiables.

Lo que hace que el Nuevo Testamento realmente se destaque es que tenemos muchas *más* copias que lo que tenemos para cualquier otra obra antigua, y son mucho más *tempranas* (en otras palabras, fechadas mucho más cerca del tiempo del original). Por ejemplo, tenemos 650 copias de *La Ilíada* de Homero, la más temprana de las cuales fue registrada nada menos que *mil años* después del original.[14] Compare esto con los más de cinco mil manuscritos o fragmentos de manuscritos que tenemos del Nuevo Testamento griego, incluyendo algunos que pueden ser fechados dentro de unos pocos años posteriores al escrito original.

Un ejemplo mucho más típico de las obras antiguas es *La Guerra de las Galias* de César, de la cual sólo tenemos diez manuscritos; la más temprana data unos mil años después del original. Luego están los escritos de Tácito, de los cuales tenemos en total unas veinte copias completas o parciales, con una brecha de tiempo entre sus orígenes y las copias más tempranas de unos 1.100 años.[15] Sin embargo, todas estas obras históricas son consideradas confiables. Teniendo esto en cuenta, cuando uno considera los miles de manuscritos del Nuevo Testamento disponibles y una "brecha de tiempo" de sólo un puñado de años, *realmente no hay ninguna comparación.*

Además, debido a que tenemos miles de manuscritos del Nuevo Testamento disponibles, podemos compararlos y estudiarlos para determinar hasta un grado de precisión asombroso lo que fue escrito originalmente. Algunos críticos hoy están intentando hacer parecer que las diferencias entre estas copias son un gran problema. Pero lo cierto es que estas diferencias son mayormente insignificantes y ninguna de ellas afecta enseñanzas o doctrinas importantes. Si bien es cierto que tener más copias significa más variaciones entre esas copias, también es cierto que tenemos una oportunidad mucho mayor de constatar el mensaje original con una precisión mucho mayor. Compare el Nuevo Testamento con los escritos de Platón, por ejemplo, de los cuales sólo tenemos siete copias. Cuando hay variaciones entre esas siete copias, es mucho más difícil averiguar en cuál versión confiar.

John Ankerberg describió la situación en uno de sus programas de televisión:

> Supongan que tenemos un aula de cincuenta alumnos del último año de la secundaria y les pidiéramos que copiaran a mano la Declaración de la Independencia. Los alumnos de mejores notas cometerían muy pocos errores, los de notas algo menores tal vez algunos errores más, los alumnos medios, una cantidad considerable —y mis amigos, ¡muchos! Pero si los comparáramos a todos, podríamos reconstruir fácilmente lo que dice la Declaración de la Independencia.[16]

Si esa ilustración tiene fuerza con sólo cincuenta alumnos de la escuela secundaria de distintas capacidades y niveles de motivación, ¿cuánto más demuestra la precisión abrumadora de más de cinco mil manuscritos copiados por personas cuyas vidas estaban íntimamente relacionadas con el mensaje que intentaban preservar?

Sir Frederic Kenyon, un erudito británico y ex director del London Museum, lo resumió bien cuando dijo: "El último fundamento para alguna duda de que las Escrituras nos han llegado sustancialmente como fueron escritas ha sido removido ahora. Puede considerarse que tanto la autenticidad como la integridad general de los libros del Nuevo Testamento han sido establecidas finalmente."[17]

Más recientemente, y con plena conciencia de algunos de los ataques recientes a la integridad del texto bíblico, Daniel B. Wallace, coautor del incisivo libro *Reinventing Jesus [Reinven-*

tando a Jesús], resumió la situación en una entrevista con Lee Strobel:

> La cantidad y la calidad de los manuscritos del Nuevo Testamento son inigualables en el mundo grecorromano antiguo. El autor griego medio tiene menos de cincuenta copias de sus obras aún en existencia, y provienen de por lo menos quinientos a mil años después. Si apiláramos las copiasde sus obras una encima de la otra, llegaría a un poco más de un metro de altura. Apile las copias del Nuevo Testamento y alcanzarían más de un kilómetro y medio de altura.[18]

Esa es una forma ampliada de decir que las traducciones al idioma español de la Biblia a nuestra disposición hoy son una versión precisa y confiable de los textos bíblicos originales —y que podemos leerlas con confianza.

Flecha 9 ···⟩ La arqueología muestra que la Biblia es un libro poderosamente *verificado.*

En un capítulo anterior, mostré cómo un hecho cuestionado, la existencia del pueblo hitita, fue respondido claramente mediante la investigación arqueológica que confirmó fuertemente la afirmación de la Biblia. Este mismo patrón ha sido repetido literalmente miles de veces a medida que distintas ciudades, naciones, líderes, reyes, idiomas, costumbres y acontecimientos mencionados en la Biblia, que habían sido puestos en duda previamente por los eruditos, han sido respaldados mediante el descubrimiento y el análisis de diversos artefactos.[19]

Sir William Ramsay, uno de los grandes arqueólogos de fines del siglo XIX y principios del siglo XX, comenzó como un firme escéptico, dudando de muchos detalles registrados en el Nuevo Testamento. Pero luego dedicó treinta años de su vida a rastrear y confirmar ejemplo tras ejemplo de las afirmaciones hechas en el Evangelio de Lucas, así como la segunda obra de Lucas, el libro de Hechos. Esto es lo que admitió Ramsay finalmente: "Lucas es un historiador de primer nivel. . . . Este autor debería ser colocado junto a los más grandes historiadores."[20]

Acontecimientos mencionados en la Biblia, que habían sido puesto en duda previamente por los eruditos, han sido respaldados mediante el descubrimiento y el análisis de diversos artefactos.

El renombrado arqueólogo Nelson Glueck, que apareció una vez en la tapa de la revista *Time,* dijo: "Ningún descubrimiento arqueológico ha refutado, alguna vez, una referencia bíblica. Se han hecho una infinidad de hallazgos arqueológicos que confirman en un bosquejo claro o con un detalle exacto las afirmaciones históricas de la Biblia. Con el mismo criterio, la evaluación correcta de las descripciones bíblicas ha conducido frecuentemente a descubrimientos asombrosos."[21]

Otro de los grandes arqueólogos del mundo, William F. Albright, declaró: "Todas las escuelas radicales de la crítica del Nuevo Testamento que han existido en el pasado o que existen hoy son prearqueológicas y hoy son bastante anticuadas, puesto que fueron creadas en *der Luft* [en el aire]."[22]

El resultado final, desde una perspectiva arqueológica: No apuestes en contra de la Biblia. Vez tras vez ha demostrado ser confiable aun en sus detalles incidentales, lo que nos da confianza que lo que dice sobre temas mucho más importantes es igualmente exacto.

Flecha 10 ···⟩ La Biblia demuestra ser un libro religioso excepcionalmente *sincero*.

Incluyo este punto debido a la idea, que algunos críticos han perpetuado a lo largo de los años, de que el cristianismo tiene que ver con el cumplimiento de deseos. La teoría es que las personas querían una religión que las hiciera sentir mejor, así que proyectaron un Padre Celestial hacia el cielo y comenzaron a vivir (y actuar) como si realmente existiera.[23] Luego inventaron toda clase de mitos e historias adicionales acerca de nacimientos virginales, milagros y resurrecciones para acompañarla.

Esta teoría tiene un problema importante: La Biblia contiene mucha información difícil que de ninguna forma coincide con lo que la gente crearía si fuera a inventar una religión.

Por ejemplo, de tanto en tanto el Dios de la Biblia se cansa de la desobediencia de la gente así que los castiga —no sólo a sus enemigos sino a veces incluso a sus amigos, y ocasionalmente de formas que parecen bruscas y duras. Este Dios declara que terminará juzgando a quienes persisten en su rebeldía hacia

La Biblia es brutalmente sincera acerca de los fracasos éticos y morales de algunos de sus personajes clave, incluyendo a algunos de sus propios escritores.

él, permitiéndoles que "sigan sus propios caminos" no sólo en esta vida, sino finalmente hasta la eternidad misma —a un lugar de separación eterna que rotuló con un título muy impopular: *El infierno.*

Ahora bien, podrás estar de acuerdo o no con lo que enseña la Biblia, pero no acuses a los cristianos de inventar estas cosas para calmar su mente o para tratar de que todos se sientan mejor. Estos no son conceptos de cuentos de hadas para sentirse bien. El libro de Proverbios dice: "Más confiable es el amigo que hiere que el enemigo que besa."²⁴ La Biblia a veces "hiere" muy seriamente.

La Biblia es también brutalmente sincera acerca de los fracasos éticos y morales de algunos de sus personajes clave, incluyendo a algunos de sus propios escritores. Esta sinceridad va en contra de una aversión humana natural, que tenemos incorporada, a mostrarnos de manera negativa —sin embargo, los escritores de la Biblia nos dicen las cosas tal como ocurrieron, mostrándose vulnerables. Sin duda no traerían a colación estos ejemplos sinceros, humillantes y a menudo autoincriminantes a menos que estuvieran muy comprometidos con informar la auténtica verdad.

Incluso el mensaje central de la Biblia —que todos tenemos corazones corruptos que nos llevan a toda clase de fallas morales y nos convierten en personas en bancarrota espiritual que necesitan ser rescatadas desesperadamente— no forma parte de una conversación religiosa feliz. Sé que no es el guión que *yo* hubiera escrito.

Estos elementos negativos pero realistas producen algo positivo que ha sido denominado "el criterio de la vergüenza," que significa que su inclusión es, en realidad, una señal de la confiabilidad de la Biblia como un registro histórico veraz. La sinceridad de la Biblia también sustenta la autenticidad de su afirmación de que es un libro que comunica la verdad vivificante de Dios.

Flecha 11 ⋯⟩ Los *milagros,* realizados en presencia de creyentes y críticos por igual, apuntan a los profetas, apóstoles y Jesús como mensajeros de Dios.

Hasta aquí, he sostenido mayormente que la Biblia es un libro históricamente confiable que ha sido probado y comprobado de diversas formas. Confío en que esto es cierto y que la Biblia continuará soportando los ataques hechos contra ella. Pero lo que se vuelve interesante es que, como registro histórico creíble, la Biblia informa acontecimientos que sólo son explicables a través de medios sobrenaturales: acontecimientos, por ejemplo, como los milagros. Ahora bien, algunas personas descartan las afirmaciones de lo milagroso. Cuando se les pregunta por qué, dicen: "Son imposibles" o "Violarían las leyes de la naturaleza, y eso simplemente no puede ocurrir."

Déjame contestar con algunos pensamientos:

- Muchos milagros son acontecimientos naturales sincronizados de formas sobrenaturales —así que no violan ninguna ley de la naturaleza. Un ejemplo sería la ocasión en que Jesús estaba en un bote durante una intensa tormenta y extendió su mano para calmar el viento y las olas. La finalización de una tormenta no tiene nada fuera de lo común —todas las tormentas amainan con el tiempo. Pero cuando ocurre inmediatamente ante el mandamiento de Jesús, es algo milagroso.

- Sería bueno repensar lo que es una "ley de la naturaleza." Estas "leyes" no son principios inviolables, registrados en alguna parte del cielo, a los que todas las cosas naturales deben seguir para siempre e inevitablemente. Más bien son generalizaciones o patrones basados en observaciones; son descriptivas, no prescriptivas. Hablan de cómo suelen ocurrir las cosas normalmente, no de cómo deben ocurrir. Pero si Dios fijó las cosas para que funcionen como suelen hacerlo, no debería ser ningún problema para él, la causa última del universo, hacer algo un poco distinto de tanto en tanto. De hecho, si es un Dios creativo, poderoso y sabio, entonces detener tormentas, hacer que una virgen tenga un hijo, sanar a los enfermos e incluso resucitar a los muertos serían todos juegos de niños para él.

- Ten cuidado de decidirte antes de ver la evidencia real. En caso contrario estarás exhibiendo un prejuicio (que significa literalmente "pre-juzgar") clásico y de mente cerrada, que podría impedirte ver o experimentar algo auténticamente sobrenatural. En cambio, averigua qué vieron realmente los testigos; qué les hizo pensar que era real; si los testigos concuerdan en los detalles esenciales; si lo comprobaron o pensaron en ello críticamente; si mantienen su historia durante un tiempo prolongado; también ve cómo reaccionaron los críticos, y qué tipos de evidencias aportaron en contra; si alguno de ellos cambió de opinión basándose en lo que vieron o aprendieron, etcétera. Abre tu mente, investiga cuidadosamente y deja que la evidencia te guíe.

Lo interesante de los milagros de Jesús es que no fueron cuestionados por sus enemigos. Las señales mismas eran demasiado obvias y reales —así que, en cambio, sus críticos intentaban atraparlo en algún detalle técnico. "Sí, claro, sanaste al hombre," decían, "pero lo hiciste en el día de reposo, que está muy mal." Pero no pases por alto el hecho de que sus acusaciones eran, en realidad, reconocimientos de que había hecho algo milagroso. En caso contrario, ¿de qué lo estaban acusando?

Así que, nuevamente, mi consejo es que leas los relatos bíblicos tú mismo, con tu mente receptiva a aprender lo que realmente ocurrió en vez de empecinarte contra lo que *"sabes* que no pudo haber ocurrido." Cuando te acerques a los relatos históricos con una mente abierta, creo que verás cómo empiezan a abrirse algunas nuevas y emocionantes puertas de entendimiento.

Lo interesante de los milagros de Jesús es que no fueron cuestionados por sus enemigos. Las señales mismas eran demasiado obvias y reales.

Flecha 12 ····⟩ Las *profecías cumplidas* señalan a la Biblia como un libro inspirado divinamente y a Jesús como el Mesías único de Dios.

Este es un versículo bíblico bien conocido: "Todos andábamos perdidos, como ovejas; cada uno seguía su propio camino, pero el Señor hizo recaer sobre él la iniquidad de todos nosotros."[25]

El Dr. Michael Rydelnik cuenta lo que hizo uno de sus amigos con este pasaje:

> Un amigo mío escribió esto [Isaías 53:6] en su computadora, sin ninguna anotación de versículo, y lo llevó a todos en su oficina de registro de automotores en la capital del estado. Les

dijo: "Sólo dígame quién es esta persona y de dónde viene el texto."

Cada una de las personas que leyó el texto, judíos o gentiles por igual, dijo: "Obviamente es Jesús de Nazaret, esa es la persona. Y el texto es del Nuevo Testamento."

Y entonces mi amigo les decía: "No, no es del Nuevo Testamento. Es de la Biblia hebrea. Fue escrito ocho siglos antes que llegara Jesús. *¿Puede creerlo?*" Les mostraba el pasaje en Isaías, y a la gente le costaba aceptarlo. Porque si uno lo lee sin ninguna presuposición o prejuicio, quedará muy claro que esta es la vida de Yeshúa (Jesús).[26]

La profecía bíblica es asombrosa, y cuanto más profundamente uno mira, más sorprendente se vuelve. Por ejemplo, si lee Isaías 53 en su totalidad, quedará claro que todo el capítulo es una sorprendente profecía del sufrimiento del Mesías, y fue escrito cientos de años antes del acontecimiento. Describe anticipadamente cómo Jesús "fue traspasado por nuestras rebeliones, y molido por nuestras iniquidades; sobre él recayó el castigo, precio de nuestra paz, y gracias a sus heridas fuimos sanados."[27]

Otra profecía, que se encuentra en Zacarías 12:10, dice que las personas "harán lamentación por el que traspasaron, como quien hace lamentación por su hijo único; llorarán amargamente, como quien llora por su primogénito." Es fácil contemplar la crucifixión de Jesús desde nuestro lado de la historia y ver claramente cómo su muerte brutal cumplió estas palabras proféticas. Pero lo que realmente muestra la perspectiva divina en las palabras de estos profetas es que fueron escritas no sólo cientos de años antes de la vida y la muerte de Cristo sino también siglos antes que la práctica romana de la crucifixión hubiera sido inventada (con su horrenda perforación de las manos y los pies con clavos martillados sobre la madera de la cruz). Me imagino a los profetas que escribieron esas palabras rascándose la cabeza desconcertados mientras sentían que Dios los llevaba a escribir cómo el Mesías sufriente sería "traspasado."

Es interesante también que Jesús, mientras pendía de la cruz, llamó la atención de los que estaban cerca, mencionando un pasaje del Salmo 22, del Antiguo Testamento. Lo hizo citando la primera línea, al exclamar: "Dios mío, Dios mío, ¿por qué me has desamparado?"[28] Esta era una forma habitual que usaban los maestros de esa cultura para que sus oyentes se focalizaran en un lugar específico de las escrituras hebreas.

Si miras el resto de ese salmo, verás que predice también numerosos detalles relacionados con el sufrimiento y la muerte sacrificial del Mesías.

Si miras el resto de ese salmo, verás que predice también numerosos detalles relacionados con el sufrimiento y la muerte sacrificial del Mesías. Estas son algunas de esas frases, que incluyen otra predicción antigua de que sería traspasado, pero agregando el asombroso detalle de que la perforación sería en sus manos y sus pies. Estas palabras fueron escritas unos mil años antes de la crucifixión de Jesús:

> Dios mío, Dios mío, ¿por qué me has abandonado? Lejos
> estás para salvarme, lejos de mis palabras de lamento. . . .
> Cuantos me ven, se ríen de mí; lanzan insultos, meneando la
> cabeza: "Éste confía en el Señor, ¡pues que el Señor lo ponga

a salvo!" . . . Como agua he sido derramado; dislocados están todos mis huesos. Mi corazón se ha vuelto como cera, y se derrite en mis entrañas. Se ha secado mi vigor como una teja; la lengua se me pega al paladar. ¡Me has hundido en el polvo de la muerte! . . . Me ha cercado una banda de malvados; me han traspasado las manos y los pies. Puedo contar todos mis huesos; con satisfacción perversa la gente se detiene a mirarme. Se reparten entre ellos mis vestidos y sobre mi ropa echan suertes.[29]

Si uno lee acerca de la crucifixión según la registran los Evangelios (por ejemplo, en Mateo 27) es impactante cómo estas predicciones de siglos atrás fueron cumplidas con un detalle tan minucioso. ¿Podría algún mero humano haber escrito, anticipadamente, una historia tan específica? Parece claro que el conocimiento anticipado de Dios se exhibía en estas predicciones —y sólo hemos mencionado algunos de los muchos ejemplos que podríamos tratar. Otros incluyen el lugar del nacimiento de Mesías, Belén (Miqueas 5:2), que él fuera del linaje del rey David (2 Samuel 7:12-16), que hubiera nacido de una virgen (Isaías 7:14), su afirmación de deidad (Isaías 9:6), ser rechazado por su propio pueblo (Isaías 53:3), ser traicionado por treinta monedas de plata (Zacarías 11:12), su tremendo sufrimiento y desfiguración (Isaías 52:14), su muerte por nosotros (Isaías 53:5-6), su sepultura en la tumba de un hombre rico (Isaías 53:9, RV60) y su resurrección posterior (Salmos 16:10). Podríamos dar muchos otros ejemplos, si bien estos son los más destacados.

Obviamente, Jesús (si hubiese sido meramente humano) no hubiera podido manipular las circunstancias para que se cumplieran intencionalmente estas predicciones. Y la probabilidad de que estas profecías fueran todas cumplidas por una sola persona es increíblemente pequeña. "Alguien hizo las cuentas y estimó que la probabilidad de que sólo ocho profecías [mesiánicas] fueran cumplidas es de uno en cien mil billones. Ese número es millones de veces mayor que la cantidad total de personas que han caminado alguna vez por este planeta."[30]

No voy a molestarte con la cantidad de ceros que se requeriría para representar la probabilidad de que *cuarenta y ocho* profecías mesiánicas fueran cumplidas por una sola persona. Simplemente créeme cuando te digo que te daría un dolor de cerebro.[31]

Casi no podemos comprender cómo esas predicciones de cientos de años fueron cumplidas en todos los pequeños detalles. Parece claro que el conocimiento previo de Dios se hizo evidente en estas predicciones.

Sólo unos pocos días después de su resurrección, Jesús caminaba por un camino con dos de sus seguidores que intentaban entender los acontecimientos de su crucifixión. Al principio se vieron impedidos de reconocerlo mientras los amonestaba con estas palabras: "¡Qué torpes son ustedes . . . y qué tardos de corazón para creer todo lo que han dicho los profetas! ¿Acaso no tenía que sufrir el Cristo estas cosas antes de entrar en su gloria?"[32] Entonces les explicó a estos hombres todo lo que decían las escrituras hebreas acerca de él.

No fue hasta un poco después, justo después que Jesús los dejara, que los dos hombres se dieron cuenta de que en realidad había sido Jesús. Se decían el uno al otro: "¿No ardía nuestro corazón mientas conversaba con nosotros en el camino y nos explicaba las Escrituras?"[33]

Para mí, estas profecías sirven como razones adicionales para confiar en la Biblia, no sólo como un libro histórico confiable, sino también como un libro que está inspirado divinamente y, por lo tanto, excepcionalmente apto para guiarnos a elegir nuestra fe.

CAPÍTULO ONCE

"¿CÓMO PUEDO *DEDUCIR* QUÉ CREER?"

Parte 3: Considerar el criterio histórico y experiencial

AUNQUE LAS PUERTAS ESTABAN CERRADAS, JESÚS ENTRÓ
Y, PONIÉNDOSE EN MEDIO DE ELLOS, LOS SALUDÓ.

—¡LA PAZ SEA CON USTEDES!

LUEGO LE DIJO A TOMÁS:

—PON TU DEDO AQUÍ Y MIRA MIS MANOS. ACERCA
TU MANO Y MÉTELA EN MI COSTADO. Y NO SEAS
INCRÉDULO, SINO HOMBRE DE FE.

—¡SEÑOR MÍO Y DIOS MÍO! —EXCLAMÓ TOMÁS.

—PORQUE ME HAS VISTO, HAS CREÍDO —LE DIJO
JESÚS—; DICHOSOS LOS QUE NO HAN VISTO Y SIN
EMBARGO CREEN.

Juan 20:26-29

En este capítulo, exploraremos tanto el dominio histórico como el dominio experiencial, observando una cantidad de "flechas" adicionales tomadas del gran arsenal de información que no sólo apoya la existencia de un Dios *teísta,* sino más específicamente, la del Dios de la fe cristiana.

Flecha 13 ···⟩ La *vida sin pecado* de Jesús respaldaba su afirmación de ser el Hijo de Dios.

En una época cuando tantos líderes religiosos hablan bien pero fallan cuando tratan de vivir a la altura de sus propios comunicados de prensa, es un enorme alivio encontrar que nadie jamás encontró ninguna falla en Jesús —en *nada.* Eso incluye a sus amigos íntimos, que seguramente habrían captado cualquier defecto de carácter, inconsistencia moral o ética, o incluso cualquier error y debilidad propios del género humano. Pero nadie detectó ni informó nada en términos de defectos o debilidades —ni siquiera la propia madre de Jesús, que seguramente los habría conocido.

Esto es importante, no porque un líder tiene que ser perfecto para que lo sigan, sino porque Jesús afirmó repetidamente ser el Hijo de Dios. Para que esa afirmación fuese verdadera, ciertamente él tendría que haber sido sin pecado y sin fallas.

A través de los cuatro Evangelios vemos a los enemigos de Jesús tratando de sorprenderlo haciendo algo malo —cualquier cosa. Pero aun ellos no podían hacer nada más que poner peros a detalles marginales, viendo si Jesús cumplía con ciertas reglas obscuras al pie de la letra. Finalmente, esos opositores tuvieron que comprar a testigos falsos para que inventaran historias y así tener argumentos para acusar a Jesús de actos contra la ley. Sabiendo, como ellos lo supieron, que nada de eso era verdad, uno puede imaginarse la frustración que experimentaron cuando en un momento determinado Jesús les arrojó a la cara la realidad de su vida sin pecado, preguntándoles: "¿Quién de ustedes me puede probar que soy culpable de pecado?"[1]

Al fin y al cabo, la única acusación que pudieron usar contra Jesús fue la de blasfemia, por la que finalmente terminaron acusándole, pues, como dice Juan 5:18, Jesús "llamaba a Dios su propio Padre, con lo que él mismo se hacía igual a Dios." Es que su afirmación de igualdad con el Padre *hubiera sido* blasfemia —si realmente no hubiera sido la verdad.

Ningún otro líder de las grandes religiones jamás afirmó no tener pecado. Mahoma fue muy franco con respecto a su propia necesidad del perdón de Dios. Por ejemplo, en el Corán él relata que se le dijo: "persevera pacientemente, porque la promesa de Alá es verdadera: y *pide perdón por tu falta,* y celebra las alabanzas del Señor por la noche y por la mañana."[2]

José Smith, el fundador del mormonismo, murió con un revólver en la mano durante un enfrentamiento armado tratando de escapar de la cárcel. Los registros históricos muestran que dos de las personas a las que les disparó murieron pronto a causa de sus heridas. Este es un fuerte contraste con Jesús, quien voluntariamente entregó su vida por sus amigos.

Jesús es un líder que uno puede respetar, imitar, confiar en él y seguirle en *todo* sin temor a la vergüenza ni a la recriminación. Sus palabras y sus acciones, sin excepción, respaldan su afirmación de ser el único Hijo de Dios.

Flecha 14 ···⟩ La *resurrección* de Jesús determina de manera poderosa sus credenciales como Hijo de Dios.

Tres días después de su crucifixión, Jesús resucitó de los muertos milagrosamente, tal como lo había predicho.[3] Este acontecimiento sobrenatural ha sido bien documentado y confirmado de muchas maneras, todas convincentes. Aquí trataré brevemente tres de esas maneras; aunque las "flechas" siguientes darán más apoyo a esta realidad histórica: la tumba de Jesús estaba vacía.

La tumba de Jesús estaba vacía.

Comenzando con las mujeres que fueron las primeras en visitar la tumba y luego con los hombres que las siguieron poco después, todos los discípulos dieron testimonio de que la tumba estaba vacía, aunque al principio se sintieron desconcertados porque no entendían del todo lo que había sucedido. Pero nadie, ni siquiera los enemigos de los discípulos, rebatió el hecho de que la tumba estaba vacía. En lugar de hacer eso, las autoridades religiosas elaboraron una fábula y sobornaron a los guardias, dándoles estas instrucciones: "Digan que los discípulos de Jesús vinieron por la noche y que, mientras ustedes dormían, se robaron el cuerpo." Si por un momento reflexionas sobre esta declaración, te darás cuenta de lo ridículo de este relato. Si los guardias realmente se hubieran quedado dormidos, no habrían tenido idea alguna de lo que sucedió con el cuerpo. Por otra

Su mentira sí sirve para algo útil: Reconoce que la tumba estaba vacía y demuestra que los líderes religiosos no tenían idea alguna sobre qué explicación dar.

parte, si hubieran visto a los discípulos robando el cuerpo, los habrían arrestado. Pero su mentira *sí* sirve para algo útil: Reconoce que la tumba estaba vacía y demuestra que los líderes religiosos no tenían idea alguna sobre qué explicación dar.

Permíteme hacer notar que no hay ningún fundamento sólido para decir que alguien robó o trasladó el cuerpo. Los *romanos,* que en aquel tiempo gobernaban Palestina, querían a Jesús muerto, y lo crucificaron. No tenían ningún interés o motivación para hacer algo que diera lugar a que alguien pensara de otra manera. Los *líderes judíos* querían a Jesús muerto (y querían que *permaneciera* muerto). Si hubiera habido un cadáver, uno puede estar seguro de que ellos lo habrían exhibido para sofocar el naciente movimiento cristiano que estaba amenazando su autoridad. Los *discípulos* tenían miedo de morir después de la Crucifixión, y todos —incluyendo a Pedro, que estaba apesadumbrado y avergonzado después de negar repetidamente a Jesús— estaban escondidos en una habitación, tratando de decidir qué iban a hacer de allí en adelante. Los discípulos no tenían ni la motivación ni los medios para vencer a los guardias y robar el cuerpo de Jesús. ¿Y qué harían después? ¿Inventar una historia y mentir acerca de esto por el resto de su vida, enfrentar la persecución y terminar como mártires, sin ninguna buena razón? Creo que no. La mejor explicación para la tumba vacía de Jesús es su resurrección.

El Jesús resucitado fue visto por testigos.

Con la posible excepción de Juan, los primeros discípulos no creyeron en la Resurrección basándose meramente en la tumba vacía; creyeron en ella porque vieron a Jesús resucitado, hablaron con él y hasta comieron con él. Dos destacadas autoridades sobre la Resurrección, Gary Habermas y Michael Licona, escriben en *The Case for the Resurrection of Jesus [El Caso de la Resurrección de Jesús]* que "tanto los amigos como los adversarios vieron a Jesús, y no una vez sino muchas veces durante un período de cuarenta días. Se nos dice que entre ellos había hombres y mujeres, incluyendo a Pedro, de corazón duro, y a María Magdalena, de corazón sensible; y lo vieron tanto dentro de alguna casa como al aire libre."[4]

Tomás no iba a creer en las afirmaciones sobre la resurrección si no contaba con evidencias extremadamente sólidas. Pero luego se encontró con el Jesús resucitado y vio las cicatrices en sus manos y en su costado.

Tampoco olvidemos a aquel escéptico y desconfiado llamado Tomás. Tal vez puedas identificarte con él. Tomás no iba a creer en las afirmaciones sobre la resurrección si no contaba con evidencias extremadamente sólidas. Pero luego se encontró con el Jesús resucitado y vio las cicatrices en sus manos y en su costado. Convencido, Tomás cayó de rodillas y exclamó con humildad: "¡Señor mío y Dios mío!" algo que parece ser la respuesta apropiada de toda persona que se da cuenta de quién es Jesús en realidad.[5]

Los relatos acerca del Jesús resucitado fueron frecuentes y surgieron de inmediato.

Una vez que los seguidores de Jesús entendieron lo que había sucedido —que él verdaderamente había vencido al sepulcro— comenzaron inmediatamente a hablar a la gente acerca de esto. Al principio lo comunicaron oralmente, pero pronto también lo pusieron por escrito.

Una de las primeras doctrinas de la iglesia, que los eruditos consideran que se originó unos pocos años después de la resurrección de Jesús, la escribió Pablo en 1 Corintios 15:3-8:

Porque ante todo les transmití a ustedes lo que yo mismo
recibí: que Cristo murió por nuestros pecados según las
Escrituras, que fue sepultado, que resucitó al tercer día según
las Escrituras, y que se apareció a Cefas, y luego a los doce.
Después se apareció a más de quinientos hermanos a la vez,
la mayoría de los cuales vive todavía, aunque algunos han
muerto. Luego se apareció a Jacobo, más tarde a todos los
apóstoles, y por último . . . se me apareció también a mí.

Este testimonio, junto con los relatos que lo corroboran en
los cuatro Evangelios y en otros libros del Nuevo Testamento,
afirma simplemente lo que los cristianos sabían perfectamente
desde el primer domingo de Pascua, y no deja lugar a dudas en
cuanto a la certeza que tenían aquellos primeros seguidores de
Cristo acerca de la realidad de la Resurrección. Su confianza, junto con las razones que los habían convencido, nos asegura que la
realidad de la resurrección de Jesús tiene un fundamento firme
como una roca —y, con ello, la veracidad de su afirmación de ser
el Hijo de Dios.

Flecha 15 ····⟩ El *surgimiento de la iglesia* señala la autenticidad de su mensaje.

Verdaderamente, fue un increíble giro de acontecimientos. Pedro le había asegurado a Jesús que lo seguiría hasta la muerte,
pero aquella misma noche lo negó tres veces. Después de que
Jesús fue torturado y crucificado, el derrotado Pedro, temblando y temeroso, se ocultó en un lugar seguro, junto con el resto
de la banda de abatidos discípulos.

Avancemos rápidamente unas pocas semanas. Ahora encon-
tramos a Pedro y a los demás en la plaza pública —en Jerusalén,

la misma ciudad donde Jesús había sido crucificado unas pocas semanas antes— donde osadamente están contando a todos que escuchan acerca del Cristo resucitado. Y como si esto fuera poco, Pedro entra en escena y comienza a predicar a esta multitud potencialmente hostil:

> Pueblo de Israel, escuchen esto: Jesús de Nazaret fue un hombre acreditado por Dios ante ustedes con milagros, señales y prodigios, los cuales realizó Dios entre ustedes por medio de él, como bien lo saben. Éste fue entregado según el determinado propósito y el previo conocimiento de Dios; y por medio de gente malvada, ustedes lo mataron, clavándolo en la cruz. Sin embargo, Dios lo resucitó, librándolo de las angustias de la muerte, porque era imposible que la muerte lo mantuviera bajo su dominio. . . .
>
> A este Jesús, Dios lo resucitó, y de ello todos nosotros somos testigos. [Ha sido] exaltado por el poder de Dios. . . .
>
> Por tanto, sépalo bien todo Israel que a este Jesús, a quien ustedes crucificaron, Dios lo ha hecho Señor y Mesías.[6]

¿Cuál fue la reacción de la multitud? Las palabras de Pedro los hizo sentir "profundamente conmovidos," y alzaron la voz preguntando qué debían hacer. Pedro les dijo: "Arrepiéntase y bautícese cada uno de ustedes en el nombre de Jesucristo para perdón de sus pecados."[7] ¿Y sabes qué sucedió? Unas tres mil personas lo hicieron. Este fue sólo el comienzo del rápido surgimiento y el crecimiento exponencial de la iglesia cristiana, que ha continuado hasta estos días, llegando a ser la religión más grande del mundo, con más adherentes en el mundo en desarrollo que en todo el mundo Occidental combinado.[8]

Esto no habría sucedido jamás si Pedro no hubiera estado

en lo correcto cuando proclamó con tanta valentía la verdad acerca de Jesús. Y no pasemos por alto el hecho de que respaldó sus afirmaciones con frases tales como "como bien lo saben" y "de ello todos nosotros somos testigos." Esta apelación al conocimiento público también fue usada por Pablo cuando en uno de sus discursos declaró sin ningún temor: "El rey [Agripa] está familiarizado con estas cosas, y por eso hablo con él con tanto atrevimiento. Estoy convencido de que nada de esto ignora, porque no sucedió en un rincón."[9]

Estos acontecimientos confirman que la resurrección de Jesús realmente sucedió; la iglesia primitiva estaba segura de que este era un hecho demostrado y los creyentes estaban dispuestos a arriesgar su vida por eso.

Una vez más, estos acontecimientos confirman que la resurrección de Jesús realmente sucedió; la iglesia primitiva estaba segura de que este era un hecho demostrado —así como estaba segura de su mensaje y misión— y los creyentes estaban dispuestos a arriesgar su vida por eso. Esta clase de confianza ha contagiado a millones de personas, entre las cuales me incluyo.

Flecha 16 ⋯⫶ Las *vidas cambiadas de algunos escépticos de aquel tiempo* confirmaron la verdad de la resurrección de Jesús y de las enseñanzas de la iglesia.

Una cosa era que los amigos y los compañeros de Jesús permanecieran fieles a sus enseñanzas y resistieran contra toda probabilidad. Pero cuando algunos de los que se oponían al mensaje cristiano —como Saulo de Tarso, que fue un activo perseguidor de la iglesia— y otros que eran escépticos con respecto a

Jesús, como su propio medio hermano Santiago, llegaron a ser discípulos devotos de Jesús, este hecho verdaderamente nos dice algo. Saulo había estado presente y había apoyado con entusiasmo la condena y la ulterior lapidación de Esteban, un discípulo cristiano. El libro de Hechos registra el valiente discurso final de Esteban, al que le siguió su violento fin, que lo constituyó como el primer mártir de Cristo del que se tiene registro.[10] También menciona específicamente que "Saulo estaba allí, aprobando la muerte de Esteban." También dice que Saulo estaba "respirando . . . amenazas de muerte contra los discípulos del Señor."[11]

Saulo se encaminó pronto hacia Damasco para llevar a Jerusalén a los cristianos que pudiera encontrar allí. Fue en ese viaje, que el Jesús resucitado se le apareció, lo cegó temporalmente, y lo llamó para que se convirtiese en su seguidor y eventualmente un líder en el movimiento cristiano mundial.[12]

Saulo, a quien conocemos mucho mejor como el apóstol Pablo, nombre que recibió después de su conversión, llegó a ser un poderoso defensor y misionero de la fe, convirtiéndose en el líder de mayor influencia en el mundo en lo que respecta a la difusión del mensaje de Jesús. Ayudó a una cantidad innumerable de personas a elegir la fe en Cristo y estableció iglesias en cada ciudad con estos creyentes recién comprometidos.

Mucho menos se escribió acerca de Santiago, pero aparentemente él fue uno de los que dudaban de Jesús, su medio hermano, mientras crecían juntos. Pero posteriormente fue una de las personas a las que Jesús visitó después de su resurrección (se menciona a Santiago por nombre en uno de los primeros credos, el que está registrado en 1 Corintios 15), y llegó a ser un importante líder de la iglesia primitiva.

Estos dos escépticos convertidos en testigos estrella le anuncian al mundo, y a nosotros mientras consideramos y sopesamos las afirmaciones de la verdad cristiana, que esta fe está edificada sobre un sólido fundamento de hechos.

Flecha 17 ···⟩ La *disposición de los discípulos a morir* por lo que creían que era la verdad ratifica la credibilidad de sus afirmaciones.

Hemos omitido un hecho muy importante acerca de los dos ex escépticos que recién mencionamos: No sólo cambiaron completamente su vida y llegaron a ser seguidores de Jesús, sino también estuvieron dispuestos a morir por la verdad de sus afirmaciones. Esto muestra el nivel de confianza que tenían en lo que habían visto y experimentado, especialmente como testigos del Jesús resucitado.

Es igualmente significativo el hecho de que casi todos los otros discípulos —los que dijeron que habían visto, platicado y comido con el Jesús resucitado, algunos de ellos en varias oportunidades— también murieron voluntariamente como mártires por la verdad de aquellas afirmaciones. Todos ellos rehusaron negar o restar valor a lo que habían proclamado acerca de Jesús, de sus milagros, sus enseñanzas o su resurrección.

Hoy, es bastante fácil abrazar la fe cristiana, especialmente en nuestra cultura de libertad y tolerancia. Pero la disposición de los discípulos para proclamarla en aquel tiempo y en aquella cultura, y eventualmente morir por ella, le agrega un enorme signo de admiración a la realidad de que verdaderamente conocían y creían en lo que proclamaban confiadamente.

Algunas personas han tratado de desacreditar la importancia de este argumento comparando a los discípulos, y su disposición para entregar su vida por lo que sabían que era verdadero, con representantes de otras religiones que murieron por su fe. El ejemplo más común es el de los terroristas musulmanes, como aquellos que dieron su vida para estrellar aviones en el World Trade Center y en el Pentágono el 11 de septiembre de 2001. El argumento es que ellos también estuvieron dispuestos a morir por lo que creían.

Los discípulos de Jesús o bien decían la verdad con respecto a haber estado con el Salvador resucitado o estaban mintiendo, pero de cualquier manera sabían lo que realmente había sucedido.

Pero hay una gran diferencia entre estos ejemplos: Los discípulos de Jesús habían estado en una situación de *saber con certeza* si lo que enseñaban era correcto o no. O bien ellos decían la verdad con respecto a haber estado con el Salvador resucitado o estaban mintiendo, pero de cualquier manera sabían lo que realmente había sucedido.

De manera que si Jesús realmente no se levantó de los muertos, ellos sabían que estaban mintiendo acerca de haberlo visto, pero siguieron adelante y entregaron su vida por esa mentira de todas maneras.

Pero ¿quiénes harían algo así? Quiénes podrían decir lo siguiente: "Sabemos que esta resurrección realmente no sucedió; sabemos que vamos a tener que mentir acerca de esto durante el resto de nuestra vida, actuando en total desobediencia a todo lo que Jesús nos enseñó acerca de decir la verdad; sabemos que vamos a ser perseguidos y probablemente vamos a morir por esta mentira; sabemos que no tenemos nada para ganar y todo para perder; sabemos que nunca podremos respetarnos a nosotros mismos o mirarnos a los ojos nuevamente; sabemos que la religión que estamos creando será un completo fraude; sabemos que eventualmente Dios nos juzgará por todo esto y sabemos que no tenemos que hacer lo que vamos a hacer. Pero de todas maneras vamos a unificar nuestras historias (más o menos) y vamos a ir a contarlas hasta los confines de la tierra. Vamos a dar el mismo informe falso hasta que vayamos a prisión o a la muerte, y permaneceremos unidos alrededor de este mito. *¿Estamos todos de acuerdo?"*

¿Puedes imaginarlo? Yo no puedo. ¿Cuál habría sido la ventaja de esto? La verdad real es esta: *Nadie muere por lo que sabe que es una mentira.*

Por el contrario, la muerte eventual de los discípulos, que fue el resultado de sostener resueltamente sus afirmaciones de haber visto a Jesús resucitado, dice *mucho* sobre la veracidad de esas afirmaciones. Y si ellos estaban dispuestos a morir por lo que sabían, nosotros deberíamos tomar todo esto muy en serio.

Por otro lado, los terroristas musulmanes no tenían posibilidad alguna de verificar o saber nada con certeza. En otras palabras, les habían *enseñado* que sus inminentes crímenes eran la voluntad de Alá para ellos y que su muerte les aseguraría su acceso inmediato al paraíso, pero no tenían manera alguna de probar si estas enseñanzas eran correctas. De manera que estos hombres se rindieron a la autoridad de sus maestros extremistas, dieron un salto ciego de fe, y entregaron su vida por algo a lo que sólo podían esperar —y contra la razón— que fuese realmente la voluntad de Dios.

Pero debido a que no tenían manera alguna de comprobar, con evidencias, lo que se les había prometido, ni su muerte ni la de otros que están en este estado de sumisión ciega contribuyen a demostrar la veracidad de su religión.

¿Ves la diferencia? Las afirmaciones del cristianismo están sostenidas por los sacrificios y la muerte de aquellos que estuvieron allí en el principio y que supieron con certeza que todo había sucedido de la manera que ellos dijeron. Esta certeza, junto con su disposición para dejar todo y permanecer fieles a lo que habían visto y experimentado, también debería darnos confianza en estas cosas.

Flecha 18 ···⟩ Las *mentes cambiadas de muchos escépticos modernos* son un apoyo adicional a las afirmaciones de la verdad cristiana.

Esta flecha ilustra otra razón para creer, distinta de la que nos dieron los dos escépticos de la antigüedad. Este cambio de parecer señala principalmente la validez de la experiencia de ellos con el Cristo resucitado. Sin embargo, la conversión de los escépticos modernos apunta más a la fuerza de evidencia (incluyendo a las "flechas" de este libro) que son accesibles a todos nosotros hoy en día. Podríamos citar muchos ejemplos, pero bastará con unos pocos:

Su disposición para dejar todo y permanecer fieles a lo que habían visto y experimentado debería darnos confianza en estas cosas.

Simon Greenleaf era un erudito judío y uno de los dos profesores que hicieron de la Escuela de Derecho de Harvard una de las mejores del mundo. También escribió el libro de texto estándar de lo que constituye buenos argumentos en los tribunales de justicia, la obra en tres volúmenes *Treatise* on the Law of Evidence [*Tratado sobre la Ley de la Evidencia*]. Esta obra fue tan brillante que, en una ocasión, la revista *London Law Magazine* declaró que a través de ella "ha brillado más luz desde el Nuevo Mundo de la que proviene de todos los abogados que adornan a los tribunales de Europa."[13] Cierto día, uno de los alumnos del Profesor Greenleaf lo desafió a examinar las evidencias de la resurrección de Cristo. Con escepticismo al principio, investigó el tema a fondo y finalmente llegó a ser un ardiente seguidor de Jesús. Posteriormente escribió una obra defendiendo la fe cristiana, llamada *The Testimony of the Evangelists: The Gospels Examined by the Rules of Evidence (El Testimonio de los Evangelistas: Los Evangelios Examinados por las Reglas de la Evidencia)*.[14]

A. H. Ross, un periodista inglés que quería publicar un libro a nivel popular exponiendo el mito de la Resurrección, terminó escribiendo un libro que no se había propuesto escribir. Usando el seudónimo de "Frank Morison," Ross tituló su libro *The Book That Refused to be Written [El Libro que Rehusó ser Escrito]*, pero posteriormente lo cambió a *Who Moved the Stone? [¿Quién Movió la Piedra?]* Este libro llegó a ser un clásico, y como su nombre lo indica, los estudios de Ross lo convencieron, inicialmente contra su voluntad, de que Jesús realmente se levantó de los muertos. Una vez que se convenció de esto, Ross eligió la fe cristiana y comenzó a contar a otros lo que había descubierto.

En el *Libro Guinness de los Récords* de 1990, Sir Lionel Luckhoo figuraba como el abogado más exitoso del mundo. Su extraordinario récord como abogado defensor era de 245 absoluciones de asesinato sucesivas, tanto delante de jurados como frente a los tribunales de apelación. Este brillante abogado, ordenado dos veces caballero por la Reina Isabel de Inglaterra, analizó rigurosamente las evidencias de la resurrección de Jesús durante varios años, y finalmente llegó a la siguiente conclusión: "Afirmo inequívocamente que las evidencias de la Resurrección de Jesucristo son tan apabullantes que obligan a aceptarla mediante pruebas que no dejan absolutamente ningún lugar a dudas."[15]

Se podrían narrar innumerables historias, incluyendo la de Josh McDowell, que siendo estudiante universitario se propuso refutar al cristianismo y terminó siendo creyente. McDowell escribió *Más que un carpintero,* un pequeño libro maravilloso sobre las evidencias acerca de Cristo, que se han vendido hasta ahora más de diez millones de ejemplares, y el enciclopédico libro *Evidencia que Exige un Veredicto,* que presenta evidencias adicionales acerca de la verdad del cristianismo.[16] También está la historia de Viggo Olsen, que, siendo estudiante de medicina con un futuro promisorio como cirujano, asumió el desafío que le hicieron los padres de su esposa en cuanto a examinar las evidencias del cristianismo. Él pensaba que se trataría de una investigación breve, pero se convirtió en una búsqueda espiritual que le cambió la vida. Finalmente, tanto Viggo como su esposa, Joan, llegaron a creer en Jesús. Posteriormente pasaron treinta y tres años como médicos misioneros entre los pobres de Bangladesh.[17] Y está mi amigo íntimo y compañero de ministerio, Lee Strobel, que era el escéptico editor legal del periódico *Chicago Tribune,* y encontró la fe después de investigar el cristianismo durante casi dos años. Hoy en día, Lee da conferencias y escribe acerca de las evidencias que lo convencieron, como lo describe en sus éxitos editoriales *El Caso de Cristo, El Caso de la Fe, El Caso del Creador* y *The Case for the Real Jesús [El Caso del Jesús Verdadero].*

El hecho de que tantas personas inteligentes hayan investigado cuidadosamente los hechos y hayan terminado eligiendo la fe cristiana no la hace necesariamente verdadera, pero ciertamente refuerza esa posibilidad. Como mínimo, parece que debería motivar a cualquier buscador sincero a considerar las evidencias que han convencido a muchos otros pensadores serios.

Flecha 19 ····⟩ Los *testimonios de innumerables creyentes* a través de la historia dan testimonio de la realidad de Dios y de lo valioso que es seguir a Jesús.

Además de los razonamientos lógicos y de las distintas evidencias que hemos discutido, considera el hecho de que millones de personas, de trasfondos, culturas y modos de vida enormemente diversos —a través del tiempo— han encontrado que la fe en Jesús hace una diferencia significativa en su vida diaria así como también en su perspectiva del futuro.

Ciertamente sé que mi vida es mejor debido a la guía y la sabiduría de Dios, aunque las aplique de manera imperfecta. Una y otra vez, los caminos de Dios, tal como se revelan en la Biblia, han demostrado su valía. Cuando he buscado cuidadosamente la voluntad y la dirección de Dios, estas han demostrado regularmente ser lo mejor para mí. Esto es

El hecho de que tantas personas inteligentes hayan investigado cuidadosamente los hechos y hayan terminado eligiendo la fe cristiana no la hace necesariamente verdadera.

verdad no sólo en el dominio espiritual, sino también en otras áreas de mi vida: la relacional, la matrimonial y la vocacional. Para mí, la elección de poner mi fe en Jesús ha demostrado ser la mejor manera de vivir —y confío en que algún día también demostrará ser la única manera de morir.

Flecha 20 ····⟩ Es verdad porque *Jesús lo dijo* —y él tiene las credenciales para hablar con autoridad.

¿Has notado que casi todos, de una u otra manera, tratan de reclamar a Jesús como propio?

Para el activista social, Jesús es un revolucionario cultural; para el metafísico de la Nueva Era, es un maestro espiritual ilumi-

Para nuestra manera natural de pensar, Jesús es el amigo de todos —y en casi todos los casos, la imagen que tenemos de él termina pareciéndose sospechosamente igual a nosotros mismos.

nado; para el bahaí, es uno de los muchos grandes profetas; para el liberal, es otro liberal; para el fundamentalista extremo, Jesús es un airado predicador callejero; para el unitario, es un universalista; para el ejecutivo de una empresa, es un consumado líder de negocios; para el comunista, es la cabeza de una comuna; para el maestro motivacional, es un pensador positivo genial; para los posmodernistas es diferentes cosas, de acuerdo a sus diferentes perspectivas; y para el compañero de trabajo irreverente, simplemente es "el tipo de allá arriba."

Para nuestra manera natural de pensar, Jesús es el amigo de todos —y en casi todos los casos, la imagen que tenemos de él termina pareciéndose sospechosamente igual a nosotros mismos. Alguien ha dicho bromeando: "En el principio, Dios creó a los seres humanos a su propia imagen, y nosotros pronto le devolvimos el favor." Es tanto divertido como extraño que un lado de nuestro cerebro anhela desesperadamente a un Dios que está trascendentalmente exaltado en las alturas, mientras que el otro lado de nuestro cerebro hace todo lo que puede para tratar de bajar a Dios a nuestro nivel mundano.

A pesar de todo esto, me gustaría hacer una modesta proposición: ¿Por qué no dejamos a Jesús que hable por sí mismo? Después de todo, tiene credenciales que nadie más posee. De todas las personas que han caminado sobre este planeta, él fue quien mejor comunicó lo que quería decir, a veces con palabras desafiantes y frecuentemente con palabras alentadoras.

Estas son algunas de las palabras desafiantes a las que, si somos sabios, deberíamos prestarle atención:

"Yo soy el camino, la verdad, y la vida. . . . Nadie llega al Padre sino por mí."[18]

"Conocerán la verdad, y la verdad los hará libres."[19]

Y aquí están algunas de sus palabras alentadoras:

"Vengan a mí todos ustedes que están cansados y agobiados, y yo les daré descanso. Carguen con mi yugo y aprendan de mí, pues yo soy apacible y humilde de corazón, y encontrarán descanso para su alma. Porque mi yugo es suave y mi carga es liviana."[20]

En los dos capítulos siguientes analizaremos el significado de todo esto, como también veremos lo que deberíamos hacer con todo esto. Pero permíteme concluir esta sección de dos capítulos en los que di razones para la fe cristiana con estas sabias palabras de amonestación dichas por Simon Greenleaf, el distinguido abogado de Harvard que mencioné antes: "Al examinar las evidencias de la religión cristiana, es esencial para el descubrimiento de la verdad que, hasta donde podamos, entremos a la investigación con una mente libre de prejuicios y abierta a la convicción. Debe haber una disposición, de nuestra parte, para investigar con sinceridad, seguir a la verdad dondequiera que nos lleve y para someter, sin reservas ni objeciones, a todas las enseñanzas de esta religión, si se encuentra que sea de origen divino."[21]

CAPÍTULO DOCE

"*ME GUSTARÍA* TENER FE"

Atravesar las barreras hacia la fe

EN NUESTROS DÍAS LA VERDAD ES MUY OSCURA Y
LA MENTIRA SE HA ARRAIGADO TANTO QUE SI UNO
NO AMA LA VERDAD, NO PODRÁ CONOCERLA.

Blaise Pascal

Esta mañana anduve en bicicleta por las colinas
—en realidad volví hace unos momentos. El clima
era ideal: el sol brillaba y había una brisa fresca.
El sendero serpentea a través de los cañones en las

laderas de las colinas cercanas a nuestro hogar. El paisaje es deslumbrante, con vistas de las altas montañas a la distancia y vislumbres intermitentes del Océano Pacífico más allá de los valles. A veces me encuentro pedaleando por el sendero, persiguiendo un correcaminos (*¡Bip! ¡Bip!* No te preocupes; no soy ninguna amenaza para esos veloces corredores). Con frecuencia veo ciervos y muchos otros animales interesantes. Me encanta el aroma de la salvia y de otros arbustos, flores y árboles fragantes, que percibo mientras corro junto a ellos.

Lamento estropear esta imagen idílica, pero debo mencionar que a veces la gente se hiere gravemente al atravesar estos senderos andando en bicicleta. Hay muchas rocas grandes, derrumbes y barrancos que inesperadamente pueden enviar a un ciclista por los aires. Una falla mecánica de la bicicleta puede provocar accidentes catastróficos, como uno del que me enteré recientemente cuando el manubrio de la bicicleta se rompió cuando el ciclista aterrizó de un salto. También hay insectos y reptiles venenosos, como lo puede atestiguar mi amigo Chris, que fue mordido por una serpiente de cascabel el mes pasado.

Y están los pumas.

Cuando me mudé a esta zona, pensaba que esto era una especie de broma —hasta que escuché de un ciclista que fue muerto por uno de ellos a sólo unos dieciséis kilómetros de donde yo suelo andar. Más tarde ese mismo día, una mujer fue herida gravemente por el mismo puma. Recientemente, un puma fue muerto de un balazo en el patio trasero de unas personas que viven a cinco manzanas de mi casa, ¡y otro fue avistado una noche caminando por nuestra calle este verano!

Me había imaginado que debido a que ando rápido probablemente estaba a salvo. Pero investigué un poco y aprendí que estos felinos —que pueden llegar a pesar más de 77 kilogramos y medir hasta 2,50 metros de la nariz hasta la cola— pueden correr a 65 kilómetros por hora, saltar hasta 6 metros en el aire para trepar a un árbol, y aparentemente son atraídos por las presas que se mueven rápidamente, así como a los gatitos les atraen los ovillos de lana que van rodando.

Ahora, cuando monto en mi bicicleta, llevo un cuchillo y un teléfono celular (en este estado no se permite el uso de escopetas recortadas); probablemente nada de esto me pueda ayudar, pero al menos siento que he tomado *algunas* precauciones. No es como si uno pudiera comprar repelente para pumas.

La conclusión es esta: En cierta medida, *ando por fe*. No *sé* si voy a estar seguro o si voy a volver a casa sano y salvo, pero las evidencias y las probabilidades están a mi favor. Estadísticamente es tan improbable ser muerto por un puma como morir por el ataque de un tiburón —y las probabilidades de ambas cosas son alrededor de 1/100 de la probabilidad de ser muerto por un rayo y de 1/50,000 de la probabilidad de morir en un accidente automovilístico.[1] De manera que, si alguna vez sales de tu casa y vas a donde podrías ser alcanzado por un rayo —o

Exactamente así es la vida. Realizamos nuestras actividades normales diarias con la fe de que ellas darán buenos resultados —tal como lo hicieron ayer.

peor aún, si estás lo suficientemente loco como para conducir un automóvil— entonces *vives mucho más por fe de lo que yo lo hago* cuando ando en mi bicicleta por las colinas.

Exactamente así es la vida. Realizamos nuestras actividades normales diarias con la fe de que ellas darán buenos resultados

—tal como lo hicieron ayer. No hay ninguna prueba ni existe la seguridad absoluta de que así sucederá, pero obramos de acuerdo a la información que tenemos y vivimos nuestras vidas de todos modos.

Eligiendo tu fe

La fe sabia y espiritual —la clase de fe por la que abogo— es un compromiso de confianza basado en evidencias sólidas, aunque incompletas, de que estamos creyendo en lo correcto y yendo en la mejor dirección. Debo señalar que esta comprensión de la *fe* contrasta totalmente con las definiciones poco claras y a menudo erróneas que vemos flotando en nuestra cultura contemporánea. Te doy unos pocos ejemplos:

- Las *ilusiones,* según el sentido pragmático y "es real para ti," lo cual tratamos en el capítulo 2 y vimos que resulta deficiente.

- La *fe terapéutica* es similar a las ilusiones, pero se basa más en la comodidad y el apoyo emocional. Puede ser que uno se sienta bien, pero sigue siendo algo falso.

- La *fe infundada,* también conocida como la *fe ciega,* es descrita así por el ateo Richard Dawkins: "La fe es la gran evasión, la gran excusa para evitar la necesidad de pensar y evaluar las evidencias. La fe es creer a pesar de, e incluso tal vez debido a, la falta de evidencias. . . . A la fe no se le permite justificarse a sí misma por medio de argumentos."[2] Mi amigo Erick Nelson llama a este enfoque de la fe "una especie de lobotomía frontal voluntaria y auto impuesta" —lo que ciertamente ni él ni yo recomendamos.

- La *fe que se opone a los hechos* es un enfoque irracional que está resumido en el ejemplo clásico del niño de la escuela dominical que definió la fe diciendo: "Es creer en algo aunque uno sabe en el corazón que no podría ser verdad."

En contraste con todo esto, yo abogo por la *fe razonable,* que es tanto una creencia y una acción basadas en una *buena lógica, evidencias,* una *revelación confiable* y a veces, en una *intuición comprobada,* en una *autoridad acreditada* y en una *tradición probada.* La fe razonable se mueve en la misma dirección que indican los hechos, aunque es un compromiso o un paso que nos lleva más allá de lo que la mera evidencia nos podría llevar.[3]

Volviendo a mi ejemplo de la bicicleta, salgo a andar cuando todo parece ser seguro, mi bicicleta está en buen estado, el clima es bueno y el sendero es atractivo. Pienso que volveré sano y salvo, pero todavía necesito algo de fe (aunque sólo un poco) para subir a la bicicleta. La fe es una *acción* basada en *buena evidencia.*

Creo en la aviación de manera similar. Acepto lo que conozco acerca de la ciencia del vuelo. Pero mi conocimiento de esos hechos no me llevó desde el Condado de Orange a la ciudad de Kansas al comienzo de esta semana. Tuve que ir más allá de *estar de acuerdo* con la información y realmente *ejercer suficiente fe* (una cantidad moderada) para abordar el avión y volar a Missouri.

Honro la idea del matrimonio. Pienso que el compromiso

que un hombre y una mujer contraen para toda la vida es bueno para ellos, para su descendencia y para la sociedad en general. Pero esa sola creencia no me convierte en un esposo. Es necesario que corteje a la muchacha, le proponga matrimonio, entre a la iglesia y diga "Sí, acepto" (¡Esto le exigió mucha fe —a *Heidi*!). Y aún tendré que levantarme cada mañana y vivir cada día de acuerdo a ese compromiso.

Tuve que ir más allá de estar de acuerdo con la información y realmente ejercer suficiente fe (una cantidad moderada) para abordar el avión.

En cada uno de estos ejemplos, la fe implica dos componentes: Una *creencia correcta* (la bicicleta está en buenas condiciones, el avión va a volar, la muchacha y yo fuimos hechos el uno para el otro) y una *acción apropiada* (voy a montar en esa bicicleta, voy a volar en ese avión, voy a casarme con esa muchacha). Pero, ¿cómo se aplican estos componentes —la creencia correcta y la acción apropiada— a la tarea de elegir la fe?

Bueno, puedes revisar los dos capítulos anteriores para ver cómo yo entiendo la parte de la creencia correcta. En ellos, establecí veinte razones para confiar no sólo en una deidad poderosa y sabia, sino en el Dios del cristianismo. Hubiera podido ofrecer muchos argumentos más, pero confío en que los que he dado son sólidos y te guiarán hacia la verdad. Espero que por lo menos te haya convencido de eso o de que concluirás el trabajo investigando más. En una rápida revisión, estas son las veinte razones, o flechas, que identifiqué:

Flecha 1 ····⟩ El diseño en el universo apunta a un *Diseñador Inteligente*.

Flecha 2 ····⟩ El ajuste en el universo apunta a un *Afinador* intencional.

Flecha 3 ····⟩ La información codificada en el ADN apunta a un *Codificador Divino*.

Flecha 4 ····⟩ El comienzo del universo apunta a un *Iniciador Divino*.

Flecha 5 ····⟩ El sentido de moralidad en toda la raza humana apunta a un *Legislador Moral*.

Flecha 6 ····⟩ La Biblia demuestra ser un libro religioso excepcionalmente *coherente*.

Flecha 7 ····⟩ La Biblia es un libro religioso excepcionalmente *histórico*.

Flecha 8 ····⟩ La Biblia es una obra antigua excepcionalmente *preservada*.

Flecha 9 ····⟩ La arqueología muestra que la Biblia es un libro poderosamente *verificado*.

Flecha 10 ····⟩ La Biblia demuestra ser un libro religioso excepcionalmente *sincero*.

Flecha 11 ····⟩ Los *milagros,* realizados en presencia de creyentes y críticos por igual, apuntan a los profetas, apóstoles y Jesús como mensajeros de Dios.

Flecha 12 ····⟩ Las *profecías cumplidas* señalan a la Biblia como un libro inspirado divinamente y a Jesús como el Mesías único de Dios.

Flecha 13 ····⟩ La *vida sin pecado* de Jesús respaldaba su afirmación de ser el Hijo de Dios.

Flecha 14 ····⟩ La *resurrección* de Jesús determina de manera poderosa sus credenciales como Hijo de Dios.

Flecha 15 ····⟩ El *surgimiento de la iglesia* señala la autenticidad de su mensaje.

Flecha 16 ····⟩ Las *vidas cambiadas de algunos escépticos de aquel tiempo* confirmaron la verdad de la resurrección de Jesús y de las enseñanzas de la iglesia.

Flecha 17 ····⟩ La *disposición de los discípulos a morir* por lo que creían que era la verdad ratifica la credibilidad de sus afirmaciones.

Flecha 18 ····⟩ Las *mentes cambiadas de muchos escépticos modernos* son un apoyo adicional a las afirmaciones de la verdad cristiana.

Flecha 19 ···꓿ Los *testimonios de innumerables creyentes* a través de la historia dan testimonio de la realidad de Dios y de lo valioso que es seguir a Jesús.

Flecha 20 ···꓿ Es verdad porque *Jesús lo dijo* —y él tiene las credenciales para hablar con autoridad.

∞

Antes de dejar atrás el componente de la fe al que llamamos *creencia correcta,* permíteme explicar por qué he descrito a estas razones como *flechas:* Es porque cada una señala *hacia* una verdad o un conjunto de verdades y *se aparta* de todos los puntos de vista opuestos. Individual y colectivamente, las flechas presentan ideas que te llevan en una dirección particular.

Este es un diagrama que refleja esto con flechas que representan los distintos argumentos:

Ahora, tal como lo mencioné antes, podría agregar muchas otras razones (y por lo tanto más flechas), aunque tal vez cada una de ellas no sean igualmente convincentes para cada individuo. Pero el caso acumulativo —algo a lo que los abogados llaman preponderancia de evidencias— presenta un argumento tremendamente poderoso de que la verdad está en el centro de ese diagrama. No afirmo que es una prueba absoluta, porque ninguna elección de fe jamás lo es (incluyendo al ateísmo, el agnosticismo o cualquier religión o sistema de creencias al que actualmente te adhieras). Pero a partir de mi estudio y observación, no hay ningún otro sendero de fe que se acerque a la clase de patrón colectivo de razones y evidencias que vemos en este diagrama.

Así que, otra vez, sea cual sea la verdad, parece claro que debe caer en algún lugar del medio del diagrama. ¿Y qué hay específicamente en el medio? Cuando miras todas las razones que fueron enumeradas, es claro que apuntan a la *creencia en un Dios* que diseñó tanto al universo como a nosotros, en *Jesús como la encarnación humana de Dios* y en las escrituras hebreas y cristianas (El Antiguo y el Nuevo Testamento) como la *revelación de Dios.*

Cualquiera que quiera argumentar a favor de una posición completamente diferente se enfrenta con una doble tarea: (1) refutar las razones que señalan hacia el centro del diagrama, y (2) proponer otras razones que señalen en otra dirección de manera convincente. Por ejemplo, los ateos necesitan hacer mucho más que tratar de echar por tierra las razones que apoyan la existencia de Dios; para que sus creencias estén por encima del nivel de un mero "salto de fe en la oscuridad," necesitan presentar argumentos *a favor* de la posición atea. Y lo mismo sucede con los hindúes, budistas, los bahaíes, con los que apoyan los puntos de vista de la Nueva Era o con cualquier otra idea.

Pero no es suficiente conocer y estar de acuerdo con estas conclusiones acerca de lo que está en el medio del diagrama. Reitero, la fe conlleva dos componentes: una creencia correcta y una *acción apropiada basada en esa creencia.* Saber que el edificio se está incendiando no me salva del humo y del calor. ¡Debo actuar en base a lo que sé y apresurarme a salir del edificio!

Del mismo modo, debo hacer más que meramente reconocer la existencia del Dios de la cristiandad, aceptando intelectualmente una lista de enseñanzas bíblicas. También debo responder a Dios y a lo que ha dicho. Fue Jesús quien les preguntó a sus oyentes: "¿Por qué me llaman ustedes 'Señor, Señor,' y no hacen lo que les digo?"[4] La fe es tanto una creencia correcta como una acción apropiada, moviéndose en la dirección hacia la que señala la evidencia.

Para ser claro, esa evidencia, que incluye lo que Jesús dijo y lo que confirmó en las otras escrituras bíblicas, contiene el mensaje central de Dios: Él nos ama, pero cada uno de nosotros le hemos desobedecido y deshonrado, rompiendo así nuestra relación con él. Necesitamos su rescate y su restauración. Lo bueno del caso es que Dios eligió rescatarnos a través de Jesús, que vino a la tierra no sólo para enseñarnos y mostrarnos cómo vivir sino también para pagar el castigo por nuestro fracaso de no vivir como deberíamos.

Sabes, nuestra desobediencia a Dios (que la Biblia llama *pecado*) dio como resultado una seria deuda moral, un castigo de la muerte espiritual que cada uno de nosotros ha ganado pero que jamás podría pagar del todo —ni en esta vida ni en la venidera. Por nuestra cuenta, somos incapaces de hacer algo al respecto.

Pero Dios no quiere dejarnos en este aprieto sin esperanza. Se interesa demasiado por nosotros como para no proveernos de una vía de escape. Así fue que vino a la tierra en un cuerpo humano en la persona de Jesús, y en el tiempo señalado, permitió que Jesús fuera acusado, juzgado y ejecutado, no porque él hubiera hecho algo malo sino porque *nosotros* lo hicimos.

Dios no quiere dejarnos en este aprieto sin esperanza. Se interesa demasiado por nosotros como para no proveernos de una vía de escape.

Jesús resumió su misión diciendo que "no vino para ser servido, sino para servir, y para dar su vida en rescate por muchos."[5] De hecho, vino y pago voluntariamente en la cruz la pena de la muerte en nuestro lugar, algo así como "el pago de un rescate" por ti y por mí.

∞

Entonces, ¿qué se supone que debemos hacer con toda esta información? Dos cosas: (1) estudiarla y reflexionar sobre ella hasta que lleguemos al punto donde podamos reconocer su verdad, incluyendo la verdad de nuestra necesidad del rescate y la restauración de Dios, y (2) actuar en base a eso, pidiéndole a Dios que perdone nuestros pecados y tome el control de nuestra vida. Por más simple que parezca, lo que Dios está esperando pacientemente es que hagamos este acto de arrepentimiento humilde. O por decirlo de una manera más familiar, es la clase de fe que él está esperando que elijamos.

Estos dos pasos son muy simples y, sin embargo, ¡a mucha gente le resulta muy difícil darlos! ¿Por qué sucede esto? ¿Cuáles son las barreras que pueden impedirnos creer y hacer lo correcto? A continuación hay una docena de obstáculos comunes que se oponen a ese paso de fe:

1. *La falta de información.* No puedes decidirte a creer algo que no entiendes. Si lo que he presentado te parece interesante y quizás hasta intrigante, pero sientes que hay demasiados huecos en tu comprensión de las cosas o demasiadas preguntas que no han sido respondidas, es importante que te detengas y hagas lo que sea necesario para conseguir la información necesaria en primer lugar. Eso podría significar que volvieses atrás a las veinte flechas y reflexiones en las razones que presenté allí. Además, podrías necesitar profundizar más, estudiando algunos de los libros y recursos para dar el siguiente paso que he enumerado en la página 295.

Haz todo lo que sea necesario para obtener y llegar a entender los conceptos básicos, pero no fijes un nivel excesivamente elevado con respecto a lo que necesitas saber. Jesús, que enseñó claramente y abogó a favor de un entendimiento sólido, también dijo que debemos venir a él como niños, con una fe simple y confiada.

Mi impresora láser dejó de funcionar recientemente. Abrí la tapa del frente y miré adentro, dándome cuenta de que no tenía idea de por qué había dejado de funcionar. Entonces tomé conciencia de algo más profundo: tampoco tenía idea alguna de por qué había *funcionado* antes. De igual manera, no llego a entender cómo trabaja mi computadora o incluso cómo funciona la lámpara de mi escritorio y me permite ver. Estamos rodeados de herramientas y tecnología que usamos cada día, aunque no *entendemos* totalmente cómo trabajan.

La fe se parece mucho a eso. Necesitamos aprender lo suficiente como para estar seguros de que estamos en el camino correcto para elegir la fe correcta, pero no podremos llegar a entender toda la profundidad de la fe, y sería sabio *no* demorar nuestra decisión sobre qué creer hasta podamos entender todo.

Necesitamos aprender lo suficiente como para estar seguros de que estamos en el camino correcto para elegir la fe correcta, pero no podremos llegar a entender toda la profundidad de la fe.

Es como lo que sucede en un tribunal: El jurado debe reunir y tratar de entender toda información que pueda, pero debe dar un veredicto basado en información limitada dentro de un tiempo limitado.

Una pregunta que debes considerar mientras reflexionas acerca de la fe cristiana es: ¿Cuán seguro estás de tu fe actual? Recuerda, mientras estás ponderando las evidencias y decidiendo acerca de las creencias cristianas, estás aferrándote a otro sistema de creencias. En otras palabras, no eres neutral. En este mismo momento estás viviendo de acuerdo a un conjunto básico de creencias acerca de las realidades espirituales y de Dios (o de la falta de Dios). Entonces, permíteme preguntarte: ¿Tienes mejores evidencias de tus creencias actuales que las que tienes ahora del cristianismo? Si no es así, podría ser tiempo de que consideres hacer un cambio.

2. *La falta de apertura.* Esto es difícil de admitir y con frecuencia nos resulta difícil verlo en nosotros mismos. Por muchas razones, tendemos a abordar información nueva mientras estamos limitados por nuestras antiguas presuposiciones y prejuicios. Como lo afirmó estupendamente el teólogo Rudolf Bultmann a principios de 1940: "Es imposible usar la luz eléctrica y la radio y beneficiarnos con los descubrimientos médicos y quirúrgicos modernos, y al mismo tiempo creer en el mundo de espíritus y milagros del mundo del Nuevo Testamento."[6] Esa clase de predeterminación acerca de lo que es posible o imposible nos limitará para considerar verdaderamente la evidencia real, especialmente cuando señala al "mundo de espíritus y milagros." Es mucho mejor —y más sabio— abrir nuestra mente y permitir que la evidencia nos lleve a donde quiera llevarnos. En el trayecto, podremos entender lo que realmente *puede ser* posible.

3. *Las dudas o el desacuerdo intelectuales.* Como respuesta a mi diagrama de las veinte flechas de información en la página 249, algunos podrían proponer unas pocas "anti-flechas," es decir, argumentos intelectuales que desafíen, y aparentemente debiliten, la "preponderancia de la evidencia" que señala hacia el centro del diagrama. Estas anti-flechas serían como flechas que señalan hacia fuera del centro. Las dos objeciones más comunes que he escuchado de algunos son el problema del mal y el tema del sufrimiento. Se han escrito libros enteros sobre estos asuntos, pero permíteme brindar unos pocos pensamientos que creo son relevantes.

Primero, algunas personas sostienen que la existencia del mal significa que no puede existir un Dios bueno, sabio y poderoso como el que yo he descrito porque, si existiera, desearía poner fin al mal y tendría el poder para hacerlo. El hecho de que el mal no se ha detenido, prosigue el argumento, indica que este Dios bueno, sabio y poderoso no existe.

La Biblia enseña que la razón por la que Dios no ha puesto fin a todo el mal (lo que incluiría terminar con los que hacen el mal, es decir, *la humanidad*) se debe a su paciencia hacia nosotros.[7] Pero tenemos que hacer una pregunta más fundamental:

Si no existe un Legislador Moral, *¿qué es malo* en realidad? Si se prescinde de la existencia de un Legislador Moral (como lo hemos discutido en el capítulo 9), no puede haber ningún patrón objetivo de lo que es correcto y lo que es incorrecto, de lo bueno y lo malo. Entonces, desde la perspectiva de un ateo, si uno sigue el razonamiento hasta el fin, todo se reduce a las preferencias personales o a las normas culturales. En otras palabras, la violación y el asesinato pueden ser cosas que no me gusten, pero podrían gustarle a otros. Podrán parecerme acciones desagradables o inapropiadas, pero si no hay un criterio trascendente, realmente no puedo decir que sean *malas*.

Si se prescinde de la existencia de un Legislador Moral, no puede haber ningún patrón objetivo de lo que es correcto y lo que es incorrecto, de lo bueno y lo malo.

Pero esta línea de pensamiento tiene un problema enorme: Tú y yo *realmente sabemos* que la violación y el asesinato son malos. Este sentido universal nuevamente nos señala hacia el Origen de Criterios universal que ha entretejido un sentido de moralidad en nuestra naturaleza misma.

Entonces, incluso la existencia del mal señala hacia la realidad de un Dios realmente bueno. Y la flecha que parecía apuntar fuera del centro en realidad señala hacia allí.

∞

¿Y en cuanto al sufrimiento? Esto es algo difícil de tratar, especialmente en este espacio limitado. Pero expresaré cuatro pensamientos:

Primero, ninguna respuesta, ningún razonamiento, ninguna filosofía ni ninguna cita de la Biblia te harán sentir bien con respecto a las dificultades por las que atraviesas en tu vida. A veces cometemos un error al tratar de responder una pregunta en lugar de ofrecer lo que más se necesita en ese momento: amor, misericordia, consuelo y compañerismo. Entonces, si estás dolorido o sufriendo ahora mismo, no quiero restarle importancia a lo que estás soportando al ofrecerte lo que inevitablemente te parecerá una respuesta simplista. Por favor, siéntete en libertad de pasar por alto unos siete párrafos y volver a mis reflexiones acerca del sufrimiento en otro momento. Mientras tanto, que la paz y el consuelo de Dios estén contigo.

Ahora, si es que todavía estás siguiéndome, vale la pena señalar que la clase de sufrimiento que enfrentamos en esta vida fue predicho por Jesús. Nos advirtió abiertamente que "en este mundo afrontarán aflicciones."[8] En un sentido más amplio, Jesús y todos los escritores de la Biblia describen un mundo donde hay pecado, conflicto, traición y guerra, algo muy semejante a lo que vemos diariamente en las noticias y a nuestro alrededor.

Segundo, aunque estas cosas difíciles traen dolor y pérdida, es bueno saber que el sistema de fe que Jesús representa es veraz al rehusar pasar por alto los aspectos crueles del mundo en el que vivimos. El cristianismo no trata de convencernos, como lo hacen algunas religiones, de que todos nosotros somos básicamente buenos, que tenemos en común una chispa de divinidad dentro de nuestro corazón y que vivimos en un mundo cada vez más utópico donde el mal es una mera ilusión. En marcado contraste con ese punto de vista popular pero desacertado, Jesús nos advierte que sí habrá dolor y sufrimiento. Afortunadamente, agregó inmediatamente estas palabras alentadoras: "Pero ¡anímense! Yo he vencido al mundo."[9]

Tercero, Jesús no sólo nos advirtió sobre sufrimiento en este mundo; él mismo lo experimentó en una medida mucho mayor de lo que podemos imaginar. Se preocupó por otras personas aunque él mismo no tenía un hogar. Enfrentó oposición, ridículo, rechazo y desprecio —y numerosos atentados contra su vida— mientras trataba de enseñar y alcanzar a personas como tú y yo. Y después de tres años ingratos, finalmente fue traicionado por un amigo, abandonado por sus compañeros, acusado falsamente por la élite religiosa, torturado y crucificado de manera brutal y vergonzosa entre dos ladrones. Si hay alguien que entiende lo que es el sufrimiento injusto y que puede ofrecernos ayuda y consuelo en nuestros momentos de necesidad, este es Jesús,

El cristianismo no trata de convencernos de que todos nosotros somos básicamente buenos, que tenemos en común una chispa de divinidad dentro de nuestro corazón.

el Hijo de Dios, que soportó cosas inimaginables. "Porque no tenemos un sumo sacerdote incapaz de compadecerse de nuestras debilidades, sino uno que ha sido tentado en todo de la misma manera que nosotros, aunque sin pecado. Así que acerquémonos confiadamente al trono de la gracia para recibir misericordia y hallar la gracia que nos ayude en el momento que más la necesitamos."[10]

Finalmente, nuestra experiencia con el sufrimiento lógicamente señala atrás, hacia Dios (así como lo hace el problema del mal). C. S. Lewis, en sus antiguos días de ateo, solía preguntar: "Si un Dios bueno hizo el mundo, ¿por qué salió mal?"[11] Pero esta es la respuesta que él mismo dio posteriormente:

Mi argumento contra Dios era que el universo parecía muy cruel e injusto. Pero ¿de dónde había sacado yo esta idea de *justo* e *injusto*? Un hombre no dice que una línea está torcida a menos que tenga alguna idea de lo que es una línea recta. ¿Con qué estaba comparando yo a este universo cuando lo llamaba injusto? Si, por decirlo así, todo el espectáculo era malo y sin sentido desde la A hasta la Z, ¿por qué yo, que se supone que formo parte del espectáculo, me encuentro reaccionado violentamente contra él?...

Así, en el acto mismo de tratar de demostrar que Dios no existía —en otras palabras, que la totalidad de la realidad no tenía sentido— descubrí que fui forzado a asumir que una parte de la realidad —a saber, mi idea de la justicia— estaba llena de sentido. Por consiguiente, el ateísmo resulta ser demasiado simplista. Si el universo entero no tuviese sentido, nunca deberíamos haber descubierto que no tiene sentido: de la misma manera, si no hubiera luz en el universo y por lo tanto no hubiese criaturas con ojos, no deberíamos saber que estaba oscuro. La *oscuridad* no tendría sentido.[12]

∞

Aparte de los temas del dolor y el sufrimiento, otra objeción común que se hace al cristianismo tiene que ver con las contradicciones aparentes que hay en la Biblia (tales como las diferencias entre los Evangelios de Mateo, Marcos, Lucas y Juan). Por ejemplo, los críticos señalan el hecho de que el relato de un Evangelio dice que en la mañana de la primera Pascua había un ángel junto a la tumba, y otro Evangelio dice que había *dos* ángeles. "¿Cómo se puede confiar en los relatos de la Resurrección que hay en el Nuevo Testamento cuando los escritores ni siquiera pueden llevar la cuenta de la cantidad de ángeles que supuestamente estaban junto a la tumba vacía?"

Primero, la mayor parte de estas así llamadas contradicciones no son problemas serios. Por ejemplo, si había "dos ángeles," también es acertado decir que había "un ángel." Nota que el segundo testigo no dice "un *solo* ángel," lo que sí habría sido una contradicción. Si dos reporteros vinieran ahora mismo a mi oficina y echaran una mirada, y uno de ellos escribiera: "Mark tiene una lámpara en su escritorio," y el otro mencionara más detalladamente: "Mark tiene dos lámparas en su escritorio," ambos estarían en lo correcto. Un tercer observador aun podría añadir algo más, diciendo: "A este sujeto realmente le gusta la luz —tiene tres lámparas en su oficina." Los tres relatos serían exactos.[13]

Los críticos parecen pasar por alto el hecho de que las pequeñas diferencias que hay en los relatos de los testigos oculares realmente son una señal de su veracidad.

Los críticos parecen pasar por alto el hecho de que las pequeñas diferencias que hay en los relatos de los testigos oculares de cualquier acontecimiento realmente son una señal de su veracidad. Deberíamos comenzar a sospechar cuando cada testigo dice exactamente la misma cosa de exactamente la misma manera. La diversidad que hay en las descripciones de los Evangelios nos dicen que los escritores no conspiraron para compatibilizar sus relatos a fin de meternos en la cabeza una fábula inventada por ellos.

Hay algunas preguntas difíciles y algunos desafíos serios a la fe cristiana, pero de acuerdo a mi experiencia, mientras más profundamente la investigo más confiado llego a estar. La abundancia de libros, artículos y sitios en Internet que ofrecen información creíble y respuestas de parte de eruditos y maestros altamente calificados parece incrementarse cada día.

Mi consejo es este: Plantea tus dudas y preguntas, pero investiga y "haz los deberes." Si esta fe está edificada sobre hechos reales, como lo he afirmado, superará todo escrutinio.

4. *La falta de experiencia.* En nuestra cultura, cada vez más, la gente no sólo quiere simplemente información e ideas; están en busca de una auténtica *experiencia*. No quieren simplemente café; quieren tener una experiencia Starbucks. No quieren simplemente un restaurante con buena música; quieren el Hard Rock Cafe. No quieren meramente una tienda de libros; quieren una librería como Barnes & Noble o Borders, donde puedan tomar un buen café, escuchar buena música, sentarse en un lindo sillón de cuero y examinar algunos buenos libros.

Lo mismo sucede en la esfera espiritual —la gente no quiere simplemente hechos y números; quieren una experiencia espiritual genuina. Es estupendo saber que las iglesias y los ministerios están ofreciendo más y más esta clase de oportunidades en sus reuniones públicas, así como también en sus pequeños grupos o clases de estudio. Aquí la gente puede reunirse o puede integrarse y formar parte de ungrupo. Aquí pueden ser auténticos y no fingir que saben lo que no saben, o pueden formular preguntas acerca de cosas de las que no están seguros y pueden hablar abiertamente acerca de ellas.

Si tomas la iniciativa de visitar una iglesia o un grupo como el que he descrito, tengo confianza de que encontrarás un gran estímulo en tu travesía de fe.[14]

5. *El estilo de vida.* Este es otro de estos asuntos personales que puede ser difícil de detectar, pero la manera como estás

viviendo puede tener un enorme impacto sobre tu apertura hacia lo que estás considerando o adoptando. Si sientes que elegir la fe en Jesús ha de requerir que dejes ciertos aspectos de tu estilo de vida que preferirías no dejar, entonces podrías encontrarte intuitivamente buscando excusas para no seguir a Jesús. Es como la historia que se cuenta acerca del comediante W. C. Fields cuando le preguntaron por qué tan cerca del fin de su vida estaba leyendo la Biblia, respondió: "estoy buscando una escapatoria, mi amigo, una escapatoria."

En una nota más seria, Aldous Huxley, el famoso escritor ateo, presentó esta honesta confesión:

> Tenía motivos para no querer que el mundo tuviera significado; por consiguiente asumí que no tenía ninguno, y pude encontrar razones satisfactorias para esta suposición sin ninguna dificultad. . . . Para mí, como indudablemente para la mayoría de mis contemporáneos, la filosofía de la falta de sentido fue esencialmente un instrumento de liberación. La liberación que deseábamos era simultáneamente la liberación de cierto sistema político y económico y la liberación de cierto sistema de moral. *Objetábamos la moralidad porque interfería con nuestra libertad sexual.*[15]

Cuando consideres las implicaciones de elegir tu fe, trata de despojarte de los velos que te ciegan e influyen en tu decisión, o que tal vez opongan resistencia. ¿Qué necesitarías dejar o cambiar? Con frecuencia, *ese* es el asunto que importa más allá de las preguntas acerca de la evidencia de los milagros de Jesús o de cuántos ángeles había junto a su tumba vacía.

Sea cual fuere el asunto, confío en que los beneficios excepcionales de conocer a Dios, su perdón y su liderazgo serán más importantes que todo lo que necesites dejar. Pero esa es una determinación y una decisión que debes tomar por ti mismo.

6. *Las heridas personales.* A veces, el impedimento que existe bajo la superficie no es una pregunta intelectual ni un asunto relacionado con el estilo de vida, sino es una experiencia personal o una herida que dificulta el avance en la dirección de la fe. Tal vez estuviste cerca de alguien que afirmaba ser una persona religiosa pero era un hipócrita completo. Tal vez hayas dicho algo así: "Si Jesús y su gente son así, no quiero tener nada que ver con él ni con su iglesia."

Tengo buenas noticias para ti: Jesús *no es* así. De hecho, ¿sabes a quién le desagrada la hipocresía más que a ti? ¡A Jesús![16] Así que Jesús está de acuerdo contigo en lo que sientes acerca de muchas de las inconsistencias y deficiencias de las personas que afirman ser sus representantes.

Tal vez hayas dicho algo así: "Si Jesús y su gente son así, no quiero tener nada que ver con él ni con su iglesia."

Si tus heridas personales son de otra naturaleza, todo lo que puedo decirte es que Dios es la mejor fuente de sanidad e integridad. No digo esto porque conozca tu dolor o tu experiencia, porque obviamente no los conozco, pero Dios los conoce y le importa. Él te creó y te ama. Jesús fue el que dijo: "Vengan a mí todos ustedes que están cansados y agobiados, y yo les daré descanso."[17]

En lugar de resistir y escapar de Dios, ve hacia él, y pídele ayuda y sanidad en medio de tu dolor.

7. *El sentido de control.* Friedrich Nietzsche declaró audazmente una vez: "Negamos a Dios como Dios. . . . Si nos *probaran* la existencia de este Dios cristiano, deberíamos sentirnos aún menos capaces de creer en él."[18] Este es el mismo hombre que llegó a ser famoso por su filosofía de que el todo de la vida es "la voluntad de poder." También llegó a ser tristemente célebre por su declaración de que "Dios está muerto."[19]

Aunque Nietzsche lo llevó al extremo, sus pensamientos representan una lucha que hemos tenido muchos de nosotros: Deseamos tener el control sin renunciar a nada de nuestra libertad o autonomía a alguna fuerza exterior o poderes elevados —incluyendo a Dios.

C. S. Lewis describió el problema desde un ángulo diferente, pero con su forma típicamente accesible:

> Hay un vicio del que ningún hombre del mundo está libre; uno que todos detestan cuando lo ven en otra persona; y del que casi nadie . . . se imagina que sea culpable. . . .
>
> Este vicio esencial, este mal supremo, es el *Orgullo*. En comparación, la lujuria, la ira, la avaricia, la embriaguez y todo lo demás, son meras picaduras de pulga: fue por medio del Orgullo que el diablo llegó a ser diablo: El Orgullo lleva a todos los demás vicios: es una condición mental completamente anti Dios. . . .En Dios, usted se enfrenta a algo que es inconmensurablemente superior a uno mismo en todo aspecto. A menos que reconozca que Dios es infinitamente superior —y en consecuencia se reconozca a sí mismo como nada, en comparación— nunca conocerá a Dios. Mientras siga siendo orgulloso no podrá conocer a Dios. Un hombre orgulloso siempre está mirando desde arriba a las cosas y a las personas: y por supuesto, mientras usted mire hacia abajo, no podrá ver lo que está por encima de usted.[20]

Quizás tengas que volver atrás y leer ese párrafo de nuevo; es una verdad penetrante y sin embargo su sentido es persistentemente escurridizo. Como lo describe Lewis, el orgullo es muy fácil de observar en otros pero muy difícil de detectar en nosotros mismos —y es totalmente devastador cuando no le ponemos freno o resistencia. Mientras que todos los demás pecados te hacen preguntar si Dios te va a aceptar, el orgullo te hace preguntar neciamente si vas a aceptar a Dios.

8. *La ira.* Esto podría sorprenderte, como me sorprendió a mí cuando un amigo admitió recientemente cómo había tenido que luchar con la ira durante su propia búsqueda espiritual. "¿Por qué la ira?" le pregunté. Me explicó que las implicaciones de las demandas de Cristo son tan severas y desafiantes, especialmente si uno pertenece a otra religión, como había sido su caso antes de llegar a ser un seguidor de Jesús, que a veces no sabe cómo tratar con ellas racional o apropiadamente. A manera de ejemplo, y para ayudarme a entender mejor, mi amigo me dijo: "Me dicen que mis padres están equivocados, que mi religión está equivocada —incluyendo nuestros profetas y libros sagrados— y que hasta la cultura en la que crecí está equivocada. ¡No quiero escuchar nada acerca de eso!"

¿Está la ira oscureciendo estos temas para ti también? De ser así, trata de despojarte de ella. Puede serte de ayuda comenzar reconociendo que sí, tus padres, tu religión y la sociedad realmente pueden estar equivocados, por lo menos en parte. No lo sabrás hasta que lo verifiques cuidadosamente. Esa fue una idea clave en el ministerio de Jesús al intentar corregir, con amor pero con valentía, los elementos de su propia cultura y ayudar a las personas a dirigirse hacia lo correcto.

Si aquello que te enseñaron está realmente mal, tu enojo no

lo va a cambiar en absoluto —ni va a ayudar a nadie. Trata de superar la reacción instintiva normal y natural y ve en pos de la verdad que, según la promesa de Jesús, te hará libre.²¹

9. *La incomodidad.* Esto es fácil de entender. Cambiar puede ser difícil. Siempre es más fácil seguir con el *status quo* y posponer las cosas nuevas para otro día —un día que quizás nunca llegue. Pero es realmente mucho mejor enfrentar la incomodidad ahora mientras te enfrentas con las preguntas y búsqueda de la verdad, en lugar de tener que afrontar más adelante los sentimientos perturbadores de saber que viste un camino mejor pero malgastaste tu tiempo o, peor aún, que perdiste la oportunidad por no estar dispuesto a correr ningún riesgo.

Si aquello que te enseñaron está realmente mal, tu enojo no lo va a cambiar en absoluto.

10. *El desinterés.* Este es uno de los obstáculos más difíciles de afrontar porque a la apatía de toda la vida, por definición, no le importa demasiado meterse con los asuntos de la verdad y la fe. Ahora vivimos en una sociedad secular que parece hacer un estudiado esfuerzo por ignorar o descuidar la verdadera espiritualidad. Se la puede llamar la religión nacional del "*cualquiercosismo*" pasivo y omnipresente.

Pero hay algunas buenas noticias: El hecho de que hayas leído hasta aquí este libro acerca de la verdad espiritual es una buena señal de que no has sucumbido al creciente desinterés ni a la apatía. Permíteme animarte a aceptar cualquier nivel de interés que tengas y a desarrollarlo. Abanícalo hasta que se encienda una llama. Que este sea un asunto prioritario para ti. Como Jesús lo describió, busca "la perla de gran valor."²²

Mientras tanto, no olvides que no estás en una posición neutral. Ahora mismo, estás arriesgando tu vida basado en la perspectiva espiritual en que confías, cualquiera que esta sea.

11. *El temor.* A veces, la resistencia o la duda no asumen formas definidas —pero pueden proceder de un temor subyacente que es muy real. Esto puede originarse en una incomodidad natural con lo desconocido, como mencioné arriba, o puede tener un origen más siniestro. Este puede ser un pensamiento nuevo para ti, pero según Jesús y el mensaje de la Biblia, se está desarrollando una batalla espiritual invisible, continua y furiosa en nuestra mente. Jesús no estaba bromeando cuando dijo que Satanás es como un ladrón que sólo viene "a robar, matar y destruir."[23]

Me doy cuenta que esto puede parecer inverosímil. Y que todo esto puede descartarse fácilmente, si no fuera por aquellos susurros internos inaudibles pero muy reales:

- No tomes demasiado seriamente estos asuntos de la fe.

- Hoy quizás no sea un buen día para tomar una decisión.

- Tienes mucho que hacer antes de dejar tu libertad para meterte en una camisa de fuerza religiosa.

- Realmente estás por encima de todo esto y no lo necesitas.

- No sabes lo suficiente —o tal vez sabes demasiado, incluyendo hasta dónde has caído y cuán indigno y lejos de alcanzar la gracia y la redención realmente estás.

- Es demasiado tarde para alguien como tú, y realmente no hay nada que puedas hacer, excepto encontrar la manera de distraerte y escapar o medicarte y adormecer el dolor.

Presumo que algunos de estos mensajes conflictivos y personalmente derrotistas no son nuevos para ti. Como C. S. Lewis lo ilustra con gran colorido en su pequeño pero penetrante libro *Cartas del Diablo a Su Sobrino,* el diablo es astuto, ingenioso e infatigable en sus esfuerzos para sabotear nuestro progreso espiritual. Pero en nuestra sociedad "ilustrada" creer en la existencia de un diablo real realmente no está de moda. Keith Green, un músico cristiano que murió en un accidente de aviación en 1982, captó muy bien la atmósfera de nuestra sociedad en una canción que habla desde la perspectiva de Satanás: "Ya Nadie Cree en Mí":

AH, MI TRABAJO SE ESTÁ HACIENDO MÁS FÁCIL

A MEDIDA EL TIEMPO SE ESCABULLE

PUEDO IMITAR TU LUZ MÁS BRILLANTE

Y HACER QUE TU NOCHE PAREZCA DÍA

PONGO ALGO DE VERDAD EN CADA MENTIRA

PARA COSQUILLEAR LOS OÍDOS ÁVIDOS

SABES, ESTOY ATRAYENDO A LAS PERSONAS COMO MOSCAS

PORQUE LES GUSTA LO QUE ESCUCHAN

MI PODER AUMENTA HORA TRAS HORA

ESTÁN CAYENDO EN GRANDES CANTIDADES

SABES, TODO ES MÁS SIMPLE AHORA

PORQUE YA NADIE CREE EN MÍ.[24]

Es tiempo que comencemos a creer —y a contraatacar. El apóstol Santiago nos dice cómo hacerlo:

Así que sométanse a Dios. *Resistan al diablo, y él huirá de ustedes. Acérquense a Dios, y él se acercará a ustedes.* ¡Pecadores, límpiense las manos! ¡Ustedes los inconstantes, purifiquen su corazón! Reconozcan sus miserias, lloren y laméntense. Que su risa se convierta en llanto, y su alegría en tristeza. Humíllense delante del Señor, y él los exaltará.²⁵

Afortunadamente, en la misma conversación en la que Jesús nos advierte acerca del plan del diablo para "robar, matar y destruir," también dice: "Yo soy la puerta; el que entre por esta puerta, que soy yo, será salvo. . . . Yo he venido para que tengan vida, y la tengan en abundancia."²⁶

12. *La sobresencillez.* Sí, yo inventé esta palabra, pero pienso que describe un problema real, la reacción humana normal frente al mensaje simple de la gracia de Dios. Nos decimos a nosotros mismos: "Dios no puede simplemente enviar a Jesús a morir en la cruz y pagar el castigo en mi lugar. Confiar en Jesús puede ser bueno, pero no puede ser suficiente. ¡De alguna manera debo encontrar una manera de pagarle!"

Entonces, a través de los siglos, se han ideado incontables sistemas religiosos —algunos muy elaborados— para tratar de proporcionarnos maneras de ganar el favor de Dios. Aunque él es inimaginablemente santo, intentamos apaciguarlo y ganarnos su aprobación. Lo que realmente se presta a confusión es que algunos de estos esquemas de

A través de los siglos, se han ideado incontables sistemas religiosos —algunos muy elaborados— para tratar de proporcionarnos maneras de ganar el favor de Dios.

pago están construidos al amparo de la bandera del cristianismo. Pero complican y confunden el mensaje sencillo de la gracia y el perdón que se obtienen gratuitamente eligiendo la fe en Jesucristo.

En oposición a esta tendencia humana de complicar las cosas, lo diré de nuevo: Necesitamos dejar que Jesús hable por sí mismo. Es el único que, con simpleza y sin rodeos, resumió todo en estas famosas palabras:

> Porque tanto amó Dios al mundo, que dio a su Hijo unigénito, para que todo el que cree en él no se pierda, sino que tenga vida eterna. Dios no envió a su Hijo al mundo para condenar al mundo, sino para salvarlo por medio de él. El que cree en él no es condenado.[27]

¿Qué significa *creer* en Jesús? Comienza con creer lo que enseñó acerca de sí mismo. Él es el Dios encarnado, que vino a la tierra "a buscar y a salvar lo que se había perdido," —*es decir, nosotros*.[28] Pero más que sólo abrazar un conjunto de ideas, necesitamos recibir a la *persona* que dijo ser la verdad.[29] Jesús no sólo quiere ser nuestro perdonador, sino también nuestro líder y amigo. Y todo esto comienza cuando invocamos el nombre del Señor, porque "todo el que invoque el nombre del Señor será salvo."[30]

Entonces, permíteme insistir una vez más: Sé un amante de la verdad. Busca la verdad —y busca a Jesús, quien es la verdad—,con todo lo que tiene, porque Jesús es el que prometió que si buscas, encontrarás.

CAPÍTULO TRECE

LOS *BENEFICIOS* DE ELEGIR TU FE SABIAMENTE

ESTOY ENREDADO EN UNA FANTASÍA, NO PUEDO
CREER LAS COSAS QUE VEO
EL SENDERO QUE HE ELEGIDO ME HA LLEVADO
FRENTE A UNA PARED
Y CON EL PASO DE LOS DÍAS SIENTO MÁS Y MÁS QUE
HE PERDIDO ALGO QUERIDO
AHORA, SE LEVANTA ANTE MÍ UNA BARRERA OSCURA Y
SILENCIOSA ENTRE
TODO LO QUE SOY Y TODO LO QUE SIEMPRE QUISE
SER . . .

Kerry Livgren, "The Wall [La Pared]"[1]

Las palabras de mi padre fueron al mismo tiempo liberadoras y atemorizantes.

Pronto iba a cumplir diecinueve años; estaba viviendo en la casa de mis padres y trabajando a tiempo completo en una tienda de aparatos estereofónicos y estaba tratando de decidir si debería ir a la universidad o hacer otra cosa con mi vida. Desde el punto de vista de la fe, había pasado varios años en un viaje espiritual, creyendo todavía en lo que me habían enseñado cuando crecía, pero sin vivirlo muy bien.

Para llegar a la tranquilidad de mi dormitorio, tenía que subir por una corta escalera que llevaba al piso superior de la casa. Esto significaba que debía pasar cerca del hogar, donde mi papá solía sentarse a leer su periódico por la noche. No había otro camino para llegar arriba, excepto escalando hasta una ventana del segundo piso (cosa que había tratado de hacer un par de veces, pero requería demasiado esfuerzo). Yo amaba a mis padres, pero durante esa época de mi vida trataba de escapar de las conversaciones que podrían llegar a ser demasiado personales y superarían mi nivel de comodidad.

Una noche, traté de deslizarme a hurtadillas a través de la zona peligrosa para ir hacia el santuario de mi habitación. Pero desafortunadamente, el ojo de lince de mi padre y su agudo sentido de la oportunidad me descubrió.

—Mark —me dijo mi papá con una voz amable pero tan repentina que me detuvo en seco. Levantó los ojos del periódico y me preguntó—: ¿Tienes un minuto?

—Por supuesto —le dije, tratando de aparentar tranquilidad—. ¿Qué sucede?

—Te he estado esperando para hablar contigo acerca de algo —me contestó. Convencido de que esto no podía ser bueno, le pregunté de qué se trataba, entonces respondió—: Hijo, estás llegando a la edad cuando deberás tomar decisiones importantes que cambiarán tu vida. Tu mamá y yo hemos estado hablando y orando acerca de esto y hemos llegado a la conclusión que debería compartirlo contigo.

Sabiendo que muy probablemente no estaba tomando impulso para decirme que habían decidido repartir la herencia anticipadamente, contesté con indecisión: —Muy bien. ¿De qué se trata?

—Queremos decirte que hemos hecho lo mejor para criarte bajo el cuidado y la amonestación del Señor. —Así se expresa la Biblia del Rey Jacobo, con su anticuado lenguaje, en Efesios 6:4. Significa enseñar a los hijos cómo seguir y agradar a Dios—. Hemos hecho todo lo posible para enseñarte e indicarte la dirección correcta en tu fe, pero ya tienes, ¿cuántos . . . ? ¿Dieciocho años?

—Sí, casi diecinueve —le respondí.

—Bien, ahora eres un hombre joven y tienes la edad suficiente como para comenzar a decidir por ti mismo acerca de lo que vas a creer y cómo vas a vivir tu vida. Nuestro trabajo como padres está prácticamente terminado. No podemos tomar la decisión por ti y no queremos tratar de forzarte a hacer o ser algo que realmente no quieras hacer o ser.

De acuerdo, pensé. *Hasta aquí, todo está bien.*

—Entonces —continuó, diciendo aquellas palabras liberadoras y atemorizantes a las que me referí al principio de este capítulo—, queremos que sepas que ahora estamos entregándote al Señor y poniéndote en sus manos. Siempre estaremos aquí para ayudarte y animarte de todas las maneras que podamos, y sabes que queremos que sigas a Jesús, pero lo que decidas hacer de aquí en adelante en última instancia será un asunto entre tú y Dios.

—De acuerdo —dije, sin saber cómo reaccionar—. Gracias por hacérmelo saber. —Entonces, me di vuelta y subí a mi habitación, aliviado porque finalmente se había terminado la

presión de ir a la iglesia cada domingo, fingir que era religioso, etcétera. Pero cuando analicé lo que mi papá me había dicho, aquello de entregarme al Señor y ponerme en sus manos, sentí un poco de temor. O sea, podía evitar —o engañar— a *mis padres,* por lo menos parte del tiempo. Pero, ¿a *Dios*? ¿No se suponía que estaba en todas partes, viendo todo lo que hacemos y conociendo cada pensamiento que pasa por nuestra mente? Eso me hizo sentir verdaderamente incómodo.

Puedo ver que mis padres fueron muy sabios al haberme tratado de esa manera. Me dirigieron durante toda mi vida hacia la verdad, pero me permitieron elegir mi propia fe.

∞

Ahora, reflexionando luego de muchos años, puedo ver que mis padres fueron muy sabios al haberme tratado de esa manera. Me dirigieron durante toda mi vida hacia la verdad, pero cuando llegó la adultez, me permitieron elegir mi propia fe.

Unas pocas semanas después de aquella importante charla con mi papá —cuando, a los diecinueve años, me cansé de jugar a la religión mientras estaba viviendo como un hipócrita— finalmente tomé mi decisión. No fue un acontecimiento trascendental —por lo menos no lo fue en la superficie; realmente fue más una tranquila afirmación de algo que yo sabía que era verdad y una elección para finalmente responder y comportarme de acuerdo a ese conocimiento.

Fue una noche, tarde. Estaba conduciendo mi automóvil en las afueras de la ciudad donde vivía. La oración en sí fue simple y mantuve mis ojos abiertos mientras oraba (después de todo, estaba conduciendo mi automóvil). No recuerdo si dije las palabras en voz alta o meramente las expresé mentalmente, pero supongo que no hace ninguna diferencia con Dios, que conoce nuestros pensamientos. Básicamente, todo lo que dije fue: "Querido Dios, estoy cansado de fingir, de seguir mi propio camino, de hacer un desastre con mi vida y de malgastar tanto tiempo. Necesito pedirte que perdones mis pecados y tomes el control de mi vida. Por favor, acéptame como tu hijo, y haré lo mejor de mi parte para seguirte de aquí en adelante —desde ahora hasta la eternidad. En el nombre de Jesús, amén."

¿Estallaron fuegos artificiales? No. ¿Hubo señales milagrosas, estrellas fugaces, ángeles con mensajes especiales apareciendo repentinamente en el asiento trasero? Nada de eso. Solamente una sensación de la presencia y el deleite de Dios, un corazón cambiado, un sentimiento de gozo y alivio y la confianza de que ahora comenzaba a vivir una vida verdaderamente revolucionada. Y desde entonces he vivido una verdadera aventura. Es irónico, pero el mayor temor que tenía con respecto a rendir el control de mi vida a Jesús era el de perder el sentido de diversión y emoción —pero ha sido exactamente lo contrario.

Sí, hay altibajos, y cada día no es necesariamente mejor que el día anterior. Pero Dios me ha abierto las puertas para servir y hacer la diferencia en la vida de los demás; me ha ayudado a encontrar mi propósito y hasta cierto punto a cumplirlo; he podido andar por la vida con un sentido de confianza de que

Dios está conmigo, de que mi vida tiene importancia y que puedo hacer un verdadero impacto en este mundo; y estoy disfrutando de la seguridad de que he sido perdonado y no tengo que vivir con temor, remordimiento, vergüenza o aprehensión. Y además, sé que algún día voy a morir, y entonces las cosas serán todavía *mejores.*

∞

Analizando detenidamente algunos de los temas de este libro, es reconfortante saber que he abrazado una verdad que es real —que refleja auténticamente *lo que es,* y que no necesito fabricar mis propias versiones relativistas o pragmáticas de mis ilusiones, ni tengo que vivir con la falsa esperanza de que pudieran convertirse en realidad.

El mayor temor que tenía con respecto a rendir el control de mi vida a Jesús era el de perder el sentido de diversión y emoción —pero ha sido exactamente lo contrario.

Cuando dejé de aferrarme a las ideas tradicionales, entonces pude ratificar gran parte del contenido y las razones que había detrás de las tradiciones que se me había enseñado. Hoy, puedo disfrutar esas tradiciones y transmitírselas a mis hijos, no como hábitos carentes de sentido u obligaciones familiares, sino como prácticas probadas que nos recuerdan la verdad y la realidad.

Tengo una autoridad en mi vida que no me ha sido impuesta sino que acepté y abracé voluntariamente, porque esa autoridad —la de *él*— tiene credenciales que nadie tiene. Y la revelación que ha dado, es decir la Biblia, también se ha afianzado una y otra vez como una fuente confiable de inspiración, de información espiritual y de orientación.

Hoy, realmente tengo más confianza en mis instintos de la que tenía anteriormente porque puedo sentir que estos instintos han sido entrenados bajo la tutela de la sabiduría de Dios, y que están equilibrados activamente por la guía ocasional del Espíritu Santo, silenciosa pero mística y real. A veces esa orientación viene como un simple impulso que me llama la atención a cierta necesidad u oportunidad. Otras veces, es una impresión mucho más clara de la presencia o de la guía de Dios.

Comparado con algunos de los seguidores de Jesús, me siento como un novato cuanto se trata de experimentar y seguir las directivas sobrenaturales de Dios. Pero a veces la presencia sobrenatural de Dios me resulta muy evidente y real. Y han habido unos pocos momentos en mi vida cuando la presencia de Dios ha sido casi abrumadora —como una vez cuando estaba sentado solo en un servicio de adoración en cierta iglesia en Londres y el Espíritu Santo me envolvió con emoción, ternura, y una sensación de su presencia amorosa (estas palabras realmente no hacen justicia a esta experiencia, pero son las mejores que puedo encontrar para describirla).

Y sin duda alguna —tanto para mí como para cualquiera que me haya conocido—, Dios me ha bendecido con una lógica y un razonamiento que van mucho más allá de los que yo tenía cuando era un estudiante medio de secundaria antes de haber elegido seguirle. El uso de estos instrumentos para probar y examinar la verdad me ha dado la confianza de que el cristianismo no es una creencia ciega o un mero salto de fe. Es una creencia basada en datos, historia y hechos, así como también en la experiencia auténtica. No sólo es provechosa; también es correcta y verdadera.

Es difícil para mí no parecer algo así como un agente de relaciones públicas o un promotor, pero en realidad conocer, seguir y servir a Jesús ha sido un andar de fe increíblemente emocionante del que nunca me he arrepentido y que confío nunca habrá de terminar. Y es desde esa perspectiva, la de alguien que no está simplemente convencido de la verdad sino que también experimenta una relación emocionante con el Creador, que te animo —no, te *insto encarecidamente*— a considerar elegir tu fe como lo hice yo.

El probar y examinar la verdad me ha dado la confianza de que el cristianismo no es una creencia ciega o un mero salto de fe.

Es muy fácil, cuando se vive en medio de la prisa y las tareas de la vida cotidiana, considerar los temas espirituales como esotéricos o surrealistas —cosas de santos o místicos pero no de personas comunes como tú y yo. Pero llegará el día (y todos nosotros estamos acercándonos a él más rápidamente de lo que pensamos) cuando nos veremos forzados a enfrentar la realidad en el dominio de la fe y la espiritualidad.

Con sorprendente franqueza, Steve Jobs de Apple Computer, un hombre que no se destaca precisamente por sus reflexiones metafísicas, dijo esto a la clase de 2005 que se graduaba en la Universidad de Stanford:

> Recordar que moriré pronto es la herramienta más importante que haya encontrado jamás para ayudarme a tomar las

decisiones más trascendentes de la vida. Porque casi todo
—todas las expectativas, todo el orgullo, todo el temor de ser
avergonzado o de fracasar— se derrumba frente a la muerte, y
sólo permanece lo que es verdaderamente importante.[2]

Estoy totalmente de acuerdo. Solamente añadiría esto: Al considerar los asuntos de la fe, ¿por qué esperar hasta que estemos cerca de la muerte, esperando la oportunidad de "hacer las paces" y de arreglar las cosas antes del fin, cuando ya es demasiado tarde para descubrir la aventura o para vivir la verdad que finalmente pudimos encontrar?

Esperar no tiene sentido. Por eso es que te desafío a considerar y a poner en práctica estas cosas *ahora,* para que puedas disfrutar de los beneficios durante el resto de tu vida en la tierra y también después, en la vida venidera.

∞

En unos momentos habrás terminado de leer este libro y cerrarás sus tapas, tal vez por última vez. Al hacerlo, dedica unos momentos a mirar la fotografía de la puerta que hay en la portada del libro y considera la decisión que ella representa para ti, la decisión de elegir tu fe sabiamente. Tal vez, también quieras meditar en lo que estas palabras puedan representar para ti: "Mira que estoy a la puerta y llamo. Si alguno oye mi voz y abre la puerta, entraré, y cenaré con él, y él conmigo."[3]

NOTAS

Capítulo 1: "¿Por qué *siquiera* elegir una fe?"

1. Esto fue tomado de una entrevista con Michael Stipe del grupo R.E.M. en BBC Radio 2. El artículo y el enlace al audio de la entrevista se encuentran en www.bbc.co.uk/radio2/soldonsong/songlibrary/losingmyreligion.shtml.

2. "Losing My Religion [Perdiendo Mi Religión]" por William T. Berry, Peter Lawrence Buck, Michael E. Mills y Michael Stipe. © 1991 Night Garden Music/ Warner-Tamerlane Publishing Corp. (BMI). Todos los derechos reservados.

3. Frank Newport, "Americans More Likely to Believe in God than the Devil, Heaven More than Hell [Los Estadounidenses Son Más Propensos a Creer en Dios que en el Diablo, en el Cielo Más que en el Infierno]," *Gallup News Service [Servicio de Noticias Gallup]*, 13 de junio de 2007.

4. Ver Robert D. Putnum, *Bowling Alone: The Collapse and Revival of American Community [Jugando a los Bolos Solo: El Desplome y el Reavivamiento de la Comunidad Americana]* (Simon & Schuster, 2000), 97–98.

5. David Van Biema, "God vs. Science [Dios versus la Ciencia]," revista *Time*, 5 de noviembre de 2006.

6. Para ayudarte a identificar tu actual camino de fe, hay un cuestionario de autoevaluación que está disponible en el folleto *Your Faith Path [Tu Camino de Fe]* por Mark Mittelberg (Tyndale, 2008).

Capítulo 2: "Esta es *mi* verdad —encuentra la tuya"

1. Transcrito y extraído de un video de la conversación entre Bill O'Reilly y Richard Dawkins en el programa televisivo de Fox *The O'Reilly Factor [El Factor O'Reilly]* del 23 de abril de 2007, enviado a www.youtube.com/watch?v=wECRvNRquvl.

2. Juan 18:38

3. Ronald Harwood, guionista para *The Pianist [El Pianista]* (en "Story of Survival [Historia de la Sobrevivencia]" en el material extra del DVD, empezando a las 7:20), Edición Limitada Banda Sonora, 2003.

4. *A Companion to Epistemology (Blackwell Companions to Philosophy) [Un Manual de Epistemología (Manuales de Filosofía Blackwell)]* bajo la sección "Relativism [Relativismo]."

5. Zacarías 8:19 dice: "Amen, pues, la verdad y la paz."

6. *Oxford Companion to Philosophy [Manual de Filosofía Oxford]*, bajo la sección "Socrates [Sócrates]."

Capítulo 3: "Pero yo *siempre* he creído lo que creo"

1. Shirley Jackson, "The Lottery [La Lotería]," *New Yorker*. 28 de junio de 1948. Énfasis agregado.

2. Lee Strobel, *The Case for the Real Jesus [El Caso del Jesús Verdadero]* (Grand Rapids, MI: Zondervan, 2007), 249–250.

3. Marcos 7:5-8. Se encuentra un paralelo de esta pasaje en Mateo 15:1-9. De vez en cuando, a lo largo de este libro, citaré pasajes de la Biblia. En un capítulo posterior, daré razones de por qué estoy convencido de que la Biblia tiene credenciales únicas que dan una fuerte evidencia de su veracidad e inspiración divina. Pero sea lo que sea lo que pienses de la Biblia, espero que reflexiones seriamente en las razones por las que la cito aquí, y por lo menos veas estos pasajes como sabiduría e historia antigua digna de tu consideración.

4. Isaías 29:13

5. Para leer la historia de Lee Strobel, acerca de su paso del ateísmo a la fe, así como muchos de los descubrimientos que le hicieron cambiar de opinión, lee su poderoso libro, publicado en español como *El Caso de Cristo* (Vida, 2000).

6. Mateo 7:7-8

7. Apocalipsis 21:5

Capítulo 4: "¡Es *mejor* que lo creas!"

1. David Johnson y Jeff VanVonderen, *The Subtle Power of Spiritual Abuse: Recognizing and Escaping Spiritual Manipulation and False Spiritual Authority Within the Church [El Sutil Poder del Abuso Espiritual: Reconocer y Escapar de la Manipulación Espiritual y de la Falsa Autoridad Dentro de la Iglesia]* (Minneapolis, MN: Bethany House, 2005).

2. Thomas S. Kuhn, *The Structure of Scientific Revolutions* (Chicago: University of Chicago Press, 1996). Publicado en español como *Estructura de las Revoluciones Científicas* en 1993 por Fondo de Cultura Económica USA.

3. John Cougar Mellencamp, "The Authority Song [La Canción de Autoridad]."

4. 1 Tesalonicenses 5:21-22

5. Mateo 7:15-17

6. Juan 8:46

7. Marcos 9:23-24

8. 1 Timoteo 4:16

9. Jesús, en Juan 3:12. Norman Geisler y Ron Brooks comentan acerca de este versículo en su libro *When Skeptics Ask [Cuando Preguntan los Escépticos]* (Baker, 1996): "Jesús confiaba que Su exactitud sobre asuntos factualmente verificables fuera prueba de que estaba diciendo la verdad acerca de asuntos espirituales que no pueden ser probados" (148).

10. Ver Bill McKeever , "DNA and the Book of Mormon Record [ADN y el Registro del Libro de Mormón]," en Internet en: http://www.mrm .org/topics/book-mormon/dna-and-book-mormon-record.

11. Deuteronomio 18:21-22.

12. Robert y Gretchen Passantino, *Answers to the Cultist at Your Door [Respuestas para los Cultistas que Están a la Puerta]* (Eugene, OR: Harvest House, 1981), 50–53.

13. 1 Tesalonicenses 1:5; Filipenses 4:9.

14. Nabeel Qureshi, "Crossing Over: An Intellectual and Spiritual Journey from Islam to Christianity [Cruzar al Otro Lado: Un Viaje Intelectual y Espiritual del Islamismo al Cristianismo]," en Internet en: http://www.answering-islam.org/Authors/Qureshi/testimony.htm.

Capítulo 5: "Simplemente *siento* que es verdad"

1. *Star Wars Episode IV: A New Hope [La Guerra de las Galaxias Episodio IV: Una Nueva Esperanza]*, dirigida por George Lucas (1977).

2. Bill Moyers, "Of Myth and Men [Del Mito y los Hombres]," revista *Time*, 18 de abril de 1999.

3. "The TM Technique: Life in Accord with Natural Law [La Técnica MT: La Vida de Acuerdo a la Ley Natural]," 1978. Video en Internet en: http://www.tm.org/video/index.html.

4. L. T. Jeyachandran, "Tough Questions about Hinduism and Transcendental Meditation [Preguntas Difíciles acerca del Hinduísmo y la Meditación Trascendental]," en *Who Made God?* ed. Ravi Zacharias y Norman Geisler (Grand Rapids, MI: Zondervan, 2003), 163–164. El libro de Zacharias y Geisler fue publicado en español como *¿Quién creó a Dios?* en 2007 por Zondervan.

5. Napoleon Hill, *Think and Grow Rich* (San Diego: Aventine, 2004), 221. Publicado originalmente por the Ralston Foundation, Meriden, CT, 1938. Publicado en español como *Piense y hágase rico* en 1990 por Editorial Grijalbo.

6. Ibid., 234, 236.

7. Rhonda Byrne, *The Secret* (New York: Atria, 2006), 56. Publicado en español como *El Secreto* en 2007 por Atria Books/Beyond Words.

8. Malcolm Gladwell, *Blink: The Power of Thinking Without Thinking [Parpadee: El Poder de Pensar Sin Pensar]* (New York: Little, Brown, 2005), 3.

9. Ibid., 4

10. Ibid., 5

11. Ibid., 5–6.

12. Ibid., 6

13. Ibid., 7

14. Ibid., 8

15. Salmos 139:14

16. 2 Corintios 2:13

17. Blaise Pascal, *Pensées* (New York: Penguin, 1995), 127. Publicado en español como *Pensamientos* en 2005 por Valdemar.

18. L. T. Jeyachandran, "Tough Questions about Hinduism and Transcendental Meditation [Preguntas Difíciles acerca del Hinduismo y la Meditación Trascendental]," en *Who Made God?* ed. Ravi Zacharias y Norman Geisler (Grand Rapids, MI: Zondervan, 2003), 164. Publicado en español como *¿Quién creó a Dios?* en 2007 por Zondervan.

19. Gladwell, *Blink*, 14–15.

20. Proverbios 14:12
21. Jeremías 17:9
22. Juan 10:27

Capítulo 6: "¡Dios *me dijo* que es cierto!

1. Esta conversación se llevó a cabo durante un diálogo entre mormones y cristianos evangélicos en Mariners Church en Irvine, California, primavera de 2007.

2. Ver Apocalipsis capítulo 11.

3. Robert L. Millet, *Getting at the Truth: Responding to Difficult Questions about LDS Beliefs [Cómo Llegar a la Verdad: Respondiendo las Preguntas Difíciles acerca de las Creencias de los SUD]* (Salt Lake City: Deseret, 2004), 36.

4. Ibid.

5. Ibid., 37. (Millet está citando a Ezra Taft Benson [presidente de la Iglesia de Jesucristo de los Santos de los Últimos Días de 1985 a 1994] en *A Witness and a Warning: A Modern-Day Prophet Testifies of the Book of Mormon [Un Testigo y una Advertencia: Un Profeta Contemporáneo Testifica del Libro de Mormón]* [Deseret, 1988], 13, 31.)

6. Ibid., 37–38. (Millet está citando a Gordon B. Hinckley [presidente de la Iglesia de Jesucristo de los Santos de los Últimos Días desde 1995] en *Faith, the Essence of True Religion [Fe, la Esencia de la Religión Verdadera]* [Deseret, 1989], 10–11.)

7. Ibid., 38. (Millet está citando a Boyd K. Packer, "Conference Report [Informe de Conferencia]," octubre de 1985, 104, 107.)

8. Ibid., 39.

9. Ibid., 41.

10. Ver, por ejemplo, 3 Nefi, capítulos 12–14, que es prácticamente idéntico al Sermón del Monte en Mateo 5–7 en la versión del Rey Jacobo de la Biblia inglesa, incluyendo los agregados en la versión del Rey Jacobo introducidos para aclaración y puestos en itálicas por los traductores al inglés. Esto es interesante a la luz del hecho de que el *Libro de Mormón* fue supuestamente escrito más de un milenio antes de que fuera producida la Biblia del Rey Jacobo en 1611.

11. Estas fuerzas espirituales se mencionan en pasajes como 2 Corintios 11:14 y Gálatas 1:8-9.

12. 1 Tesalonicenses 5:21-22

13. 1 Tesalonicenses 5:19-20

14. Para más información sobre la enseñanza mormona, ver Bill McKeever y Eric Johnson, *Mormonism 101: Examining the Religion of the Latter-Day Saints [Mormonismo Básico: Examinando la Religión de los Santos de los Últimos Días]* (Grand Rapids: Baker, 2000).

15. Para seguir leyendo sobre el tema del islamismo y Jesús, ver Norman Geisler y Abdul Saleeb, *Answering Islam* (Baker, 2002). Publicado en español como *Islamismo al Descubierto* en 2002 por Editorial Vida.

16. Para detalles de los relatos contradictorios de José Smith de su visión original, ver Lane Thuet, "Which First Vision Account Should We Believe? [¿Cuál Relato de la Primera Visión Deberíamos Creer?]" (Mormonism Research Ministry), en Internet en www.mrm .org/topics/historical-issues/which-first-vision-account-should-we-believe.

17. Para muchos de los detalles de estas "nuevas revelaciones" y otros temas, ver Dr. Walter Martin, *The Maze of Mormonism [El Laberinto del Mormonismo]* (Vision House, 1987).

18. Un libro convincente para leer acerca de las luchas internas y las inconsistencias dentro de la Sociedad Atalaya de Biblias y Panfletos (la organización de los Testigos de Jehová) es Raymond Franz, *Crisis of Conscience: The Struggle between Loyalty to God and Loyalty to One's Religion* (Commentary Press, 2002). Franz es un ex miembro del cuerpo de gobierno de los Testigos de Jehová. El libro fue publicado en español como *Crisis de conciencia: La lucha interna entre la fidelidad a Dios y la lealtad a una religión* en 1993 por Commentary Press.

19. Hechos 17:11

20. Gálatas 1:8-9

21. No estoy negando la importancia de orar para pedirle a Dios orientación al evaluar las afirmaciones de verdad y determinar lo que creemos. Pero esto no debe hacerse en un vacío, ignorando lo que ya sabemos. Nunca deberíamos orar preguntándole si algo es verdadero y está bien si él ya ha dejado en claro que no es así.

22. Mateo 4:5-7

23. Bill McKeever, "As God Is, Man May Become? [¿Puede el Hombre Llegar a Ser Como Dios?]" (Mormonism Research Ministry), en Internet en www.mrm .org/topics/salvation/god-man-may-become.

24. Millet, *Getting at the Truth,* 65. Nota que el *Libro de Moisés* y *Doctrinas y Convenios (D&C)* forman parte de las obras aceptadas de la fe mormona.

25. Isaías 43:10, 12-13

26. Isaías 45:21-22

27. Malaquías 3:6

28. Soy consciente de que los maestros mormones intentan afirmar que no son politeístas porque, si bien creen en muchos dioses, sólo adoran a uno. Pero los hindúes creen de forma similar en varios dioses, pero se centran en sólo uno, como Brahma, Vishnú, Shivá o aun Kali —pero eso no los hace menos politeístas.

29. Gálatas 1:8, énfasis agregado.

30. 2 Corintios 11:14-15

31. 1 Juan 4:1

32. Para uno de muchos ejemplos, ver Deuteronomio 18:9-13

33. Hechos 9:1-9, 17-19

34. St. Augustine, *The Confessions of St. Augustine,* versión en Internet condensada en www.christianbooksummaries.com. Una versión en español, titulada *Confesiones,* fue publicada en 2006 por Editorial Prana.

35. Pascal nunca habló de esa noche. La única forma en que sabemos de ella es que había cosido el papel con su relato a su chaqueta, y fue descubierto luego de su muerte. Posteriormente fue incluido en una compilación de sus enseñanzas, que se basa en fragmentos de sus escritos, con el título los *Pensées* de Pascal.

36. 1 Tesalonicenses 5:21-22

Capítulo 7: "Tengo que *verlo* para creerlo"

1. Estos *koans* zen tradicionales se pueden encontrar en Internet en www .terebess.hu/english/zen.html.

2. Esta explicación "iluminadora" puede encontrarse en Internet en http:// thezenfrog.wordpress.com/2007/05/08/a-collection-of-zen-koans-and-stories-from-the-compilation-101-zen-stories. Baja hasta el final de "The Sound of One Hand [El Sonido de Una Mano]."

3. Norman L. Geisler and Frank Turek, *I Don't Have Enough Faith to Be an Atheist [No Tengo Fe Suficiente para Ser Ateo]* (Wheaton, IL: Crossway, 2004), 54–55.

4. William Lane Craig, *Reasonable Faith [La Fe Razonable],* edición revisada. (Wheaton, IL: Crossway Books, 1994), 40.

5. Patrick Zukeran, "Archaeology and the Old Testament [La arqueología y el Antiguo Testamento]" (Ministerios Probe). El texto de este artículo en español puede encontrarse en Internet en http://www.ministeriosprobe .org/docs/arqueologia-ot.html.

6. Norman L. Geisler, *Baker Encyclopedia of Christian Apologetics [Enciclopedia Baker de Apologética Cristiana]* (Grand Rapids, MI: Baker, 1999), 702.

7. Ibid.

8. Ibid., 429. Énfasis agregado.

9. Stephen C. Meyer, "The Scientific Status of Intelligent Design [El Estado Científico del Diseño Inteligente]," en *Science and Evidence for Design in the Universe [Ciencia y Evidencia para el Diseño en el Universo]* (San Francisco: Ignatius, 2000), 152–153.

10. Richard Dawkins, *The Blind Watchmaker [El Relojero Ciego]* (New York: Norton, 1986), 1.

11. Ibid., 21.

12. Ibid., 36.

13. Ibid., 43.

14. Ibid., 5.

15. Richard Dawkins, *The God Delusion [La Ilusión de Dios]* (New York: Houghton Mifflin, 2006), 158. Énfasis agregado.

16. Marilynne Robinson, "Hysterical Scientism: The Ecstasy of Richard Dawkins [Cientificismo Histérico: El Éxtasis de Richard Dawkins]," *Harper's* (November 2006).

17. Antony Flew y Roy Abraham Varghese, *There Is a God: How the World's Most Notorious Atheist Changed His Mind [Sí Hay Un Dios: Cómo Uno de los Ateos Más Notorios Cambió de Opinión]* (New York: HarperCollins, 2007), xiv–xv.

18. Ibid., xvi–xviii.

19. Associated Press, "Famous Atheist Now Believes in God [Ateo Famoso Ahora Cree en Dios]," 9 de diciembre de 2004.

20. Lee Strobel, "Why Top Atheist Now Believes in a Creator [Por Qué un Ateo Importante Ahora Cree en un Creador]," 2 de noviembre de 2006. El artículo puede encontrarse en Internet en www.leestrobel.com.

Capítulo 8: "Estoy pensando en cómo *pienso* . . . y *elijo*"

1. Todd Agnew, "Prelude [Preludio]," © 2006 Ardent/Koala Music (ASCAP). Todos los derechos reservados. Usado con permiso.

2. Tom Neven, "Choosing Their Religion [Eligiendo Su Religión]," *Plugged In [Enchufado],* Agosto de 2005. El artículo puede encontrarse en Internet en http://go.family.org/davinci/content/A000000046.cfm.

3. BBC News, "Monarch faith role 'should stay' [El papel religioso del monarca 'debe permanecer']," 15 de septiembre de 2007. El artículo puede encontrarse en Internet en http://news.bbc.co.uk/2/hi/uk_news/6996112.stm.

4. Tom Neven, "Choosing Their Religion."

5. Deborah Caldwell, "Goldie: Buddhist, Jew, Jesus Freak [Goldie: Budista, Judía y Fanática de Jesús]," la entrevista puede encontrarse en Internet en www .beliefnet.com/story/172/story_17266_2.html.

6. Mateo 7:7

7. Juan 8:32

8. 1 Tesalonicenses 5:21

9. 1 Juan 4:1

10. Esta conclusión está respaldada por mi comprensión de los escritos de numerosos filósofos y maestros cristianos, incluyendo John Warwick Montgomery, Norman Geisler, R.C. Sproul, E. J. Carnell, William Lane Craig y Stuart C. Hackett.

11. Esta es una cita que Bob, frecuentemente, me contó a mí y a otros. Fue publicada, junto con su historia completa, por Gretchen Passantino-Coburn, la esposa y compañera de ministerio de Bob durante muchos años. La historia completa puede encontrarse en Internet en www.answers.org/news/article .php?story=20071004173254274.

12. Recientemente contribuí a un libro escrito en honor de Bob y Gretchen Passantino, junto con varios otros autores y maestros cuyas vidas fueron afectadas por ellos. El libro fue editado por Norman Geisler y Chad V. Meiter y se llama *Reasons for Faith: Making a Case for the Christian Faith [Razones para la Fe: Justificando la Fe Cristiana]* (Crossway, 2007). Gretchen Passantino-Coburn, la esposa y compañera de ministerio de Bob durante muchos años, sigue liderando su ministerio, denominado Answers In Action (www.answers.org).

Capítulo 9: "¿Cómo puedo *deducir* qué creer?"

1. "The Logical Song [La Canción Lógica]," palabras y música por Rick Davies y Roger Hodgson. © 1979 Almo Music Corporation/Delicate Music/Universal Music Publishing Group. Todos los derechos reservados.

2. Michael Denton, *Evolution: A Theory in Crisis [Evolución: Una Teoría en Crisis]* (Bethesda, MD: Adler & Adler, 1986), 328, 342.

3. Salmos 19:1

4. Romanos 1:20

5. Dawkins, *The God Delusion,* 158.

6. "Star Survey Reaches 70 Sextillion [Estudio de las Estrellas Enumera 70.000 trillones]," CNN.com, 23 de Julio de 2003. Disponible en Internet en: www.cnn .com/2003/TECH/space/07/22/stars.survey. Ver también "How many galaxies are there in the universe? [¿Cuántas galaxias hay en el universo?]" en Internet en http://stardate.org/resources/faqs/faq.php?id=24.

7. Hugh Ross, *The Creator and the Cosmos* (Colorado Springs: NavPress, 1993), 111–114. Publicado en español como *El Creador y el Cosmos* en 1999 por Casa Bautista de Publicaciones.

8. Lee Strobel, *The Case for a Creator* (Grand Rapids: Zondervan, 2004). Este es el subtítulo del capítulo 6, páginas 130–131. La cita de Fred Hoyle es de "The Universe: Past and Present Reflections [El Universo: Reflexiones Pasadas y Presentes]," *Engineering & Science [Ingeniería y Ciencia],* noviembre de 1981. El libro de Strobel fue publicado en español como *El Caso del Creador* en 2005 por Vida.

9. Ibid., 133–134.

10. Patrick Glynn, *God: The Evidence* (Roseville, CA: Prima, 1999), 53, 54–55. Publicado en español como *Dios: La Evidencia* en 1997 por Panorama México.

11. Francis S. Collins, *The Language of God: A Scientist Presents Evidence for Belief* (New York: Free Press, 2006), 1–2. Publicado en español como *¿Cómo Habla Dios?: La evidencia científica de la fe* en 2008 por Martínez Roca.

12. Ibid., 2.

13. Ibid., 1, 3.

14. Lee Strobel, *The Case for a Creator,* 71.

15. De *Unlocking the Mystery of Life [Desentrañando el Misterio de la Vida],* un DVD producido por Illustra Media. Ver www.illustramedia.com.

16. Existen varias versiones del argumento cosmológico. Esta se denomina la versión kalam, que es presentada y defendida detalladamente por muchos pensadores contemporáneos, especialmente William Lane Craig en su libro erudito *The Kalam Cosmological Argument [El Argumento Cosmológico Kalam]* (Wipf & Stock, 1979). Craig también lo discute con Lee Strobel en *El Caso del Creador,* y Chad Meister ofrece una explicación fuerte y directa de él en su excelente libro *Building Belief [Edificar la Creencia]* (Baker Books, 2006).

17. Albert Einstein, *Ideas & Opinions [Ideas y Opiniones],* 1994 Modern Library Edition, © 1954 por Crown Publishers, Inc., publicado en los Estados Unidos por Random House (New York), 43.

18. Usar este punto para intentar sostener que Dios tiene que haber tenido también un principio es entender erróneamente el significado de *Dios.* Él es eterno y no tuvo un principio —por lo tanto, no tiene ni necesita una causa. A diferencia del universo y todo lo que lo forma, Dios es la causa detrás de toda la cadena

de efectos y el único ser suficiente como para haber producido efectos tan sorprendentes, como veremos.

19. Robert Jastrow, *God and the Astronomers [Dios y los Astrónomos]*, 2nd ed. (New York: W.W. Norton, 1992), 103.

20. Ibid., 13.

21. Stephen Hawking y Roger Penrose, *The Nature of Space and Time [La Naturaleza del Espacio y el Tiempo]* (Princeton, NJ: Princeton University Press, 2000), 20

22. Génesis 1:1

23. Jastrow, *God and the Astronomers*, 107.

24. C. S. Lewis, *Mere Christianity*, (New York: HarperOne, 2001), 6–7. Publicado en español como *Mero Cristianismo* en 2006 por Rayo.

25. Romanos 2:15

26. Lee Strobel, *The Case for Faith* (Grand Rapids, MI: Zondervan, 2002), 250–251. Publicado en español como *El Caso de la Fe* en 2001 por Vida.

Capítulo 10: "¿Cómo puedo *deducir* qué creer?"

1. Aunque Jesús nació en el período de tiempo registrado en el Nuevo Testamento, y por lo tanto nunca es mencionado por nombre en el Antiguo Testamento, es predicho y mencionado —como el Mesías venidero— en muchos lugares del Antiguo Testamento. Se citarán varios ejemplos más adelante en este capítulo. Para una lista y discusión más completa, ver Michael Brown, *Answering Jewish Objections to Jesus [Contestando las Objeciones Judías a Jesús]*, vol. 3: *Messianic Prophecy Objections [Objeciones a la Profecía Mesiánica]* (Baker, 2003).

2. Norman Geisler y William Nix, *A General Introduction to the Bible [Una Introducción General a la Biblia]* (Chicago: Moody, 1986), 176–177.

3. Una excelente forma de comenzar a leer la Biblia es usando *Choosing Your Faith New Testament* (Tyndale, 2008), que incluye el texto completo del Nuevo Testamento y notas explicativas de Mark Mittelberg. *Eligiendo Tu Fe Nuevo Testamento*, en la Nueva Traducción Viviente, estará disponible de Tyndale Español en la primavera de 2009.

4. El canon bíblico es la colección de escritos autoritativos incluidos en la Biblia —los escritos que pasaron la prueba y demostraron tener las credenciales para ser considerados parte de la revelación de Dios. Para más información acerca del origen del canon y de la Biblia, lee *El Origen de la Biblia*, disponible de Tyndale Español en 2008.

5. *The Gnostic Bible [La Biblia Gnóstica]*, ed. Willis Barnstone y Marvin Meyer (Boston: Shambhala, 2003), 46, 48, 69, según la cita de Lee Strobel en *The Case for the Real Jesus* (Grand Rapids, MI: Zondervan, 2007), 27.

6. 1 Juan 1:1

7. Lucas 1:1-4

8. John A. T. Robinson, *Redating the New Testament [Fechando de Nuevo el Nuevo Testamento]* (Eugene, OR: Wipf & Stock, 2000). Publicado originalmente en 1977 por Westminster Press, Philadelphia.

9. Por supuesto, también hay gente que intenta reescribir la historia. Hay quienes niegan el Holocausto judío y otros que intentan persuadirnos de que el presidente Kennedy y Elvis Presley están en realidad vivos en una isla en alguna parte, pero su necedad es evidente para cualquier observador serio.

10. Para detalles sobre la confirmación histórica externa de Jesús y la iglesia primitiva, ver Gary Habermas, *The Historical Jesus: Ancient Evidence for the Life of Christ [El Jesús Histórico: La Evidencia Antigua de la Vida de Cristo]* (College Press, 1996). Ver también Josh McDowell y Bill Wilson, *He Walked Among Us: Evidence for the Historical Jesus [Él Caminó entre Nosotros: Evidencia del Jesús Histórico]* (Thomas Nelson, 1993).

11. Una vez hice un recorrido por un templo hindú y un guía oficial hindú me dijo sinceramente: "Nuestra religión es tan vieja que ni siquiera sabemos de dónde viene."

12. Si te preocupan las diferencias en las traducciones, ve a una librería cristiana y lee los mismos pasajes de varias versiones distintas (o léelas en Internet en un sitio como www.biblegateway.com, que también tiene el texto de varias versiones en español). Verás que usan distintas palabras en español para transmitir el mismo significado. En realidad, las diferencias te pueden ayudar a entender mejor el mensaje original, que es la razón por la que los editores también publican versiones "interlineales" que reúnen cuatro, seis y a veces hasta ocho traducciones diferentes en columnas contiguas. Una palabra de advertencia, sin embargo: La Traducción del Nuevo Mundo, producida por la Sociedad Atalaya de Biblias y Panfletos de los Testigos de Jehová, no es una traducción confiable ni está apoyada por eruditos bíblicos acreditados. La versión en inglés ha sido refutada en numerosos puntos clave por cada versión inglesa confiable, incluyendo la New Living Translation, la New International Version, la New American Standard Bible, la versión clásica del Rey Jacobo y muchas otras.

13. Para una discusión detallada de los manuscritos del Nuevo Testamento, ver el capítulo 3, "The Documentary Evidence [La Evidencia Documental]," en Lee Strobel, *The Case for Christ* (Zondervan, 1998).

14. Strobel, *Case for Christ,* 60–61.

15. F. F. Bruce, *The New Testament Documents: Are They Reliable?* 6a ed. (Grand Rapids, MI: Eerdmans, 1981), 11. Publicado en español como *¿Son fidedignos los documentos del Nuevo Testamento?* en 1972 por Editorial Caribe.

16. John Ankerberg dijo esto durante la grabación de su programa, *The John Ankerberg Show,* donde Lee Strobel fue su invitado en el otoño de 2007 (el programa se transmitió más tarde). Lo que dijo me fue relatado por Lee Strobel.

17. Frederic G. Kenyon, *The Bible and Archaeology [La Biblia y la Arqueología]* (New York: Harper and Row, 1940), 288–289.

18. Strobel, *Case for the Real Jesus,* 83. Ver también J. Ed Komoszewski, M. James Sawyer y Daniel B. Wallace, *Reinventing Jesus [Reinventando a Jesús]* (Kregel, 2006).

19. Para una excelente reseña de la evidencia arqueológica, ver el capítulo 5, "The Scientific Evidence: Does Archaeology Confirm or Contradict Jesus' Biographies? [La Evidencia Científica: ¿Confirma o Contradice la Arqueología a las Biografías de Jesús?]" en Strobel, *Case for Christ.*

20. Sir William Ramsay, *The Bearing of Recent Discovery on the Trustworthiness of the New Testament [La Relevancia del Reciente Descubrimiento para la Credibilidad del Nuevo Testamento]* (London: Hodder and Stoughton, 1915), 222, según aparece citado en Josh McDowell, *More Than a Carpenter* (Wheaton, IL: Tyndale, 1977), 39. El libro de McDowell fue publicado en español como *Más que un carpintero* en 1997 por Spanish House.

21. Nelson Glueck, *Rivers in the Desert: A History of the Negev [Ríos en el Desierto: Una Historia del Neguev]* (New York: Farrar, Straus, and Cudahy, 1959).

22. William F. Albright, "Retrospect and Prospect in New Testament Archaeology [Restrospectiva y Perspectiva en la Arqueología del Nuevo Testamento]," en *The Teacher's Yoke [El Yugo del Maestro],* E. Jerry Vardaman (Waco, TX: Baylor University Press, 1964), 189, según aparece citado en Norman Geisler y Ron Brooks, editores, *When Skeptics Ask [Cuando los Escépticos Preguntan]* (Grand Rapids, MI: Baker, 1996), 202.

23. Creo que el Dr. Paul Vitz tiene mucha razón cuando describe cómo algunas personas proyectan su desilusión y frustración con sus padres terrenales hacia el cielo y niegan al Padre celestial que está realmente allí. Ver Paul Vitz, *Faith of the Fatherless: The Psychology of Atheism [La Fe de los Sin Padre: La Psicología del Ateísmo]* (Spence, 2000).

24. Proverbios 27:6

25. Isaías 53:6

26. Lee Strobel, *The Case for Christ: The Film [El Caso por Cristo: La Película]* (Lionsgate Home Entertainment, 2007)

27. Isaías 53:5

28. Mateo 27:46

29. Salmos 22:1, 7-8, 14-18

30. Esta cita es de Louis Lapides, un judío que fue convencido hace muchos años por la evidencia de la profecía para confiar en Jesús como su Mesías. Es ahora pastor de una iglesia. Su historia y esta cita pueden encontrarse en Strobel, *Case for Christ,* 183.

31. Si deseas conocer la probabilidad de que *cuarenta y ocho* profecías mesiánicas sean cumplidas por una sola persona, ver Strobel, *Case for Christ,* 183.

32. Lucas 24:25-26

33. Lucas 24:32

Capítulo 11: "¿Cómo puedo *deducir* qué creer?"

1. Juan 8:46

2. Abdullah Yusuf Ali, *The Holy Qur-an: text, translation, and commentary [El Santo Corán: Texto, traducción y comentario]* (Lahore, Pakistán: Shaikh Muhammad Ashraf, 1938), Sura 40:55. Énfasis agregado.

3. Para aclarar más esto, de acuerdo a cómo se contaban los días en aquella cultura, las partes de tres días serían registradas simplemente como "tres días." Jesús fue crucificado el Viernes Santo, de manera que murió y estuvo en

la sepultura durante la última parte del viernes, todo el sábado, y la primera parte del domingo, antes de su resurrección. Según la manera de contar de ellos, fueron tres días.

4. Gary Habermas y Mike Licona, *The Case for the Resurrection of Jesus [El Caso de la Resurrección de Jesús]* (Grand Rapids, MI: Kregel, 2004), 108–109.

5. Juan 20:28

6. Hechos 2:22-24, 32-36

7. Hechos 2:38

8. De acuerdo a las estadísticas que se encuentran en www.adherents.com, actualmente hay unos 2.200 millones de cristianos, y casi 1.800 millones de musulmanes.

9. Hechos 26:26

10. Ver Hechos 6:8–8:1

11. Hechos 8:1, 9:1

12. El relato de la conversión de Saulo (Pablo) está en Hechos capítulo 9.

13. Simon Greenleaf, *The Testimony of the Evangelists: The Gospels Examined by the Rules of Evidence [El Testimonio de los Evangelistas: Los Evangelios Examinados por las Reglas de la Evidencia]* (Grand Rapids, MI: Kregel Classics, 1995), 8. Publicado originalmente en 1874.

14. Ibid.

15. Sir Lionel Luckhoo, "The Question Answered [La Pregunta Respondida]." Este artículo puede encontrarse en Internet en: www.hawaiichristiansonline.com/ sir_lionel.html. Selecciona el enlace para el folleto "The Question Answered." La cita aparece en la última página del artículo.

16. Josh McDowell, *More Than a Carpenter* (Carol Stream, IL: Tyndale, 2004), y *Evidence That Demands a Verdict* (San Bernardino, Calif.: Here's Life, 1979). Authentic Lifestyle publicó en 2004 una edición actualizada de esta obra. Una edición en español, con el título *Evidencia Que Exige un Veredicto,* fue publicada en 1982 por Vida.

17. Viggo Olsen publicó su historia en un folleto titulado "The Agnostic Who Dared to Search [El Agnóstico que Se Atrevió a Buscar]," (Chicago: Moody Press, 1974). También ha publicado relatos del tiempo que pasó en Bangladesh, en *Daktar: Diplomat in Bangladesh (Daktar: Diplomático en Bangladesh)* (Moody Press, 1973), y *Daktar II* (Moody Press, 1990).

18. Juan 14:6

19. Juan 8:32

20. Mateo 11:28-30

21. Greenleaf, *The Testimony of the Evangelists,* 11.

Capítulo 12: *"Me gustaría* tener fe"

1. Mis cálculos se basan en estadísticas que aparecen en www.unitedjustice.com/ death-statistics.html y en http://users.frii.com/mytymyk/lions/intro.htm.

2. Richard Dawkins, durante un discurso en el Festival Internacional de Ciencia de Edimburgo de 1992; citado por Alister McGrath, en *Dawkins' God: Genes, Memes, and the Meaning of Life [El Dios de Dawkins: Genes, Memes y el Significado de la Vida]* (Malden, MA: Blackwell, 2004), 84.

3. Estoy al tanto de que la frase que estoy usando, *fe razonable,* es también (en inglés) el título de un libro de William Lane Craig (Crossway, 1994) y es el nombre de su organización (www.reasonablefaith.org) —¡y recomiendo a ambos!

4. Lucas 6:46

5. Mateo 20:28, RV60

6. Rudolf Bultmann, *New Testament and Mythology and Other Basic Writings [El Nuevo Testamento y la Mitología y Otras Escritos Básicos]* (Minneapolis, MN: Fortress, 1984).

7. Ver 2 Pedro 3:9-10, donde dice: "El Señor no tarda en cumplir su promesa, según entienden algunos la tardanza. Más bien, él tiene paciencia con ustedes, porque no quiere que nadie perezca sino que todos se arrepientan. Pero el día del Señor vendrá como un ladrón." Ver también el versículo 15 del mismo capítulo.

8. Juan 16:33 (primera mitad)

9. Juan 16:33 (segunda mitad)

10. Hebreos 4:15-16

11. C. S. Lewis, *Mere Christianity* (New York: Macmillan, 1960), 45. Publicado en español como *Mero Cristianismo* en 2006 por Rayo.

12. Ibid., 46–46. Su propio énfasis.

13. Para encontrar respuestas a 800 de estas clases de desafíos y temas relacionados con la Biblia, recomiendo la obra de Norman Geisler y Thomas Howe, *When Skeptics Ask: A Popular Handbook on Bible Difficulties [Cuando los Escépticos Preguntan: Un Manual Popular de Dificultades Bíblicas]* (Victor, 1992). También vea la obra de Gleason L. Archer, Jr., *New International Encyclopedia of Bible Difficulties [Nueva Enciclopedia Internacional de Dificultades Bíblicas]* (Zondervan, 2001).

14. Para encontrar una lista maravillosa de iglesias generalmente relevantes y accesibles, visita www.willowcreek.com y haz clic en "Find a Church [Encontrar una Iglesia]." Si haces clic en "Map It [Hacer Mapa]" puedes investigar por ciudad, estado o código postal. También, para encontrar aquellos grupos de discusión que he mencionado, dirígete a las iglesias que encuentras en esa base de datos, o busca en tu zona los así llamados Alpha Groups [Cursos Alpha], que han ayudado a personas de todo el mundo en su viaje espiritual, haciendo clic en www.alphana.org (Alpha North America). También puedes encontrar información en español en http://alphalatinoamerica.org (Latinoamérica). También, si estás interesado en comenzar un grupo de esta clase, debes leer el libro útil de Garry Poole, *Seeker Small Groups: Engaging Spiritual Seekers in Life-Changing Discussions [Pequeños Grupos de Buscadores: Involucrando a los Buscadores Espirituales en Discusiones que Cambian la Vida]* (Zondervan, 2003).

15. Aldous Huxley, *Ends and Means* (Londres: Chatto & Windus, 1969), 270, 273. Énfasis agregado. Publicado en español como *El Fin y los Medios* en 2000 por Sudamericana.

16. Ver, por ejemplo, Lucas 6:41-42 y todo Mateo 23.

17. Mateo 11:28

18. Friedrich Nietzsche, *The Antichrist,* traducido por Anthony Ludovici (Amherst, NY: Prometheus, 2000), 72. Publicado originalmente en 1895. Una traducción al español, con el título *El anticristo,* fue publicado en 2008 por Edimat Libros.

19. ¿Has visto las camisetas que hay por allí? En una de ellas dice de un lado: "'Dios está muerto,' firmado Nietzsche." Y del otro lado dice: "'Nietzsche está muerto,' firmado Dios."

20. Lewis, *Mere Christianity,* 108-109, 111.

21. Juan 8:32

22. Mateo 13:45-46. El versículo 46 dice: "Cuando encontró una [perla] de gran valor, fue y vendió todo lo que tenía y la compró."

23. Juan 10:10

24. "No One Believes in Me Anymore [Ya Nadie Cree en Mí]," palabras y música por Keith Green y Melody Green. © 1978 April Music. Todos los derechos reservados.

25. Santiago 4:7-10. Énfasis agregado.

26. Juan 10:9-10

27. Juan 3:16-18

28. Lucas 19:10

29. Tomado de las palabras de Jesús, cuando se describió a sí mismo en Juan 14:6.

30. Romanos 10:13

Capítulo 13: Los *beneficios* de elegir tu fe sabiamente

1. "The Wall [La Pared]," por Kerry Livgren. © 1976 Don Kirshner Music (BMI). Usado con permiso. Todos los derechos reservados.

2. Steve Jobs, hablando en la graduación de 2005 de Stanford University, el 12 de junio de 2005. El transcrito se encuentra en Internet en http://news-service.stanford.edu/news/2005/june15/jobs-061505.html.

3. Jesús, en Apocalipsis 3:20.

PARA MÁS INFORMACIÓN

Eligiendo Tu Fe Nuevo Testamento, con notas por Mark Mittelberg (Tyndale Español, 2009)

El Caso de Cristo por Lee Strobel (Vida, 2000)

El Caso de la Fe por Lee Strobel (Vida, 2001)

El Caso del Creador por Lee Strobel (Vida, 2005)

Más que un carpintero por Josh McDowell (Spanish House, 1997)

Mero Cristianismo por C.S. Lewis (Rayo, 2006)

Una Vida con Propósito por Rick Warren (Vida, 2003)

Jesús Entre Otros Dioses por Ravi Zacharias (Grupo Nelson, 2001)

PARA INVESTIGACIÓN EN INTERNET

www.LeeStrobel.com —tiene videos que se tratan de varios preguntas y temas acerca de la fe

www.ReasonableFaith.com —es la página en Internet de William Lane Craig, un gran filósofo de la religión

www.JesusCentral.com —una fuente primaria para información acerca del Jesús histórico

www.Metamorpha.com —discusiones acerca de la formación y el desarrollo espirituales

www.WillowCreek.com —haz clic en "Find a Church [Encontrar una Iglesia]" para lugares relevantes para investigar la fe

Y visítanos en www.ChoosingYourFaith.com

ACERCA DEL AUTOR

Mark Mittelberg es un autor de éxitos de librería, un orador muy solicitado y un importante estratega en evangelismo y apologética. Es el autor de *Edifique una Iglesia Contagiosa*, coautor junto con Bill Hybels del éxito de librería *Conviértase en un Cristiano Contagioso* y editor colaborador de *The Journey: A Bible for the Spiritually Curious [La Jornada: Una Biblia para el Curioso Espiritual]*. También es el autor principal del célebre curso de entrenamiento *Conviértase en un Cristiano Contagioso*, que ha sido traducido a veinte idiomas y se ha enseñado a más de un millón de personas alrededor del mundo.

Mark fue Director de Evangelismo de Willow Creek Community Church y de Willow Creek Association por más de una década. Fue consultor editorial e invitado habitual del programa de televisión semanal de Lee Strobel, *Faith Under Fire [Fe Bajo Fuego]*. Es editor colaborador de la revista *Outreach [Ministerio]* y un orador frecuente para las transmisiones por satélite de Church Communication Network a iglesias de toda América del Norte. Mark tiene una maestría en filosofía de la religión de Trinity Evangelical Divinity School. Vive en el sur de California con su esposa, Heidi, y sus dos hijos.